智元微库
OPEN MIND

成长也是一种美好

知识管理系列

拥有智慧的企业

企业持续创新之道

The Wise
Company

How
Companies
Create
Continuous
Innovation

（Ikujiro Nonaka）
［日］野中郁次郎

（Hirotaka Takeuchi）
［日］竹内弘高 著

陈劲 姜智勇 译

人民邮电出版社
北京

图书在版编目（CIP）数据

拥有智慧的企业 : 企业持续创新之道 / (日) 野中
郁次郎, (日) 竹内弘高著 ; 陈劲, 姜智勇译. -- 北京 :
人民邮电出版社, 2021.3
（知识管理系列）
ISBN 978-7-115-55076-7

Ⅰ. ①拥… Ⅱ. ①野… ②竹… ③陈… ④姜… Ⅲ.
①企业创新－研究 Ⅳ. ①F273.1

中国版本图书馆CIP数据核字(2020)第200598号

版权声明

◆ 著　　　　[日] 野中郁次郎（Ikujiro Nonaka）
　　　　　　[日] 竹内弘高（Hirotaka Takeuchi）
　译　　　　陈　劲　姜智勇
　责任编辑　王振杰
　责任印制　周昇亮
◆ 人民邮电出版社出版发行　　北京市丰台区成寿寺路 11 号
　邮编 100164　　电子邮件 315@ptpress.com.cn
　网址 https://www.ptpress.com.cn
　涿州市京南印刷厂印刷
◆ 开本：720×960　1/16
　印张：27　　　　　　　　　　　　2021 年 3 月第 1 版
　字数：400 千字　　　　　　　　 2021 年 3 月河北第 1 次印刷
　　　著作权合同登记号　图字：01-2020-4639 号

定　价：128.00 元
读者服务热线：（010）81055522　印装质量热线：（010）81055316
反盗版热线：（010）81055315
广告经营许可证：京东市监广登字 20170147 号

目　录

/　　第一部分　　/

新的理论基础

/　　第二部分　　/

智慧型企业的 6 种领导力实践

---

① 见智元微库公司网站：www.zhiyuanbooks.com. 如有需要，请前往网站下载参考文献内容电子版。——编者注

献给年轻的后来者

愿你们在知识与智慧的道路上不断求索

致中国读者

我很荣幸地获悉，人民邮电出版社智元微库公司策划、出版了"知识管理系列"图书，并将我的部分作品纳入其中。为此，我要特别感谢清华大学陈劲教授以及所有为该系列图书在中国出版而努力的人。

我提出"知识创造理论"距今已有20多年。20世纪八九十年代，我与日本东京一桥大学的同事竹内弘高和今井健一对日本公司的知识创新过程进行了广泛的案例研究。在进行这些案例研究的过程中，我意识到日本企业是通过"由内向外"的过程进行创新的，这有别于当时流行的组织行为主导理论，包括诺贝尔经济学奖获得者赫伯特·西蒙（Herbert Simon）提出的"信息处理范式"——一种"由外向内"的分析机制。我认为，企业应以"为社会创造更好的产品"为理念，以"创造未来"的精神实施创新活动。从这个意义上讲，企业需要更明智地开展商业活动和自我管理来造福人民。

20多年后，我们生活在创新经济时代，知识创造理论的价值比以往任何时候都更为重要。新经济要求商业组织创造新的价值观、产品、服务或流程。在当前的动态环境中，商业组织必须在"创新"和"死亡"中二选一。此外，它们还需要比前几十年更广泛、更明智地扩展业务视角和范围，因为我们看到，社会和环境中对商业事务有重大影响的问题的相关性与复杂性日益增强。商业组织不仅应反映客户需求或股东价值观，还应密切关注其他利益相关者、环境可持续性和社会问题，这些都是其商业模式的一部分。这就给这些商业组织带来了严峻的挑战，因为商业组织试图控制的要素越多，就越难达成它们的目标。那么，它们如何才能完成如此艰巨的任务呢？在我看来，答案是知识创造和知识实践。

知识创造范式为组织创新提供了可行的解决方案。由"社会化、外显化、组合化、内隐化"构成的 SECI 知识创造模型，体现了隐性知识与显性知识相互作用创造新知识的组织范式。虽然商业组织知道这两种知识都是必要的，但是，即使我们生活在大数据时代，它们也需要在具体的业务活动中让隐性知识处于首要地位。身体经验和直觉（隐性知识）等事物构成了我们拥有的所有知识的基础，我们需要时刻注意人们正在经历的事情，以及我们如何交流感知和经验以获得新的想法与产品。最终，隐性知识促使"由内而外"的创新过程得以实现。

为了积累和综合新知识，我们需要一个"创造的空间"。我们称之为"场"（Ba），这一概念最初是由日本哲学家西田几多郎（Kitaro Nishida）提出的。在场中，人们有意识、全心全意地致力于一个共同的目标，通过人际互动和环境互动产生新的知识。"场"是一个创造互动的临时空间。为了创造成功的场，我们通过关心、爱、信任和彼此接受建构的同情心与同理心，对"主体间性"（intersubjectivity）①的形成产生重要影响。主体间性

---

① 德国哲学家埃德蒙德·胡塞尔（Edmund Husserl）广泛且深入地讨论了这一概念，指人对他人意图的推测与判定。——译者注

使我们能够最有效地分享我们的隐性知识，从而产生更好的知识创造成果。这种知识创造的互动过程使我们认识到，我们所知道的取决于我们与谁互动、我们从文化和社会中了解到了什么，以及我们进行知识创造的环境是怎样的。人类的任何知识都是"集体知识"的一种形式。

知识创造的另一个关键之处在于，如何处理团队内部、跨团队以及组织之间的矛盾与紧张的关系。对组织而言，这些矛盾和紧张的关系既是巨大的障碍，也是巨大的创新机遇。这两个看似矛盾的因素不应该被视为泾渭分明的独立事物，因为这些问题是相互关联的。借助"动态二元性"（dynamic duality）①的概念，我们可以把这些问题看作互补的。动态二元性告诉我们，理解这些矛盾要素之间的关系和相互联系，能引导我们找到一个整体解决方案。

要做到这一点，我们需要所有相关人员积极参与，无论他们是项目团队、组织还是其他组织的一部分。在知识创造的过程中，我们建议采用"自中向上而下式"的管理模式来达成这一目标。与组织过程的每一步都由少数组织成员（通常是经理或执行人员）命令和指挥不同，创造知识的组织应该吸收并授权参与项目的其他成员做出决策并执行有效的行动。随着组织承诺和共同目标的实现，不同知识的综合将产生真正、持久的影响。

实践智慧（或实践理性）推动了知识创造。实践智慧是指通过务实的步骤，坚持不懈地追求共同利益。这种智慧不仅使我们能够适应特定的情况，还能够创造我们想要的未来。我们的信念和价值观塑造了这一明智的决策和行动过程，告诉我们可以从所选的情景和行动中获得什么意义。

---

① 动态二元性是指把相互矛盾的观点加以动态综合。——译者注

从本质上讲，知识创造过程是一个以人为中心的集体创造过程。正是基于我们作为人类的全部特征，我们才可以进行知识创新。面对经济、环境和社会的发展遭遇的前所未有的挑战，我们需要通过知识创造来应对。希望该系列图书的读者都能欣赏这些想法，共同创造知识，为社会的美好未来而努力。

真诚致谢。

野中郁次郎

2019 年 8 月 19 日

推荐序一

以"知识管理"赢得现代管理的新发展

在全球经济竞争日益激烈的时代，以"知识管理"的观点设计组织发展的哲学、运行体系、管理模式等显得尤为重要。

这是因为100多年来，管理学主要经历了两个重要的发展阶段：第一，以弗雷德里克·温斯洛·泰勒（Frederick Winslow Taylor）等人为代表的、把员工视为"经济人"的科学管理阶段；第二，以彼得·德鲁克（Peter Drucker）等人为代表的、把员工视为"知识人"的知识经济和知识管理阶段。

泰勒首次将管理视为一门科学。他指出，建立各种明确的规定、条例、标准，将一切管理内容科学化、制度化是提高管理效能的关键；并且他主张把计划职能从工人的工作内容中分离出来，由专业的计划部门去做。从事计划职能的人员被称作"管理者"，负责执行计划职能的人被称作"劳动者"。泰勒的理论在当时收到了很好的效果，但也存在一定的局限性。首先，泰勒的思想主要解决工人的操作、现场的监督和控制问题，管理的范围比较小，内容涉及面也比较窄，基本没有涉及组织的供应、财务、销售、人事等方面。此外，泰勒的理论虽然使生产过程的管理控制合理化，但把雇员和业务都排斥在决策过程之外。法国的亨利·法约尔（Henry Fayol）、德国的马克斯·韦伯（Max Weber）等人对泰勒的管理思想进行了补充和完善。他们的管理思想聚焦于组织结构和管理原则的合理化，以及管理者职责分工的合理化，由此奠定了古典组织理论的基础。在科学管理的基础上，法约尔和韦伯等人的管理思想形成了成熟的质量管理和项目管理模式，并强调采用基于数据的管理体系。工业经济时代创立的管理学体系强调控制，但控制就意味着自上而下、具有强制性的管理。

早在20世纪60年代初，彼得·德鲁克就已经提出了知识工作者和知识管理的概念。在知识社会中，最基本的经济资源是知识，知识工作者将发挥越来越重要的作用，每一位知识工作者都是一位管理者，知识型员工具有更高的素质、良好的自我管理能力，严格控制在他们身上显得多余。同时，严格控制会限制知识型员工的创造力。在工业社会中，工作方法和程序由专家定义，而且一旦被定义，就不允许改变。因此，不管员工有多强的创造力，展露天赋的机会都大大减少。进入20世纪80年代，彼得·德鲁克提出"未来的典型企业以知识为基础，由各种各样的专家组成，这些专家根据同事、客户和上级提供的大量信息自主决策和自我管理"。

在"知识人"视野下，企业管理的哲学、风格、制度等应做出更大的转变。首先，减少"控制"思想，倡导"支持与关爱"模式。今天，管理者应该更多地关心和激励员工，创造适合的环境和条件，激发员工的潜质和创造力，使其实现自身的价值，进而帮助和引导员工实现自我管理。这种管理模式还蕴藏着另一个重要理念——无论成功或失败，皆有再挑战和激发勇气的精神，这是新时代企业管理的重心。

20 世纪 90 年代中后期，素有"知识创造理论之父"和"知识管理的拓荒者"之称的野中郁次郎进一步发展了面向知识人的管理体系。在《创造知识的企业》一书中，他提出了知识创造理论，以知识创造能力来诠释日本企业的成功。该书是该领域的经典之作，于 1996 年被美国出版协会评为"年度最佳管理类书籍"。

有别于其他学者将日本企业的成功归结为各种"日式管理"特色，野中郁次郎通过研究索尼、松下、本田、佳能、日本电气和富士复印机等日本公司的创新案例，归纳出组织的知识创造能力，即能"有组织地"充分调动蕴藏在员工内心深处的个人知识。他以波兰尼的知识两分法为基础，从"显性知识"和"隐性知识"的关系入手，提出知识管理一个很重要的目标就是挖掘隐性知识，即不仅对客观信息进行简单的"加工处理"，还要发掘员工头脑中潜在的想法、直觉和灵感。

野中郁次郎不仅系统地论述了隐性知识与显性知识的区别，还构建了知识创造的 SECI 模型：社会化（socialization）、外显化（externalization）、组合化（combination）和内隐化（internalization），这为我们提供了一种利用知识创造的有效途径。英国管理史学者摩根·威策尔（Morgen Witzel）认为，野中郁次郎对现代管理学的主要贡献体现在两个方面：第一，他是世界上知识管理领域最重要的思想家之一，他的论述几乎覆盖该领域的每个方面；第二，对西方读者而言，他是日本管理方法及技巧最主要的解读者之一。

野中郁次郎认为，可以将建立在西方传统哲学基础上的组织理论归结为笛卡儿式科学思维的产物，比如，泰勒的科学管理理论就立足于用"科学"代替"经验常识"，西蒙的信息处理范式受到计算机和认知科学发展的影响，过分强调人类推理和组织决策过程的逻辑。他觉得，在这种科学理性视野下的组织，本质上是没有知识创造能力的"刺激–反应"式机器。他认为，企业并不是机械地处理来自周围环境的信息，而是有意识地创造信息。他在 1985 年出版的《组织进化论》中提出了该观点。

在研究中，野中郁次郎发现，现有的信息处理理论不足以解释企业的创新行为。因为除了信息处理，创新过程还包括知识的取得、创造、运用与保存等多项活动。更重要的是，通过对许多创新者进行访谈，野中郁次郎发现，创新通常来自创新者个人的信念。通俗地讲，这些信念就是他们对世界的看法，学术界称之为"心智模式"。传统的西方管理思想认为，企业是信息处理的机器，唯一有用的信息是可以计量的数据，而野中郁次郎认为企业是创造知识的平台。"在一个只有不确定性能确定的经济环境中，持续竞争优势的一个确定性来源是知识。"知识创造理论从认识论和本体论两个维度进行阐述，包括 SECI 模型、创造知识的"场"和推动知识创造螺旋的组织方式。他构建的"自中向上而下式"的管理模式，从理论上阐释了企业中层管理人员的实践智慧在创造知识的过程中所发挥的作用，而"超文本组织"结构则体现了东西方管理智慧的现代结合。

野中郁次郎运用东西方哲学智慧以及日本式思考和模糊处理方法，在日本企业成功实践经验的基础上建构了知识创造理论，以 SECI 模型为中心，将主观与客观、隐性知识与显性知识、直接经验与逻辑分析有机地结合起来，创造了一系列知识管理领域的经典之作。他的知识创造理论强调"人是最重要的资产，知识是企业的战略性资产"，并"以人为本"，统领现代组织管理理论。

多年来，野中郁次郎心无旁骛地把自己的精力集中在知识创造这一领域。他跟踪观察日本制造企业由弱到强的变化规律，深入研究了日本企业的知识创新经验，对佳能、本田、松下、NEC、日产、花王等企业新产品和新工艺的开发过程进行了详细的剖析，准确地揭示了知识生产的起点与终点，清晰地辨识了知识生产模式的常规类别，创造了一个全面评估企业知识管理绩效的工具，并提供了促进知识创造的方法。他的研究涉及知识管理的各个方面，如"自中向上而下式"的管理模式确立了中层管理人员在企业知识创造过程中的重要地位，超文本组织结构则吸收了官僚制和任务团队的优点，将企业运作效率、稳定性、知识创造的有效性与动态性有机地结合在了一起。

近年来，野中郁次郎不顾年事已高，坚持每月深入企业进行案例研究；同时，他还积极学习东西方哲学思想的精髓以发展组织管理理论，比如知识如何向智慧演化，特别是他引入了古希腊哲学家亚里士多德的实践智慧概念。根据亚里士多德的观点，实践智慧应该是一种审慎的、基于实际的、有道德的智慧，也是在特定背景下对共同利益做出的最佳判断，更是一种高质量的隐性知识。

实践智慧的提出，将超越组织发展的"经济目标"和量化管理，而把培养具有高度伦理价值的信仰、为人类发现更多的善意作为重点，从而建立一个有使命感的组织。例如，本田宗一郎为本田公司提出的"三喜理念"（生产者的喜悦、销售者的喜悦和购买者的喜悦）、京瓷的稻盛和夫为企业制定的座右铭——"敬天爱人"，这些都是实践智慧型领导力的经典事例。

实践智慧的提出，在彼得·德鲁克提出的目标管理的基础上，进一步让信念管理理念更好地在企业管理实践中落地，即组织发展更应该关注调动员工的工作激情，激发企业持续创新，推动个人价值与企业愿景同步实现。

　　展望未来，企业管理的重点虽然是需要依靠科学管理的思想，但是大数据和数字化转型也应成为中国企业管理的发展方向，基于 PDCA 的质量管理和 IPD 的项目管理仍然需要进一步发展。在经济价值和社会责任并重、科学管理和人文精神同步的新时代，我们应高度重视隐性知识的积累和共享，以及基于 SECI 模型螺旋上升的知识管理。需要进一步指出的是，野中郁次郎认为新的知识管理将更多地依赖愿景型领导者、共情型领导者，知识管理也将从传统的管理工具走向新管理思想的营造，特别是要用亚当·斯密的"道德情操观"而非"国富论"来引领组织未来的发展。

陈劲

清华大学经济管理学院教授

清华大学技术创新研究中心主任

《清华管理评论》执行主编

国际创新与知识管理会议（iKM）创始人兼主席

全球"最具创新力知识型组织"（MIKE）大奖联合负责人

推荐序二

创造知识的能力是企业在不确定环境下保持创新的关键

　　"知识管理系列"图书的核心作者是野中郁次郎，他在书中以知识创造为核心，阐述了关于知识创造过程、知识管理、知识科学的研究理论，并结合企业案例分享了实践成果，获得了国际学术界和企业界的高度关注与评价，由此奠定了他在知识管理领域中的重要地位。野中郁次郎对时代的判断与彼得·德鲁克一致，即现在是知识经济时代，企业将以知识工作者为主体。唯有知识才是企业创造最大价值的源泉，创造知识的能力是企业在不确定环境下保持创新的关键。自 1991 年开始，野中郁次郎在国际期刊上发表了一系列具有影响力的与知识管理相关的研究成果，同时他还在富士通等众多知名企业开展知识管理的实践。依托丰富的学术理论与企业实践经历，野中郁次郎在开发知识创造理论、应用知识提升企业竞争力方面形成了具有重大价值的观点。野中郁次郎最大的贡献是创设了一套组织知识创造的理论与通用模型，并在理论与实践层面进行了深入浅出的解读，他也因此被国际管理学界公认为"知识管理的拓荒者""知识创造理论之父"。

　　野中郁次郎早年在加利福尼亚大学伯克利分校工作过，主要研究市场营销领域中的信息处理。因研究领域相似，诺贝尔经济学奖获得者赫伯特·西蒙还曾为他的书作序。通过系列的"信息"研究，野中郁次郎逐渐发现，信息的视角不足以支撑创新，很多时候，个人的价值观、信念对创新更具决定性作用。野中郁次郎认为，不应该仅遵循西蒙的"组织就是信息处理机器"的观点，更应该将组织视为"有机生命体"，它需要创造知识以能动地适应环境。基于这一观点，野中郁次郎逐渐将研究视野转移到知识领域，深入地探索、分析其获取、创造、保存和利用的过程。

　　通过野中郁次郎等人在《创造知识的企业：领先企业持续创新的动力》与《创造知识的方法论》中的研究，我们认识到，知识分为两种，即显性知识（可以通过正式语言或媒介传播的知识）与隐性知识（内心知道但无法将其转换成语言的经验性、身体性知识）。组织知识创造的关键就是对隐性知识的调动与转换。有价值的知识一直存于员工的大脑中，组织管理者需要做的就是把个体大脑中的知识"调"出来，"结晶"、固化并转换为其他人也能利用的知识。组织知识管理就是针对两种知识在个体、团队及组织层面进行转换和创新的活动。围绕这一主题，野中郁次郎等人提出了著名的知识创造与转换的 SECI 模型，他们在模型中坚持本体论与认识论相结合的原则。野中郁次郎强调，组织本身并不创造知识，个体才是创造知识的主体，且只有通过个体之间的共享，知识才会在团队、部门、组织层面汇聚、发展并呈现螺旋上升的态势。

　　野中郁次郎非常看重"场"的概念，认为知识创造的关键在于"场"与团队。场是一个活动的共享背景，发生在特定的时空背景下，它是个体之间知识交互与创造的基础。不同的场能通过相互连接形成更大的场。他在"知识管理系列"图书中反复强调场和团队，认为个体的知识只有在社会或场中得到验证，并与其他人的知识进行整合，知识才得以创造与发展。

野中郁次郎认为，SECI 的 4 个阶段分别在原始场所、对话场所、系统场所及实践场所中进行。这些观点是他强调中层领导者价值的理论基石。只有中层领导者才能更好地发挥场与场之间的桥梁作用，促进场之间、参与者之间的互动。中层领导者能更好地建立、激发和连接场，这从领导力入手为知识的实践管理提供了一个很好的抓手，即创发"场的领导力"。在以创造力应对不确定性的时代，领导者就是要建立场让员工迅速地解决问题。野中郁次郎在系列书中反复强调实践型领导力的培养，尤其强调培养创造知识附加值的领导力。我有幸提前拜读了由人民邮电出版社智元微库公司引进的这套"知识管理系列"图书中的 3 本，分别是《创造知识的企业：领先企业持续创新的动力》《信念：冲破低迷状态，实现业绩跃迁》《创造知识的方法论》。该系列书中的其他图书也在陆续出版中。

《创造知识的方法论》聚焦于阐述组织管理中员工必备的"知识方法论"，详细解答"知识是什么""创造知识的本质是什么"及"创造知识的方法论是什么"等问题。这本书将组织知识创造理论的哲学基础、原理及实践原则展现在读者面前。

《信念：冲破低迷状态，实现业绩跃迁》则提出了信念管理的概念。野中郁次郎等人强调，在人际关系弱化、价值观被稀释的情境下，企业更要培育从目标管理（Management by Objectives，MBO）的世界观到信念管理（Management by Belief，MBB）的世界观，对组织中的个体信念进行管理。因为组织成员共享高质量的信念能让个体重获工作价值感，更主动地学习与工作，而领导也会成为更加称职的支持型领导。因此，在人事评价中，组织也应该增加信念管理的内容，关注组织是否具备培育个人信念及形成信念网络的能力。作者在该书中介绍了在企业中成功导入信念管理的关键方法，这使我们对信念管理的讨论不会只停留在理论层面，这本书将成为关注信念管理的领导者的必读之物。

下面我们来看看本书的核心内容。

本书由野中郁次郎与同事竹内弘高合著，曾于 1995 年在美国出版并引起巨大反响。这本书基于知识视角研究了日本企业成功的原因，提出很多精辟且具有实践价值的观点，这些观点在今天依然具有重要的引领价值。作者强调，为了更好地解释创新，我们有必要开发组织知识创造的理论。这本书从知识创造原理、模型、实践操作等角度出发，向读者做出细致的解释与案例说明，搭建起从理论到实践的桥梁。这是一本管理学中关于知识管理的著作，著名管理学者迈克尔·波特、大前研一等都给予这本书较高的评价。

野中郁次郎等人秉持的一个核心观点是组织不仅要学习知识，还要创造知识，知识创造才是日本企业拥有国际竞争力的重要来源。而将知识分为隐性知识和显性知识是这一观点的逻辑起点。在作者看来，组织内的知识主要是"隐性的"，不容易看到，也不容易表达，而正是这些隐性知识提升了日本企业的竞争力，这一点容易被忽视。因此，我们需要从技术维度和认知维度去交流、分享隐性知识，将其转换为显性知识。在隐性知识与显性知识的相互作用中，组织的知识创造才有了动力。关于隐性知识与显性知识的分类与互动是本书的第一个重要内容。

为了更完整地展示组织知识创造理论模型，野中郁次郎等人通过认识论（Epistemology）与本体论（Ontology）两个维度构建模型。在认识论维度上，基于综合的哲学，他们提出组织的知识创造是"隐性知识和显性知识之间不断动态地相互作用"。野中郁次郎等人认为知识创造由 4 个阶段组成，即隐性知识产生新隐性知识（社会化）、隐性知识产生新显性知识（外显化）、显性知识产生新显性知识（组合化）及显性知识产生新隐性知识（内隐化）。这 4 个阶段是组织知识创造的"引擎"，是个体知识管理需经历的不同阶段，即知识转换的 SECI 模型。

在本体论维度上，首先，个体拥有并开发知识；接着，组织中的知识将由个体层面转向团队层面与组织层面（包括组织间）。本体论涉及个体、团队及组织等。组织知识创造的螺旋模型就发生在这两个维度上，而且这两个螺旋会随着时间的推移发生相互作用，进而带来创新。为了更好地理解螺旋模型，我们一定要超越西方哲学中的"二分法"，如隐性知识与显性知识、自上而下与自下而上等。在认识论与本体论上构建组织知识创造的动态螺旋模型是本书的第二个重要内容。

同时，为了更好地管理组织知识创造模型，野中郁次郎等人提出了促进知识螺旋上升的 5 个条件：①意图；②自主；③波动和创造性混沌；④冗余；⑤必要多样性。简单来讲，要想产生更高效的组织知识创造，个体首先需要明确公司的意图与愿景，从而理解什么是有价值的。在个体环境支持下，组织需给个体提供充分的自主性，使个体的信息获取产生有意义的重叠，让个体感知与外部环境沟通的获得感，以及保持组织内部的多样性以更好地与外部复杂环境相匹配。言下之意，在组织知识创造的过程中，有很多实践原则可以遵循。在实际管理过程中，作者提出组织知识创造过程的五阶段模型，即共享隐性知识、创造概念、验证概念、建立原型及跨层转移知识。这个过程模型将知识转换模式、知识转换促进条件与外部环境充分整合，为企业产品开发等实践活动提供了重要的模型工具。我们同时要认识到，组织知识创造是非线性的，可以周期性地跨层面移动，作者采用松下公司的案例充分地说明了这一点。

本书还分析了"自上而下式"的管理模式与"自下而上式"的管理模式在组织知识创造中的价值，并强调了中层管理者的战略价值，认为"自中向上而下式"的管理模式兼具了前两者的优点，是最适合进行组织知识创造的模型，能让知识螺旋更好地跨越本体论层面。同样，野中郁次郎等人认为"超文本组织"整合了层级体制与特别工作组的优势，这一新型组织结构能够促进知识创造的蓬勃发展。这本书的第三个重要内容是提出组织知识创造的阶段模型并阐明中层管理者与"超文本组织"在组织知识创造中的作用，它展示了如何支持组织知识创造落地。

在知识驱动变化的时代背景之下，阅读"知识管理系列"图书能产生极大的价值。通过这套书，读者会更清晰地了解组织中的知识是什么，知识创造是什么；如何在方法论层面上更好地进行组织知识创造……对这些内容的把握能让我们按照知识管理的逻辑主线去理解企业，理解组织创新力的打造。虽然读者在阅读这套系列书时会遇到一些挑战，但掌握知识以及创造知识的概念和逻辑本身就是一种挑战。如果你愿意接受挑战，去理解、掌握这套书呈现的知识和知识创造的内涵，你也一定会在未来的企业管理工作中感受到知识带来创新的美好！

陈春花

北京大学王宽诚讲席教授

国家发展研究院 BiMBA 商学院院长

2019 年 7 月 21 日于朗润园

序

　　《创造知识的企业》出版至今已有 25 年[①]，我们在书中提出了"如何通过交互式 SECI 过程创造新的组织知识"这一理论。SECI 模型是理解企业创新起因的关键所在，因此，我们为《创造知识的企业》（1995 年）选定的副标题是"日本企业创新的动力从何而来"[1]。

　　时至今日，我们当时提出的诸般概念早已深入人心。2013 年，英国管理学期刊《知识管理研究与实务》（*Knowledge Management Research & Practice*）的一篇文章指出，《创造知识的企业》是 2003—2012 年知识管理领域被引用次数最多的著作。同年，日本著名商业杂志《钻石周刊》（*Weekly Diamond*）把它评为"一个世纪后还会被阅读的管理学著作"的第一名[2]。彼得·德鲁克在《创造知识的企业》日文版序言中把它称作"一部经典著作"[3]。

　　《创造知识的企业》的出版在管理学界掀起了一场"知识运动"，促成

[①] 指该书第 1 版的出版日期，即 *The Knowledge-Creating Company: How Japanese Companies Create the Dynamics of Innovation*, Ikujiro Nonaka, Hirotaka Takeuchi, Oxford University Press (1st Edition), May 18, 1995. 该书的中译本有三个：《创新求胜：智价企业论》，野中郁次郎、竹内弘高著，王美音、杨子江译，远流出版社，1997 年 3 月 16 日；《创造知识的企业：日美企业持续创新的动力》，野中郁次郎、竹内弘高著，李萌、高飞译，知识产权出版社，2012 年 11 月 1 日；《创造知识的企业：领先企业持续创新的动力》，野中郁次郎、竹内弘高著，吴庆海译，人民邮电出版社，2019 年 9 月。——译者注

了知识管理这一领域的诞生。直到 20 世纪 90 年代中期，主流组织理论与研究仍然聚焦在"信息"上[4]，而《创造知识的企业》强调了"知识"对于组织和社群获得创新动力的重要作用。这场知识运动不仅建立了一种新的学术科目，而且带来了新的企业职能。如今，无论在管理研究方面还是在管理实践领域，知识管理已经成为人们普遍关注的焦点问题[5]。

在过去的 25 年中，我们拓宽了知识管理的范畴。下面撷取一部分主要工作。

- 课程讲授：在日本一桥大学[6]新近成立的商学院讲授的"基于知识的管理"、在哈佛商学院讲授的"基于知识的战略"等。
- 出版著作：《实现知识创造》（*Enabling Knowledge Creation*）（Von Krogh, Ichijo, and Nonaka, 2000）、《管理流》（*Managing Flow*）（Nonaka, Toyama, and Hirata, 2008），以及《丰田成功的秘密》[①]（*Extreme Toyota*）（Osono, Shimizu, and Takeuchi, 2008）等。
- 发表论文：《组织知识创造的动态理论》（*A Dynamic Theory of Organizational Knowledge Creation*）（Nonaka, *Organization Science*, 1994）、《"场"的概念：为知识创造奠定基础》（*The Concept of 'Ba': Building a Foundation for Knowledge Creation*）（Nonaka and Konno, *California Management Review*, 1998）、《驱动丰田公司走向成功的矛盾》（*Contradictions That Drive Toyota's Success*）（Takeuchi, Osono, Shimizu, *Harvard Business Review*,

---

[①] 此书的中译本为《丰田成功的秘密：激进的矛盾如何铸就伟大的公司》，大园惠美、清水纪彦、竹内弘高、约翰·凯尔·多顿著，周亮、战凤梅译，机械工业出版社，2009 年。——译者注

2008）、《智慧型领导者》（*The Wise Leader*）（Nonaka and Takeuchi, *Harvard Business Review*, 2010）以及《拥抱敏捷》（*Embracing Agile*）（Rigby, Sutherland, and Takeuchi, *Harvard Business Review*, 2016）等。

- 与企业开展合作：例如迅销集团（Fast Retailing）（优衣库）、柒和伊控股公司（Seven & I Holdings）、本田公司、卫材（Eisai）等。

- 与政府和各类组织的合作：例如与日本国际协力机构（Japan International Cooperation Agency）合作，研究发挥知识的竞争优势。我和竹内弘高教授还被杰夫·萨瑟兰（Jeff Sutherland）①称为"敏捷运动的祖父"。萨瑟兰是 Scrum 公司的创办人，也是《敏捷革命》②一书的作者。

- 2018 年，我和竹内弘高教授在东京庆祝"野中知识协会"（Nonaka Institute of Knowledge）成立 10 周年。协会每年联合 30 位企业领袖开展为期 1 年的"知识论坛"（Knowledge Forum）项目。这些管理者全部来自声誉卓著的日本企业。

可能读者会禁不住好奇：既然《创造知识的企业》拥有如此深远的影响力，两位作者为什么要在 25 年之后推出同一主题的第二本著作呢？究其原因，主要有以下 3 点。

---

① Scrum 公司的创办人，曾参与起草《敏捷宣言》（*Agile Manifesto*）。萨瑟兰毕业于西点军校，曾作为美国空军 F–4 飞行员参加过战斗。萨瑟兰被称为"Scrum 之父"，他称野中郁次郎和竹内弘高为"敏捷运动的祖父"，说明了他对两位作者的推崇与敬重。——译者注

② *Scrum: Doing Twice the Work in Half the Time*（Crown Business, 2014），该书的中译本有：《敏捷革命：提升个人创造力与企业效率的全新协作模式》，杰夫·萨瑟兰著，蒋宗强译，中信出版社，2017 年。——译者注

　　第一，尽管知识创造的理论基础早已在知识界和企业界（尤其是在企业领导者群体中）深入人心，但是有些人（尤其是企业领导者）仍然不懂如何在日常工作中运用 SECI 模型，也不太明白如何发挥 SECI 模型的优势。因此，这本书是为那些急需从理论走向实践的人准备的。希望它能帮助人们把知识派上用场，真正地把知识运用到实际行动中。本书的第三章介绍了 SECI 螺旋模型（SECI Spiral Model），第四章至第九章介绍了几种独树一帜的实践案例。我相信，这些案例能帮助人们摆脱"SECI 困境"（SECI-stuck）综合征。

　　第二，知识创造理论的提出距今已有 25 年的时间，整个世界在这 25 年间经历了深刻而剧烈的变化。对知识创造理论的运用者来说，他们面对的挑战和困难何止一端？伴随着世界的剧变，知识场景同样经历着深刻的变革，主要包括以下几个方面。

- 全球化使得企业可以更轻松地逾越自身的边界。
- 其直接结果是所有知识的全球化。
- 互联网、社交媒体和移动技术相结合，带来了一个"超级互联"（Hyper-linked）的世界。你中有我，我中有你。
- 知识变得免费、无边界和个性化（"在推特上发条推文吧"）。
- 大数据、云计算和人工智能带来了无穷无尽的数据与信息宝藏。
- 知识、信息和数据变得越来越难以区分；与此同时，信息超载的问题开始浮现。
- 开放式创新让企业更容易迈出自身的边界。
- 知识的分享变得更加普遍。物联网带来了全新一代的产品，每一种新产品同时也是一项新服务。

- 管理者迫切需要新的管理技能。

- 无论对企业还是对社会而言，保持生态平衡已经成为新的当务之急。

- 创造知识不只是为了组织自身，也是为了生态系统。

这些发展让知识变得更充裕、更全球化、更复杂、更开放和深入，更多地相互连通。因此，企业必须想方设法地处理好信息超载的问题，务必更加谨慎地掌控正确类型的知识。我们在《创造知识的企业》中讨论过，知识与信息以及数据之间是如此相似却又截然不同。知识不同于信息，知识关乎**信仰**（Beliefs）和**承诺**（Commitment），知识是由价值观、道德和伦理共同塑造而成的。知识关乎**行动**（Action），它永远是为了某项功用或某种目的而存在的，比如促进创新。这是知识和信息之间的另一个区别。知识关乎**意义**（Meaning），这一点也是数据和信息不具备的。谈到知识，人与他人、他物之间的关系和情境是必不可少的。同时，我们通过本书论证了这样的观点：为了在飞速变化的世界里应付自如，智慧是必不可少的。而智慧正是一种高阶的隐性知识。

第三，本书旨在进一步完善知识创造理论，使之更加健全；更好地帮助那些心怀天下的学者，帮助他们形成应有的影响力。每当看到经济学者对知识的价值表现出兴趣，或者看到组织理论学者像管理资产一样管理知识时，两位作者都会心生宽慰。我们还看到众多领域里的学者在知识管理战线不断取得进步，广泛涉及战略、创业、信息技术、政治学、脑科学等很多学科。这同样是一种积极的迹象。

　　库尔特·勒温（Kurt Lewin）是美国的社会心理学家，也是组织心理学和应用心理学的先驱之一。他曾说："没有什么比好的理论更实际的了。[7]"作者深信，我们对优秀理论的不懈追求终将为全世界每一位实践者带来些许帮助。

　　我们自知早已步入学术生涯中"夕阳无限好"的阶段（Golden Years）。我们希望把接力棒交到下一代学者的手上，希望他们能把这个方兴未艾的研究领域推向全盛。在理论方面，我们的目标是建立起"智慧"（Wisdom）的概念，使之成为知识管理领域新的焦点。打个比方，我们仿佛穿过知识管理的"深海"，潜入更深一层的智慧洋流中。这里充满活力，神秘莫测。本书借鉴了亚里士多德"实用的智慧"这一概念，即"实践智慧"（phronesis），并且强调了它在管理和组织活动中发挥的重要作用[8]。

　　在实践方面，我们希望知识创造能成为每个人的生活之道。这是一项艰难而繁重的工作，它离不开严格的自律和不懈的努力，离不开同理心和爱心，同样离不开"场"[9]的重要作用。"场"的概念是日本哲学家西田几多郎提出的。它指的是一种共享式空间，社区成员在"场"内共享情境、共创知识。创造知识的实践会推动持续创新、提升组织的业绩表现，让我们的生活变得更加丰富多彩。

　　我们此刻的心情可以用一首诗来表达。这首诗名为《架桥的人》（*The Bridge Builder*），作者是美国女诗人威尔·艾伦·德隆古尔（Will Allen Dromgoole）。它（的一部分）被刻在查尔斯·维拉斯大桥（Charles N. Vilas Bridge）的一块石板上。这座大桥位于贝洛斯福尔斯（Bellows Falls）附近，横亘在康涅狄格河的滚滚波涛之上，连接着（美国）佛蒙特州和新罕布什尔州。

架桥的人

一位老人走过孤寂的长路，

天色阴冷，行将日暮。

他来到一处深渊峻谷，

河水幽寒，令人却步。

趁着暮色未合，老人穿过了深谷，

险流阴沉，直若无物。

过了河的老人却转身回顾，

铺路架桥，天堑坦途。

"老大爷，"路过的人停下脚步，

"长日将尽，何苦劳碌？

"您的旅程就要结束，

"不会再踏上这条路。

"既已过河，架桥何故？"

"我的朋友，"老人忙不住，

"有位良家子，行至不远处，

"他也许会跟随我的脚步。

"鸿沟与深谷，于我如平路，

"毛头少年郎，唯恐有失足。

"若他在这暮色中横渡，

"这座桥，我为这后生而修，为那来者而筑。"

谨以此书献给后来的研究者和管理者。期望他们沿着我们的来路继续前进，走过我们为他们架好的桥，不断地追寻知识和智慧。

第一部分

新的理论基础

第一章

The Wise Company

从知识到智慧

:
:

我们生活在一个飞速变化的世界里。此间唯一的常数是不连续性，唯一的常态是不确定性。我们生活的时代变动不居。如果用"浩浩荡荡"来形容短短二十多年来的变化脚步，那么如今的剧变只能用"山呼海啸"来形容了。

仅仅二十多年前，有谁能料到，一家连一辆汽车都没有的企业会成为全球最大的出租车公司（优步）？又有谁能想到，一家连一平方米不动产都没有的公司会成为全球最大的酒店企业（爱彼迎）？

短短二十多年前，当我们撰写《创造知识的企业》的时候，试问有谁看得到这些震撼全球的大事的端倪？

- 2001 年，美国发生"9·11 事件"；
- 2003 年，严重急性呼吸综合征（Severe Acute Respiratory Syndrome，SARS，即"非典型肺炎"或"非典"）影响全球；
- 2005 年，国际油价惊魂；
- 2008 年，美国金融危机，雷曼兄弟突然破产，引发全球经济的连锁反应；
- 2011 年 3 月 11 日，日本东半部地区发生毁灭性海啸和大地震；
- 2013 年，美国爆发"占领华尔街运动"（The Occupy Wall Street Movement）；
- 2016 年，英国力图脱欧（Brexit）。

令人倍感沮丧的是，人类拥有极为丰富的知识，然而，它既未能阻止金融体系的崩坏，也未能挽救雷曼兄弟等大型机构的破产，更未能帮助柯达、通用汽车和电路城（Circuit City）这些领军企业免于衰落。而这些挫败恰恰发生在人类知识蓬勃发展的时代里。我们在序言中提到过，人类的知识正在变得日益丰富、免费、无界、全球化、开放、深刻和彼此关联。既然这样，何至于此呢？

这个问题包括 3 个方面的原因。

第一，人类未能驾驭正确类型的知识。 我们在《创造知识的企业》中定义了两种类型的知识：显性知识和隐性知识。这一点得到了广泛的认同（见本章末尾的附录 1A，它扼要回顾了两种类型的知识）。而管理者更多地偏重显性知识，因为它易于编纂、测量和概括。华尔街的一众企业以为，根本用不着根据公司的贷款情况做出判断，只要有了数字、数据、分析工具和科学公式，再大的风险也不在话下。

很多人抱着这样的市场观：世界虽大，不过是一根试管。所有的变量都是可控的，我们生活的环境也是可控的。这些人把完全竞争市场当成工作的基本假设，误以为人人拥有完备的信息和完全的独立性。美国的汽车行业也被同样的观点主导着，它们更多地依赖金融刺激来吸引消费者，而不是更好地理解客户的需求。

对显性知识的过度依赖会导致企业无力应对变革。科学式的、演绎式的、理论优先的方法立足于这样的假设：世界是独立于情境而超然存在的。这种方法追求的是放之四海而皆准的标准答案。然而，包括经营和企业在内的社会现象恰恰是依靠情境而存在的。如果抛开了人的主观目标、价值观和志趣，忽视了人与人之间唇齿相依的依赖关系，无论怎样的分析都是徒劳无益的。然而，很多管理者未能认清这一点。

第二，人们没有像彼得·德鲁克提倡的那样，去"创造"未来。 得益于新的科学发现，尤其是与环境、能源和生物多样性等全球问题有关的科学发现，得益于技术进步带来的更加智能的系统。未来正在以超乎想象的速度扑面而来。科技工作者致力于回答的问题不再是"是否……"，而是"何时……"

- 计算机智能何时超越人类智能？
- 自动驾驶汽车何时大行其道？
- 新的能源生产方式何时让电能变得极其清洁和廉价？
- 城市何时变得更宁静、发生更少的事故？
- 淡水资源何时变得极其丰富，价格近乎免费？
- 农业机器人何时取代人工劳作？
- 空气种植法何时取代奶牛产奶？
- 何时通过替代性来源生产蛋白质，例如昆虫？
- 类似三录仪（tricorder）①的医疗设备何时让医学诊断变得近乎免费？类似的例子不胜枚举。

　　每位管理者都应该扪心自问：我们要创造一个怎样的未来？通过独特的"自内向外的"战略路径，我们可以得知，正是由于不同的企业对未来的设想千差万别，企业与企业之间才会出现根本差别。我们会在本章详细讨论"自内向外的"战略。无论一家企业的最高领导者希望创造的是一个怎样的未来，它一定是建立在主观目标、信仰和志趣的基础之上的。组织里的所有人都要向这些目标看齐，并通过彼此的社会关系相互联系。他们

---

① 科幻小说 / 电影《星际迷航》（Star Trek）中描写的一种手持多功能未来仪器，拥有感知环境、扫描、数据分析和数据记录等多重功能。该仪器最初只有 3 项功能：感知、计算和记录，故名"三重功能记录仪"（TRI-function recorder），简称"三录仪"（tricorder）。目前人类对三录仪式技术的开发多集中在医疗卫生领域。——译者注

会分享各自的感受、情绪和看法，会借助直觉来理解自身所处的环境，并据此做出合乎时宜的行动。

最重要的是，未来的创造一定要超越狭隘的企业利益。我们创造的未来必须是满足大众利益的。管理者应该自问：在满足自身企业利益的同时，他们做出的决策是否对社会有益？唯其如此，他们的企业才能真正作为一个社会实体来思考问题。而社会实体要为全社会创造长期的福祉，这是它的使命所在。这样的做法同样有助于改善人类的整体境况。这也是成立社会科学的初心。

这个问题给了本田宗一郎一记当头棒喝。20 世纪 70 年代初，本田公司的工程师成功开发出了一种低排放汽车引擎，它能帮助本田公司的汽车产品符合美国《清洁空气法案》（*Clean Air Act*）的要求。当时领导这家企业的正是创始人本田宗一郎，这位个性张扬的领导者自豪地宣布：有了这项创新，本田公司将会一举击败底特律的三大汽车巨头[①]，因为当时的三巨头是集体抵制《清洁空气法案》的。然而，本田的工程师们并不赞同本田宗一郎的说法。他们告诉自己的老板，他们开发低排放引擎并不是为了商业竞争，而是为了保护自己的孩子们，是为了让世界变得更美好。这一番话让本田宗一郎羞愧难当。他当即决定：自己是时候退休了。

第三，我们培养的领导者类型未必正确。一个新奇的、动态的、变幻莫测的时代需要"智慧型"领导，需要为运动变化代言的思想者。智慧型领导者会在做出判断前审时度势，会在做出决策时考虑到变化，会在开展行动时抓住无处不在的时机。他们不仅需要把握业务一线时时刻刻的变化

---

① 即通用汽车（General Motors）、福特汽车（Ford Motors）和克莱斯勒（Fiat Chrysler Automobiles）。——译者注

细节，更要认清什么是对社会有益的、正确的和正当的。因此，合格的领导者一定是能把当下的微观管理同未来的远大抱负结合起来的人。

除此之外，时代需要智慧型领导者能够抵制短期主义的诱惑，需要深谙企业的可持续经营之道。在智慧型领导者看来，如果做不到以下几点，企业就不可能世代绵延地生存下去。

- 创造一个让竞争对手可望而不可即的未来；
- 为顾客带来更高的价值，把竞争对手甩在身后；
- 与社会和谐共处；
- 拥有道德旨趣；
- 追求公共利益，并以此作为生活之道。

《哈佛商业评论》（*Harvard Business Review*）最近的一项调查表明，在"2016 年全球杰出首席执行官"中，每位入选者都是长期担任现职、成功实施过长期战略的领导者。前 100 位首席执行官的平均在任时间为 17 年，为企业创造的平均年度回报为 20.2%[1]。这真是一项鼓舞人心的发现。

为了解决上述 3 个方面的问题，本书阐述了 3 个方面的思想基础：

（a）智慧；

（b）实践智慧；

（c）"场"。

这些思想基础将推动企业完成以下两项实践：

（d）持续创新；

（e）SECI 在社会层面的螺旋式上升。

这两项实践是人类创造更美好未来的必经之路。

智慧是一种高阶的隐性知识，它能帮助我们抓住事物的本质（智慧因此显得高深难测）。与此同时，它能帮助我们应对快速变动的世界（智慧因此显得活力十足）。实践智慧（Phronesis）是亚里士多德提出的概念，它指的是用于实用目的的智慧。2011 年，两位作者曾在《哈佛商业评论》上专门为此发表过一篇文章[①]。文章指出，对领导者而言，想要统合当今社会力量和经济力量中日益增长的复杂性，最不可缺少的并不是纯粹的智力，而是实用的智慧。"场"是创造性互动的现场。它包含的空间、时间和场景可以是真实存在的，也可以是虚拟的；"场"可能仅存在于认知层面，也可能是以上诸般的混合体。"场"犹如草蛇灰线，沿着真实的时间线时隐时现。

本书还提到，上述（d）、（e）两项实践活动的重要意义在近年得到了长足的发展。背后的主要原因包括经济活动中的不稳定性、不确定性和社会政治动态的日益增强；顾客对企业的职责提出了更高的期许（主要体现在社交媒体上）；越来越多的员工希望自己的工作是有意义的。

本章从持续创新讲起。细心的读者也许已经发现了，我们对本书进行了两点细微的改变——在副书名的"创新"前面加上了"持续"二字；在理论框架中加入了"螺旋"二字，使之成为"SECI 螺旋模型"（SECI Spiral Model）。这两处改变构成了贯穿全书始终的整体结构。

---

① Nonaka, Ikujiro, and Hirotaka Takeuchi. "The Wise Leader." *Harvard Business Review* 89, No. 5 (May 2011).

持续创新带来长久繁荣

商界人士都懂得创新的重要意义，但是，随着时间的推移，曾经令人耳目一新的独特创新很快就会变得：

- 平淡无奇（例如，酒店在客人枕边放上几块巧克力的做法）；
- 被他人赶超（例如，电影流媒体企业一进入市场，立即造成了电影租赁和游戏租赁企业惨重的业务损失）。

为了保持竞争力，企业必须持续不断地创新。仅就短期而言，渐进式提升也可以带来创新。渐进式提升的方法包括：

- 假设检验法（日本 7-11 便利店鼓励所有员工每天验证各种假设，包括兼职员工在内）；
- 试验法；
- 原型法（prototyping），例如，艾迪欧公司[①]始终秉承的"3R"方法，即"雄浑"（rough），"迅疾"（rapid）和"正确"（right）。

然而，想要长久保持适应能力，就必须不断创新。创新没有止境，也容不下半点懈怠。想在较长的时期内保持创新性，单凭一系列独到的创意，或者一连串的渐进式提升是远远不够的，需要整个组织持之以恒的不懈坚持。需要特别注意的是，这里谈到的是整个组织的每一位成员，而不仅仅

[①] 美国设计公司，1978 年成立于加利福尼亚州帕洛阿尔托市（Palo Alto）。创始人为大卫·凯利（David Kelley）。1980 年，艾迪欧为苹果公司设计了第一款鼠标。——译者注

是最高领导层。实际上，每位员工都应该清晰地认识所在企业的目标、信条和未来的发展方向等。不仅如此，作为有生命的有机体，组织内的每个人都要把这些原则付诸自身的实践。

日本的本田汽车公司就是长期持续创新的典范。1945 年，本田公司在日本滨松市成立，最初销售一种装在自行车上的便携引擎。这种外置引擎的售价不到 500 日元（约等于 31 元）[2]，可以把自行车临时变成轻便摩托车。经过 70 年的发展，截至 2015 年 12 月，本田飞机公司在美国北卡罗来纳州的格林斯伯勒市向首位客户交付了史上第一架本田公务机（HondaJet）。这种轻型公务飞机的售价为 485 万美元。负责人藤野道格（Michimasa Fujino）表示："本田公务机的交付太令人激动了。它实现了本田公司通过创新推动人类出行的承诺。本田公务机的问世意味着本田公司把这一承诺正式延伸到了天空。希望很快能在全球各地的机场看到更多本田公务机的身影。[3]"

本田公司在过去 70 年间完成了多个轮次的创新。其中，第一轮创新是由创始人本田宗一郎发起的。本田宗一郎是一位发明家，他在 30 多岁时凭借开发活塞环产品一举成名。这种活塞环被广泛应用在汽车、轮船和飞机上。1937 年，本田宗一郎成立了东海精机公司（Tokai Seiki Jukogyo），专门生产机床配件[4]。在此期间，本田宗一郎一共获得了 28 项活塞环专利。

本田公司的第二轮创新发生在 20 世纪 50 年代末。当时本田公司已经成立，但只能生产摩托车。在此期间，本田宗一郎开创性地完成了两项成果。第一项是创新型发动机燃烧室技术。它把本田发动机的马力提高了一倍，同时把发动机的重量减轻了一半。采用新型发动机的本田 125 cc 摩托车参加了久负盛名的英国曼岛 TT 大奖赛（Isle of Man TT Race）。1959 年，本田 125 cc 摩托车首次赢得了这项比赛。很快，到了 1961 年，本田车队一举拿下了该项赛事的前五名⁵。

第二项成果是在 1958 年推出的 50 cc Supercub 摩托车。本田为这款摩托车配备了自动离合器、三速变速箱、自动启动器和更接近自行车的亲切外观。仿佛在一夜之间，雪片般飞来的订单淹没了本田公司。截至 1959 年年底，这家公司飞速成长为日本头号摩托车厂商⁶。同年，本田公司进军美国摩托车市场。截至 1964 年，每 2 辆在美国出售的摩托车中，就有 1 辆是本田制造的⁷。截至 2018 年，本田 Supercub 系列摩托车的全球累计产量达到了 1 亿辆。

本田公司的第三轮创新是把推动人类出行的承诺从摩托车领域延伸到了汽车领域。就在 Supercub 系列摩托车在美国市场的销量急剧蹿升时，本田公司开始研发一种低排放复合涡流控制式燃烧（Compound Vortex-Controlled Combustion，CVCC）发动机，并在随后的 1973 年把它用在了本田思域（Civic）车型上。它帮助本田思域成为通过美国 1970 年《清洁空气法案》的第一款汽车产品。由于美国参议员埃德蒙·马斯基（Edmund Muskie）在起草过程中发挥的核心作用，这一严苛的法案也被称为《马斯基法案》（*Muskie Act*）。

本田的工程师为 CVCC 发动机的开发付出了整整 10 年的心血。他们从零开始学习稀薄燃烧技术，其间经历了不计其数的实验和试错。但这一切努力都是值得的。1980 年，本田思域被评为美国"年度进口车型"。时至今日，人们依然能在美国史密森尼学会博物馆①（Smithsonian Museum）一睹它的风采。那里展示的是一款红色的本田思域。立在车前的导览牌上写着：

---

① 该博物馆位于美国华盛顿特区国家广场中段的宪法大道上，正式名称为 National Museum of American History（美国国家历史博物馆），隶属于美国史密森尼学会（Smithsonian Institution）。——译者注

"它为美国的汽车文化开辟了新境界。"这句话是对本田这个美国汽车市场上的后来者[8]做出的创新贡献的最好认可。

接下来，为了启动第四轮创新，本田宗一郎在1962年向员工宣布了研制和生产飞机的想法："现在是时候考虑开发一种轻型飞机了。它应该是一种人人都能驾驶的飞机，既易于操控，又物美价廉。[9]"将近25年后，1986年，藤野道格接到调令，开始为本田公司设计飞机。

藤野在本田公司的第一份工作和大名鼎鼎的本田NSX汽车有关。NSX是本田公司在1990年推出的一款技术领先的超级跑车。藤野最初的工作是为NSX设计突破性的系统和部件。3年后，他被公司调入了一支默默无闻的飞机设计团队。这支团队一共只有5个人。而且，除了少数几位高管之外，本田公司上下没人知道它的存在。从组建团队到第一架飞机的交付，足足用去了这支团队30年的时间。藤野回忆，他一直想在航空领域里复制本田思域在汽车领域取得的成功："我一心想在航空领域再创（思域式的）辉煌。很多公务飞机的燃油经济性非常差，缺乏良好的人体工程学设计。我想解决这些问题，为市场带来新的价值。[10]"

本田飞机公司是本田设在美国的一家子公司。2006年，藤野45岁，被公司任命为本田飞机公司总裁兼首席执行官，他同时获得了相当可观的资源和来自公司高层的支持。根据《福布斯》杂志的估算，本田公司为开发公务机投入的成本高达15亿至20亿美元[11]。这笔投资也许已经产生了应有的回报——上市伊始，本田公务机得到了美国市场的积极反馈，仅前10个月就交付了20架飞机。2017年，本田公务机成为美国最畅销的轻型公务机，总计交付了43架。

本田公务机获得的美誉离不开藤野及其团队的卓越设计[12]：

- 同级别中速度最快（最高巡航速度 420 节[①]，比同级别公务机快
  10%）；
- 同级别中燃油效率最高，比竞争对手的燃油效率高出 17%；
- 同级别中飞行高度最高（最高巡航高度 4.3 万英尺[②]，高于绝大多
  数公务机）；
- 同级别中最安静的喷气式飞机；
- 与其他公务机相比，本田公务机的驾驶舱设计更直观、更符合人
  体工程学、对使用者更友好；
- 同级别内，本田公务机的主机舱空间最宽敞（前排座椅靠背与后
  排座椅的间距为 86 英寸[③]，比同类型飞机的座椅间距宽 20%）；
- 同级别内，本田公务机拥有最大的货舱（货舱面积 66 立方英
  寸[④]，可容纳 16 件行李，包括 2 个高尔夫球袋）；
- 配备私人洗手间；
- 同级别中外形最美观的公务机，拥有优雅的锥形机头。

本田公务机赢得了全球最先进轻型公务机的美誉，这主要得益于以下
几项创新：机翼上置引擎配置（本田公司称为 Over-the-Wing-Engine Mount，
OTWEM），这项革新设计一度被认为是不可能实现的；自然层流技术，主
要应用于主机翼和机头部分；采用更轻的复合材料取代铝材，主要用来建

---

① 节，单位符号 kn，是一个专用于航海的速率单位，后延伸至航空方面，相当于船只或飞机每小时所航
  行的海里数。1 节为每小时 1.852 千米。——编者注

② 1 英尺 =0.304 8 米。——编者注

③ 1 英寸 =0.025 4 米。——编者注

④ 1 立方英寸 =16.387 立方厘米。——编者注

造机身等部位。在关于本田公务机的众多好评中，最贴切的一条来自《飞行员杂志》（*Pilotmag*）：它"既拥有本田思域式的规格和经济性，又具备本田 NSX 式的气魄、敏捷性和得心应手的操控性。[13]"想必这一评语既能让已故的本田宗一郎心花怒放，又能使藤野道格心满意足。

本田公务机背后：两位领导者和他们的故事

对于像作者这样的本田集团热心观察者来说，本田公务机的例子生动地说明了公司管理者是如何跨越 4 个不同领域、坚持不懈地创造知识、不断阐发并在实践中运用这些知识、成功实现持续创新的。随着本田公司的创新之路从活塞环到摩托车，再从汽车到飞机的不断演进，这家公司的知识库也随之不断扩展。伴随着每一轮创新的完成，更多的知识得到了创造和传播，并被转化为行动。这家企业不仅扩展了知识的规模，还提高了知识的质量，带来了更多的行动。随着每一轮创新的完成，组织内部越来越多的人参与到知识的创造和实践中来。形象地说，多年以来，随着本田公司从一轮创新向下一轮创新的迈进，它的知识库不仅变得越来越大，而且实现了螺旋式上升。

也许读者会禁不住好奇：一家生产摩托车和汽车的厂商，怎么会想到制造全世界最快、最省油、飞得最高、最安静、最宽敞的商务飞机呢？是什么推动着本田公司多年如一日地不断创新？又是什么力量驱使这家公司的雄心和行动，让它仿佛永不停息地盘旋上升呢？

在此提出两种解释，或许可以帮助人们理解本田公务机的成功。首先是创始人本田宗一郎儿时的梦想——总有一天，让写着自己名字的飞机飞上天空。这一点也常常被媒体提起。循着这条推理线索来看，本田公司不仅从未忘记创始人的梦想，还在多年之后，仿佛在有意或者无意之间，把它变成了现实。第二种解释来自作者此前对藤野道格的采访。藤野多年一贯的"此时此地"（Here and Now）的行事风格帮助本田实现了这个梦想。下面逐一对这两种解释做出比较。

创始人的梦想

据很多人说，本田宗一郎从小就极度痴迷飞机[14]。在他大约10岁时的某一天，本田听说，他的家乡滨松附近会有一队美国飞行员表演飞行特技。那时的本田连飞机都没见过。他逃离课堂，骑着自行车来到20千米以外的军用场地①。特技飞行将在那里上演。可是本田身上的钱不够买门票。于是，他爬上了附近的一棵大树，从高处观赏了3位美国飞行员的精彩表演。其中一位飞行员——时年23岁的阿特·史密斯（Art Smith），给小本田留下了深刻的印象。他开始模仿史密斯的穿着：反戴一顶猎帽，挂上一副飞行员眼镜。那副眼镜是他用硬纸板仿制的。他甚至用竹子做了一副螺旋桨，插在自行车的车把上。

不久之后，第二次世界大战爆发前夕，本田宗一郎在3个方面与航空产业发生了确实的联系。第一，他创办的第一家公司——东海精机重工业株式会社，负责为中岛飞行机株式会社（Nakajima Aircraft）提供活塞环。后者正是著名的零式战机的生产厂商。第二，本田宗一郎发明的机床被用于飞机制造。第三，日本乐器制造株式会社（Nihon Gakki，也就是后来的雅马哈集团）时任总裁川上嘉市（Kawakami Kaichi）邀请本田宗一郎为他在滨松市的工厂设计螺旋桨制造机械，并订购了这些机械。本田的同事普

① 即滨松市和地山练兵场（浜松町和地山练兵场），当时为1917年。——译者注

遍认为，他就是这时萌发研制飞机的梦想的。

1948 年，本田公司刚刚成立时，它的产品标识是一副翅膀的形象。本田公司生产的第一辆摩托车被命名为"Honda Dream"（意为"本田之梦"）。此后，本田生产的每一辆摩托车都带有这一标识。本田公司把人类出行推向天空的梦想源自何时？它是否在本田公司只生产摩托车的时代就已经出现了？选择翅膀作为产品标识，是不是饱含深意地有意为之？斯人已逝，后人只能猜测了。

不仅如此，本田宗一郎还在 20 世纪 60 年代考取了飞行员执照，他还采取了几项具体行动，以便进一步走近自己的梦想。

- 1962 年，本田宗一郎宣布，公司计划投入研制轻型飞机。我们在前文提到过这一点。

- 1963 年，日本《朝日新闻》（*Asahi Newspaper*）主办了一次轻型飞机设计大赛。本田宗一郎是这次比赛的评委之一。这项赛事一共收到了来自全日本的 2 200 多个设计方案。

- 1964 年，本田聘用了吉野广由岐（Hiroyuki Yoshino）。他是 1963 年《朝日新闻》飞机设计大赛的选手之一，主修飞机设计专业。吉野后来成了本田公司的第 5 任总裁兼首席执行官。

- 1964 年，本田成立了"本田机场公司"（Honda Airport，随后更名为"本田飞机公司"，即 Honda Aircraft Company）。这家公司在埼玉县的一条小河边修建了一条飞机跑道（埼玉县在东京以北，距离约 30 公里）。这家子公司后来还投资建立了一个机群，拥有 14 架螺旋桨飞机和直升机。本田宗一郎还在埼玉县成立了本田飞

行学校和本田飞行俱乐部，组织了各种专项活动，比如一年一度
的 Flying Cup 杯赛和 Hot Air Balloon Grand Prix 热气球大赛等。

本田宗一郎酷爱飞行，这早就是尽人皆知的佳话。人们可能不知道的
是，他的夫人矶部（Sachi Honda）也是一位持有执照的飞行员。1963 年，
一架隶属于本田公司的派珀飞机（Piper aircraft）在滨松机场发生事故。这
架飞机的飞行员本田宗一郎从此被禁止飞行。这让本田夫妇和公司员工抱
憾不已。即使如此，本田宗一郎对飞行的渴望从未被忘记，它在公司里
潜滋暗长着。1986 年，本田公司在日本成立了 "Wako 研究中心"（Wako
Research Center）。它的核心研究方向之一就是喷气飞机及其引擎的研发。
这在当时是保密的。1973 年，本田宗一郎退休。1986 年，藤野道格被悄悄
调任，加入了本田公司刚在美国成立的飞机部门。

接班人的务实精神

本田宗一郎是一位个性丰富多彩的传奇领导者。相比之下，藤野道格
给人们的印象始终是一位谈吐温和、举止低调的管理者[15]。在日本，本田
宗一郎的轶事层出不穷，受到了媒体的广泛报道。正如哈佛商学院的一个
案例里[16]描述的："本田宗一郎'不拘形迹、嬉笑怒骂'，他的脾气说变就
变。很多报道都曾提到过，本田有一次把一名艺伎从二楼的窗子扔了出去；
他还爬进化粪池帮一位到访的供应商找回假牙（还放到了他自己的嘴里）；
在一次与银行人士的正式报告会开始之前，本田喝得酒气熏天，还穿上了
奇装异服。那次报告会是本田公司为了向银行申请救命资金而专门组织的
（结果本田的贷款申请遭到了银行的断然拒绝）。本田宗一郎还用扳手打过
一名员工的头；他甚至当着一群工程师的面脱得精光，赤身裸体地演示如

何组装摩托车发动机。"

尽管两人的性情截然不同，但是本田和藤野都赢得了身边每个人的尊重。人们普遍认为，在本田公司把人类出行推向天空的漫长征途中，两位领导者同样功不可没。这个故事的脉络非常简单：本田宗一郎提出了一个梦想，藤野道格把它变成了现实。

怀抱梦想也许是商业成功的必要条件，但它一定不是充分条件，一定要有人来实现它才行。以丰田公司为例，这家企业同样在长达几十年的时间里反复揣摩飞机的制造，但始终没有认真对待这一想法。在前一任总裁和首席执行官主事期间，丰田公司曾经投入过飞机的研发工作，其年代和跨度与本田公务机几乎重合。实际上，丰田公司甚至设计和建造了一架原型飞机。但是，就在 2016 年本田公司决定把本田公务机投入商用之后，丰田公司选择终结了自己的飞机项目[17]。

本田公务机之所以能够变成现实，主要是因为藤野是一位现实主义者。除了"现实主义"以外，还有一些词语常被用来形容藤野的行事风格，包括坚韧不拔、实事求是、脚踏实地、行动导向和细节驱动等。尽管说法不尽相同，重点却是一致的，那就是藤野有把事做成的能力，而且是在"此时此地"把事做成的能力。实际上，早在进入本田公司之前，藤野的务实作风就已经显露无遗了，下面的例子可以说明这一点[18]。

- 藤野毕业于东京大学，主修航空工程专业。毕业时，藤野低调地加入了本田公司。他清醒地认识到，复苏中的日本并不存在足够规模的航空产业圈子，更不用提飞机制造了。因此他选择了汽车研发工作。

- 美国密西西比州斯塔克维尔小镇是密西西比州立大学所在地。这所大学拥有领先世界的尖端航空科技研发中心。藤野和他的飞机团队就扎根在这里，十数年如一日地埋头苦干。然而，在项目两度遭遇失败之后，本田公司在 1996 年叫停了他们的尝试。藤野和他的团队被召回了日本。这难免让藤野意气消沉。但他非常理解公司召回团队的决定，因为本田飞机公司确实没有取得任何突破性进展。

- 在接下来的 1997 年，藤野道格终于迎来了自己的顿悟时刻。他偶然间翻到了一本航空学教科书。这本书出版于 20 世纪 30 年代，作者是一位名叫路德维希·普朗特（Ludwig Prandtl）的德国工程师，他开创了运用数学方法完成气动流分析的先河。藤野当时刚刚抵达东京，他打开行李箱，整理各项物品。这个平常的时刻成就了本田公务机极具革新性的"机翼上置引擎设计"。想到此前两次失败的尝试，藤野把本田公务机称为自己的"三女儿"。

- 从理论到现实的飞跃就发生在一夜之间。有一天晚上，藤野道格躺在漆黑的房间里。就在这时，一个崭新的设计灵感不期而至。他赶忙跳下床，打开灯。遍寻不到纸笔，他撕下了墙上的一页挂历，匆忙地在它的背面画下了这个想法。这幅草图就是本田"机翼上置引擎"（OTWEM）设计的母版（见图 1-1）。

- 藤野把这幅草图拿给别人看，大家都嘲笑他。因为凡是航空专业出身的人都知道，在机翼上方放置两个引擎的做法势必会抵消飞机的空气动力。藤野必须证明他的"机翼上置引擎设计"产生的实际阻力更小，从而证明专家们的看法是错误的。在藤野的设计

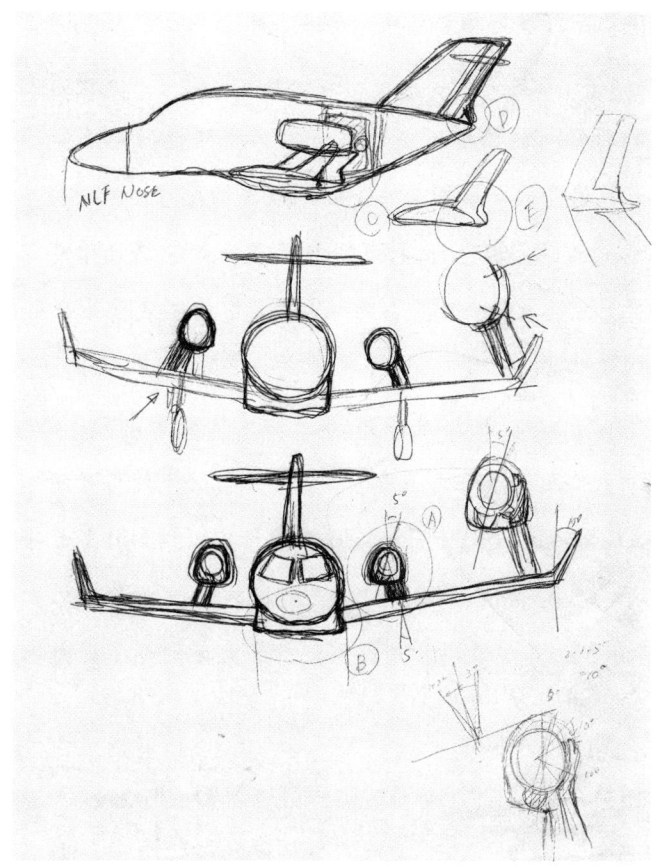

图 1-1 本田公务机概念草图

资料来源：Honda Motor Co., Ltd.

中，至关重要的一点是找到"甜点"（Sweet Spot）。这是一个精细入微的过程，因为即使只是把两个引擎在机翼上的位置稍稍挪动 4 英寸，飞机也无法起飞。他在波音公司的风洞完成了比例模型试验，终于找到了甜点。藤野的实验结果打破了长久以来人们对"机翼上置引擎"这一设计的禁忌。

- 2003 年 12 月，本田公务机成功完成了首次试飞，获得了潮水般

的好评。藤野奖励给自己 3 周假期，和家人到巴哈马度假。长期
的加班劳作让藤野身心俱疲。他甚至一度想过，是不是到了该换
工作的时候。这已经不是他第一次萌生这样的想法了。幸运的
是，有位住在同一家酒店的美国商人告诉藤野，他觉得本田的新
飞机看起来很"酷"。他打算给自己买一架。这让藤野想起了自
己上司曾经的教诲：他是在为顾客工作，而不是在为公司打工。

- 所有的工作都要保密，而且要多年一贯地保密，这让藤野感到
极度厌倦。他在 2005 年 5 月 /6 月的《航空器期刊》（*Journal of
Aircraft*）上发表了一篇题为"本田公务机的设计与开发"（Design
and Development of the HondaJet）的论文。这篇 1.2 万字的论文
把藤野的抑郁心情一扫而空。他用这样一段话为自己的论文结
尾："为了验证这项设计，我们完成了大量的分析工作和地面试
验。[19]"

尽管本田公务机成功完成了试飞，尽管藤野成功发表了学术论文，但
是本田公司尚未做出投产和销售本田公务机的正式决定。为了影响董事会
的决定、激发公众的兴趣，在藤野的推动下，本田公务机参加了"美国试
验飞机协会"（Experimental Aircraft Association）组织的一场博览会。这是
本田公务机在公众面前的首次亮相，地点在美国威斯康星州奥什科什市的
一个小型机场。

2005 年 7 月，在大批观众的见证之下，本田公务机顺利完成了首航。
刚一落地，它立刻被数千名航空爱好者簇拥了起来。

2006 年 3 月，藤野道格当面向本田董事会提交了一份本田公务机的

商用方案。他并没有立即得到答复。他得到的是片刻的沉默。那一片刻对藤野如同永恒一般漫长。接下来，他听到本田时任首席执行官福井威夫（Takeo Fukui）说："放手去做吧……本田是一家出行企业。我们理应通过本田公务机追求更高、更远的未来。[20]"后来，据本田前任首席执行官、本田公司 Wako 研究中心的缔造者川本信彦（Nobuhiko Kawamoto）回忆，在决定本田公务机命运的关键时刻，藤野道格发表的研究论文和奥什科什机场的成功首飞发挥了很大的作用。

2006 年，藤野被任命为本田飞机公司的首席执行官。为了得到美国联邦航空管理局（US Federal Aviation Administration，FAA）的适航证书，这家公司又付出了 9 年的时间，为此制作的文档多达 200 万页，共涉及 20 万种零部件。这些数字告诉我们，除了脚踏实地做好细节工作，藤野先生别无选择。

担任本田航空部门负责人之后，藤野道格的务实作风得到了进一步的彰显。例如，他决定组建一支小型项目开发团队，人数只有行业平均水平的 1/4 到 1/3。藤野认为，精兵简政可以给团队的每一位工程师带来适度的压力，迫使他们既要成为专才又要成为通才，缩短解决问题的周期。与此类似，藤野既承担了机身的开发工作，又承担了飞机引擎筒仓的开发工作。这让藤野团队做到了"既见树木，又见森林"，形成了最优的解决方案。藤野没有选择全碳素机身，而是在一些部位使用了铝材，起到了降低成本的效果。他还决定把（美国）北卡罗来纳州的格林斯伯勒机场（Piedmont Triad International Airport）作为本田公务机的生产和服务基地。之所以如此选择，抛开其他因素不论，一个重要的考虑是当时联邦快递公司正在那里建造一座枢纽站，可以大大提高本田飞机零部件的运输速度。

整合两位领导者的传奇

随着对本田公务机案例进行不断深入挖掘，我们可以发现，原本简单的故事线索，即"梦想家本田宗一郎"和"实干家藤野道格"的线索开始分解。在工作的前 3 年里，藤野埋头于开发工作，他的大部分时间是在美国度过的。显而易见，此时的藤野已经产生了自己的梦想：造出世界上最先进的公务飞机。藤野在 2005 年坦承："有幸把这个概念和梦想变成现实，我觉得自己实在是个幸运儿。[21]"

随着藤野在美国的生活经验越来越丰富，随着他对美国文化和生活方式的认识越来越深入，他的梦想也变得越来越真切。藤野发现，在美国这样一个地域辽阔的国家里，人们非常需要小型飞机和支线机场。直觉告诉他，市场需要这样一种飞机：它既拥有较高的航速和燃油效率，又不会牺牲机舱和行李舱空间。藤野的梦想是通过改变人们的出行方式来改变人们的生活方式：

> 这种飞机势必带来整个行业的振兴。它会缩短商务人士的工作时间。更重要的是，它能改变人们的生活方式。人们花在公务差旅上的时间将会大大缩短，可以有更多的时间陪伴家人。这一变化可能首先出现在美国。因为就商务旅行而言，美国大概领先日本 10 到 20 年的时间 [22]。

当被问起如何克服挫折和阻碍时，藤野提到了他在华盛顿特区参观"史密森尼学会"（Smithsonian Institute）的经历。他在那里看到了一台红色的本田思域汽车，还阅读了车前的导览牌。藤野回忆说："我当时想，总有一天，我要把本田思域在汽车领域里的成功复制到航空领域中来。如果本田公务机不仅能改变已有的文化，还能创造出一种新文化，那么它一定能带来巨大的价值。不知道为什么，只要一想到这个遥远的未来，我就生出更大的干劲。它激励着我继续前进。[23]"就是这么简单！打个比方来说，藤野希望，有一天能在同一个博物馆里看到本田公务机的身影。它的面前同样立着一块导览牌，上面写着："它为美国的飞机文化开辟了新境界。"几十年过去了，人们已经公认，本田公务机的问世确实改变了个人空中出行的文化。此前，只有极少数人用得起私人飞机，如今已有相当多的人通过私人飞机出行。

　　谈到基本的信念体系，本田宗一郎和藤野道格有很多的共同之处。例如，他们同样坚信直接经验和人际互动对良好地完成工作至关重要。本田宗一郎为此提出了"三现原则"（Three Realities Principle），即**现场**（genba，来自日语，含义为"现场"）、**现物**（genbutsu，来自日语，含义为"现实的事物"）以及**现实**（genjitsu-teki，来自日语，含义为"现实的、实事求是的"）。该原则源于这样一种信念：直接经验会为员工带来有价值的知识，能够帮助他们解决问题、开展创新。其中，现场原则强调的是实地考察的作用，它要求人们走进现场，见证正在发生的一切，比如工厂的生产区域或者零售行业的第一线等。现物原则强调的是洞悉实际环境的重要性。它鼓励人们与环境中的各个要素发生实在的联系，包括环境中的人。现实原则鼓励人们立足于实际情况，实事求是，因地制宜地做出评判。藤野在本田飞机公司出色地奉行了这三项原则，并"打造了一个有生命的有机体，让其中的每个人立志一再改写飞机设计的历史。[24]"

　　另一个共同点在于，本田宗一郎和藤野道格都能认清技术对创造未来的重要作用。藤野想改变人们的出行方式，打造一种未来的新文化。他曾明确表示，"本田的使命是为全世界创造新技术，让未来的生活更美好。假如未来的人们需要某种新技术，也许本田公司应该责无旁贷地满足这种需求"。这与本田宗一郎的看法不谋而合。在本田宗一郎看来，技术"是一种手段，它能复兴日本社会，把人们赖以生存的世界变得更美好"[25]。出于这样的信念，本田宗一郎在 1946 年把自己的公司命名为"本田技术研究所"（Honda Technical Research Institute，即"株式会社本田技术研究所"）。

最后一点，本田和藤野都是以天下为己任的领导者，他们矢志于创新，并不仅仅是为了狭隘的企业利益，更是为了全社会的共同利益。他们坚信，一家企业存在的理由应当是为社会做出贡献，把世界建设得更美好。在他们看来，做好人类出行这一事业，无论是通过摩托车、汽车还是飞机，本田公司都能做到这一点。两位领导者以身作则，把社会利益当作毕生的追求；同时，他们也是动员他人并肩奋斗的行家里手。他们会激励组织里的每一位成员追求更高、更远的目标；他们会创造共同的情境和共有的价值观供人们坚守；他们会引导和教育人们追求同他们一样的目标。藤野这样总结："为了激励飞机开发团队成员，持之以恒地不断挑战自我，仅凭升职加薪这些简单刺激是远远不够的。我们总会在前进的道路上遭遇这样那样的极限……我的办法是讲大局。我会告诉大家，我们到底为什么这样做：是为了完成公司交办的任务，还是为全社会谋福利？[26]"

也许藤野道格的努力是为了实现本田宗一郎的梦想。无论如何，归根结底，两位领导者追求的是同一个目标：把我们生活的世界建设得更美好。

长久的繁荣

传统智慧告诉我们，不确定性会妨害企业的长远规划。然而，本田公司的故事证明，这句话完全说不通。本田公司不仅在多年的风风雨雨中生存了下来，还在这个高速变化的世界里日益发展壮大。本田公务机的案例为我们带来了三点启示。第一，企业想要长久地生存下去，就必须制定清晰的使命、愿景和价值观；不仅如此，还要切实履行这些使命、愿景和价值观，把它们变成自己安身立命的根本。第二，想要持续不断地创新，仅仅拥有梦想是不够的。想把梦想变成现实，离不开行动、投入和时间。第三，领导者的作用非常关键。他们是把梦想变成现实的领路人。在本田公务机的案例中，企业的领导者成功抵制了短期主义的诱惑。无论是主观判断还是实际行动，他们都做到了从实践智慧出发。

使命、愿景和价值观的重要意义

似乎每家企业都有自己的"公司宣言""经营哲学""行为准则"或者"企业价值观"，诸如此类。有的企业会把它们印成小卡片，让员工时刻带在身上。这样做的目的是把价值观变成一种生活方式，让每位员工每天都能遵照执行。

企业首先要搞清楚自己对"使命""愿景"和"价值观"的定义是什么。最好的方法是还原这些术语背后潜藏的根本问题。

- **使命**（志向）：你的企业为什么存在？
- **愿景**（梦想）：你和你的同事想创造一个怎样的未来？
- **价值观**（信念）：你和你的同事最珍视的价值观和信仰是什么？

使命和志向经常被当作一对同义词互换使用。实际上，二者之间存在细微的差别。志向更宽泛，常常被当作努力的目标或追求的对象；而使命更具体，它是一个人或一个组织被赋予的具体任务。以本田公务机为例，藤野曾经谈到，"更高的志向"是把我们的世界变得更美好，为社会做出贡献。本田宗一郎和藤野道格都提到过"通过创新推动人类出行"，这是本田公司的使命。尤为重要的是，自从 1948 年成立以来，本田公司始终信奉和履行这一使命。

愿景和梦想同样关乎未来，同样被当作一对同义词使用。然而，这里提到的未来与他人创造的未来无关。它指的是我们亲手创造的未来。也就是说，它提到的是"我们"要创造的未来。因此，愿景和梦想都是主观的、因人而异的。以本田公司为例，本田宗一郎提到过这样一个梦想：未来让每个人都能开上操控简单、价格低廉的飞机。同样，藤野道格也提出过类似的梦想：帮助未来的管理者缩短差旅时间，帮助他们腾出更多的时间陪伴家人。

尽管我们在本田公务机的案例中多次提到"梦想"一词，但是，实际上，梦想和愿景之间也存在着些微差异。这和使命与志向之间的差别很相似。与梦想相比，愿景更多的是自觉自愿的，也更具体；而梦想，究其实质，是更加开放和无限制的，也更宽泛。例如，藤野曾经提到过，他激励团队的办法就是让每个人做到"识大局"。这里提到的"大局"就是藤野道格的愿景。

毫不令人惊讶的是，尽管我们对价值观和信念的解释不尽相同，它们依然屡屡被人们视为一对同义词。价值观是一种具有内在吸引力的原则，它在人性中体现得尤为明显；价值观源于信念，后者在本质上更趋于隐性。信念是一种心智习惯；信任和自信的基础同样来自经验。

除了"三现原则"，即**现场**、**现物**与**现实**之外，本田还提出过"三个喜悦原则"（Three Joys Principle）。它包括购买者的喜悦、销售者的喜悦和创造者的喜悦。这些价值观被藤野和他的同事贯彻到实际工作中，成了本田公司信仰体系的一部分。因为一次偶然的机会，藤野曾经给过团队相当大的自主权。这个做法后来变成了团队信仰体系的一部分。

知识实践的关键意义

知识创造会带来创新，这是《创造知识的企业》一书的中心思想；而知识实践会推动持续不断的创新，这是本书的核心理念。本田公司反复不断地创造新知识，把这些知识在整个组织里传播，并且多年一贯地促进知识和行动的相互转化，这就是本田持续创新的源头活水。这一过程带来了知识库的扩展，促进了知识规模与质量的提升，让更多的员工参与到知识创造与实践过程中来；这一过程实现了从个人层面到组织层面的螺旋式上升，并推动自身进一步上升到社区层面乃至社会层面。

本田公务机的案例告诉我们，藤野是一位现实主义者。经常被用来描述藤野行事风格的词语有坚韧不拔、实事求是、脚踏实地、行动导向和细节驱动等。藤野最突出的特点是他具备在"此时此地"把事做成的能力。就这个意义而言，我们可以说藤野是海德格尔的追随者。海德格尔是德国著名的哲学家和现象学家，他认为：

（a）人在当下采取的行动会塑造未来的样貌；

（b）为了充分发挥未来的所有可能性，人应该活在"此时此地"（我们会在第二章中详细讨论这一点）。

藤野也可以被归入"实干家"或者"行动者"的范畴之中。这与美国实用主义哲学家的思想一脉相承，比如查尔斯·桑德斯·皮尔士（Charles

Sanders Peirce)、威廉·詹姆斯(William James)和约翰·杜威(John Dewey)等。实用主义哲学家认为，一切知识植根于人类的实践。我们将在第二章中详细讨论几位美国实用主义哲学家的主张。

不仅如此，藤野的管理思想还与彼得·德鲁克的思想高度契合。

> 传统思想把管理归入了"人文学科"。谓之"人"，是因为管理关乎实践与应用，与人类的活动息息相关；谓之"文"，是因为管理涉及知识、自我认知、智慧和领导才能的基本原理，它是博而不约的。管理者尽可以利用一切人文与社会科学的知识和见解，包括心理学和哲学、经济学和历史学、自然科学和伦理学等。但是，他们首先必须把有效性和结果的知识当作重点，比如治愈一位病人、教好一名学生或者建好一座大桥等[27]。

作为一名管理者，藤野深谙通过知识实践取得预期成果的关键作用。

领导者的作用

我们在过去 20 年间研究了各个类型组织的领导力问题；为企业领导者讲课，尤其是日本企业的领导者；采访过全球最杰出企业的前后几代领导人。研究的目的是探究领导者如何系统地完成决策，帮助自己的企业与社会和谐共处，而不是反过来，与社会相抵牾。

我们的研究表明，仅仅运用显性知识和隐性知识是远远不够的。领导者还必须发挥第三种知识的力量，它就是实践智慧。这是一种经常被人忽视的知识。实践智慧是来自经验的隐性知识，它帮助人们以价值观和道德为准绳，审时度势地做出明智的判断、因地制宜地采取恰当的行动。如果领导者能在整个组织的范围内培育这种知识，他们将不只收获新鲜的知识，还能做出明智的决策[28]。

为什么要在"智慧"前面加上"实践"二字？因为你我每个人的智慧都来自实践。我们从小就学会了"妈妈的智慧"。我们常年同母亲生活在一起、观察她的一言一行、一次又一次地被她责骂、聆听她的教诲：要诚实、不许撒谎骗人、不要贪心，等等。实践把这些知识转变成习惯，并进一步转化为我们的智慧。知识可能一经创造就过时了，而智慧能够长久地留存、代代相传。因为智慧是绵延不绝的，所以它成了我们在这个高速变化的世界中须臾不可缺少的一部分。"妈妈的智慧"让她的孩子成为更丰富的人，也能让她身边别的孩子得到教益。相比之下，实践智慧的应用范围广泛得多，它能提高企业、社区乃至整个社会的可持续发展能力。

我们用"智慧型领导者"形容拥有实践智慧的领导者；用"智慧型企业"形容拥有智慧型领导者的企业。本田宗一郎和藤野道格都是智慧型领导者的典范。首先，他们都是以天下为己任的人——他们并非仅仅为了企业的狭隘利益，而是为了社会的共同利益而奋斗。他们都忠于贡献社会这一使命，追求把世界建设得更美好的愿景。在创始人本田宗一郎及藤野道格之后，每位继任者都认同这一使命和愿景，持续不断地为这个"秘密"项目投入资金。唯其如此，在经历了长达30年的亏损之后，本田公务机项目终于在2018年迎来了盈利的曙光。

尽管案例中的两位领导者都在本田公司身居高位，但是智慧型领导者实际上可以是任何年龄、可以来自任何层级或职位。他们可能出现在组织的任何地方，既可以是高层管理者，也可以是中层管理者——我们会在第三章中禧玛诺（Shimano）和卫材制药（Eisai）的案例中看到这一点——也可以是一线员工，比如日本 7-11 便利店的临时工，我们会在第五章里专门谈到他们。智慧型领导者不必是身居要职的高管，也不必是魅力四射的偶像（工作中的藤野道格就称不上偶像），更不一定拥有高学历（看看本田宗一郎的简历[①]就知道了）。

智慧型领导与智慧型企业

实践智慧在日本极为常见。尽管日本的政府常常因为失误而遭到民众的批评，但人们似乎对日本的企业宽容有加，即使它们已经在最近很长一段时间里默默无闻，少有惊人之举了。在 2011 年日本大地震和海啸之前，日本企业界完全不存在管理危机。与此相反，美国的企业似乎麻烦不断。其中一部分原因在于，日本企业从未发生过美国华尔街次贷危机式的糟糕事件。因此，我们不难理解为什么日本没有发生类似"占领华尔街"式的运动。欺诈、谎言和贪婪，这一切让美国民众恨之入骨，价值观和商业伦理的沦丧令他们深恶痛绝。明眼人都看得出来，就管理人才的培养方式而论，无论是商学院、企业，还是现任领导者，统统存在问题[29]。

诚然，由于未能充分实现"资本主义化"，日本企业也屡屡遭到批评。所谓的"未能充分实现资本主义化"，指的是未能把资本足够快速地回笼到投资人手里；未能在短期内实现股东利益的最大化；未能足够迅速地完成离岸外包；没有为了降低成本而裁员；没有为了激励企业高管而开出天价

[①] 1913—1919 年，本田宗一郎就读于光明村立东寻常小学校（小学）；1919—1921 年就读于二俣町立寻常高等小学校（初中）；1922 年初中毕业后，本田宗一郎进入东京一家汽车修理厂做学徒工。——译者注

薪酬方案。然而，这也从另一个侧面证明了，最优秀的日本企业始终与社会和谐共处。在赚取利润的同时，它们依然怀抱着社会目标，把追求公共利益当作自己的本分；在商业经营的同时，它们还在履行道德使命，放眼更美好的未来；它们会在组织上下培育实践智慧，始终把人放在企业各项战略的正中央。

传统的资本主义把企业和社会置于彼此对抗的境地，导致以互不信任为基础的各项制度的滥觞，比如美国的《萨班斯－奥克斯利法案》①（Sarbanes-Oxley Act）、法律合规以及季度报告制度等。日本企业的运气稍好一些。它们可以被称为新型社群式资本主义路线的代表，也可以被称为"智慧型资本主义"[30]。它们建立在人们相互信任的基础之上，推动企业与社会的和谐共处。

也许你会认为，这一切过于理想化了。也许是的。但是，只有能够创造出一种全新的未来，企业才有可能生存下去。这里提到的未来不能是过去岁月的简单延续，只能是信念的飞跃。作为领导者，不能头脑简单地满足于通过经验数据和演绎推理来分析形势，而是要遵从内心的理想和目标，实现归纳性的跃迁。身为领导者，如果做不到理想主义，就无法创造出新的未来。

单凭理想主义也是不够的。领导者还必须兼具实用主义。也就是说，他们要注重现实、抓住事物的本质、想象它将如何与更广大的情境发生联系。换句话说，领导者要在"此时此地"判明自己应在"彼时彼地"做些

---

① 即《2002年上市公司会计改革和投资者保护法案》（*Public Company Accounting Reform and Investor Protection Act of 2002*），由美国参议院银行委员会主席保罗·萨班斯（Paul Sarbanes）等人于2002年提出。在美国安然公司及世通公司爆发欺诈丑闻的背景下，该法案的推出旨在加强对企业行为的实质性管制。——译者注

什么。只有这样，领导者才有可能实现社会效益。领导者必须成为带有理想主义色彩的实用主义者。也就是说，他们必须同时追求知识和实践智慧，使之成为自己的生活之道。

　　这是纯粹的战略，不带有丝毫含混之处。志向是高度理想主义的，但它同时也是极为现实主义的。竹内主张的是一种被他称为"自内向外"的企业战略路径。他认为，在传统的"由外向内"式路径的作用下，人们总是从评估外界环境、产业结构和竞争领域做起，以此确定企业最具优势的定位。多年来，商学院始终在强调这一路径的重要性。在竹内看来，它未免有失于狭隘。

　　竹内这样解释。对于立足"自内向外"战略的企业而言，管理层的理想和信念会成为企业的核心……咨询顾问们强调，战略应该来自大数据……而不应该来自企业内部。我仿佛听到了犬儒主义者的嘟囔。但是，请别着急，如果竹内说的是对的呢？与陈腐的"由外向内"式的路径相比，如果"自内向外"的战略能带来更富创意、更具韧性的企业呢[31]？

对企业来说，"自内向外"的战略路径会带来怎样的回报？它会带来可持续发展能力、适应能力和长久的寿命。这种路径在日本得到了广泛的采用。在日本的124万家企业中，约有2万家经营时间超过了100年，约1 200家超过了200年，约30家超过了500年，还有5家超级长寿企业超过了1 000年[32]。

船桥晴雄（Haruo Funabashi）是天狼星研究所（Sirius Institute）的创始人，也是日本一桥大学国际企业战略研究院的客座教授。他在2009年的一部著作中总结了日本企业的长寿秘诀[33]：

- 清晰的价值体系、愿景和使命感；

- 放眼长远的关注焦点；

- 深具人文情怀、以人为本的管理艺术；

- 顾客至上的价值导向；

- 具有社会意识；

- 持续创新和内部改革；

- 勤俭节约，对自然资源的高效利用；

- 注重企业文化 / 传统的形成和表达。

它带给社会的回报是更多的"公平"——这是《经济学人》杂志最近的叫法——和更低的社会压力。在美国民众眼中，如今构成"公平"行为的主要因素是什么？排在第一位的决定性因素是员工薪酬福利的公平程度[34]。如果把所有发达国家的贫富差距做比较，也就是各国最富有的 20% 的人口与最贫困的 20% 之间的差距，我们就会看到，日本的差距最小，而新加坡是全世界收入最不平等的国家，其次便是美国。社会压力会转化为医疗和社会问题，这些问题体现在很多衡量指标中，比如预期寿命、信任水平、精神疾病、凶杀行为、青少年生育、婴儿死亡率、服刑情况、肥胖问题、识字率和社会流动性（Social Mobility）等。如果把收入不平等指数与健康及社会问题指数结合起来看，在所有的发达国家中，日本的表现最优，而美国的表现最差[35]。我们认为，造成这一差别的关键在于智慧型企业。

如前所述，智慧型企业指的是拥有智慧型领导者的企业。企业持续不断地通过实践培养员工的智慧，智慧型领导者正是这一实践的结果。本田公司的案例说明，智慧型领导者并不是天上掉下来的。事实上，藤野道格式的智慧型领导者来自精心的培养。智慧型企业注重智慧培育机制。这些企业认识到，知识创造和知识实践的主角都是人，实施创新的主角也是人 [36]。因此，智慧型企业注重在人的身上培育智慧，以此实现持续创新，成为寿祚绵长的企业。

前方的旅程

作为《创造知识的企业》的续篇，本书势必要完成一些前篇未竟的工作。

首先是缩小知识创造和知识实践之间的差距。在过去的 20 多年里，我们越来越确信：企业想做出明智之举，仅凭创造知识是远远不够的。我们认为，这中间缺少的一环是知识实践。我们将在第二章中详细谈到，知识实践的源头就在实践智慧的概念中，也就是亚里士多德在 2 400 多年前提到的 "Phronesis"（实践智慧）。我们会在第二章中检视与知识实践有关的哲学思想，包括亚里士多德、现象学家、实用主义哲学家和波兰尼（Polanyi）等人的观点，还包括脑科学和社会科学领域的一些新兴观点。我们由此得到的结论是：就知识实践而言，从亚里士多德到迈克尔·波特，伟大的思想家总是 "智者所见略同"。

其次是弥合理论与实践之间的差距。自柏拉图以降，西方的学术界存在着这样一种思想倾向：凡是理论行不通的地方，一定是现实出了问题。我们的看法恰好相反，我们会坦承自己的理论框架不够完备。我们会在第三章中提出 "SECI 螺旋模型" 这一概念，进一步细化和深化先前的理论。

在这个新模型中，某一层级创造的知识会随着时间的推移而螺旋上升到更高的层级。这不仅会产生新的意义，还会扩大知识实践者社区，产生越来越多志存高远的行动者；与此同时，它还会进一步扩大知识库。实践智慧是这一上升运动的驱动力量，同时，它也是推动持续创新多重转换（即"螺旋"）的驱动力量。

第一章到第三章是本书的第一部分，它是我们从创新到持续创新、从知识创造到知识实践这一漫长旅程中最为凝练的思考；第一部分还缩小了理论与实践之间的差距。我们还把 SECI 模型升级为 SECI 螺旋模型，这一改造为我们的理论带来了更加活泼的动能。

企业想做出明智之举，单凭知识创造是不够的。我们认为，其中缺少的一环是知识实践。知识创造指的是获取知识和对知识的积累、储存、编辑、访问和研究。作为对比，知识实践指的是知识的应用，是善用知识、广泛传播知识，是把知识转化为明智的行动。知识和行动之间持续不断地相互作用——行动产生知识，知识反过来促成进一步的行动，这就是知识实践的全部要义。简而言之，人类是通过知识创造与知识实践之间的交互过程不断创造知识的。这也是创新会长期不断涌现的原因。我们将通过本田公司、禧玛诺和卫材等企业的案例说明这一点。

想做出明智的行动，仅凭知识本身是不够的。我们认为，这里缺少的关键一环是实践智慧。实践智慧是一种经验性知识。它能帮助人们及时地做出明智的决定，并在价值观、原则和道德的指引下采取行动。我们会在图 3-1 中用纵向箭头来表示它，它是 SECI 螺旋向上的动力。我们会通过卫材公司的案例说明：实践智慧能把 SECI 过程推入更高一级的轨道中去。

最后是为患有"SECI 困境"综合征的企业指出可行的出路。这一困境通常表现为：组织无力完成从"社会化"到"外显化""组合化"和"内隐化"的水平连续运动或者无法完成从一个 SECI 转化到下一个转化的纵向跃迁。本书的第二部分，即从第四章到第九章，会详细介绍 6 种管理实践。它们能帮助企业战胜"SECI 困境"综合征。企业将会从中学到以下 6 点。

1. 首先了解什么是有益于组织和社会的，再做出判断和决策；

2. 无论面对怎样的情况或问题，都能快速地抓住问题的本质，凭借直觉来洞悉人、物、事的本质和意义；

3. 持续创造正式及非正式的共享情境，即"场"，通过人与人之间的交互构建新的意义；

4. 通过比喻和故事帮助人们理解各种情境、掌握不同的经验，直观地领会事物的本质；

5. 在必要的情况下，采取一切可能的手段，包括马基雅维利式（Machiavellian）的政治手段，把目标不同的人们团结起来，鞭策人们行动起来；

6. 通过"师父带徒弟"的方式让实践智慧在他人身上，尤其是一线员工身上，生根发芽。

可以说，本书第二部分的 6 章论述的是知识创造和知识实践中的"什么"和"如何"问题。这 6 章分别呈现了 6 种领导实践，它们会帮助企业克服"SECI 困境"综合征，完成本体论维度的螺旋式上升。除此之外，我们还会描述领导者是如何在组织层面有效培养这种领导实践的；假以时日，知识创造和知识实践又是如何成为企业文化和组织场景中不可分割的组成部分的。

我们在末尾的第十章里论述了创新的未来。它包括"从 0 到 1""从 1 到 9"和"从 9 到 10"3 个阶段。每个阶段都会发生模拟与数字的融合。人和机器在这些融合中相互合作、共同完成演进。其中，人类将在第一个和第三个阶段中成为演进的引领者，机器则在第二个阶段中发挥主导作用。

本书将深入探讨 20 余家企业或组织的案例。其中大部分是日本企业，包括本田、日本航空、禧玛诺、卫材、迅销集团、7-11 便利店、丰田、公文式（Kumon）、YKK、京瓷、雅玛多（Yamato Transport）、三井（Mitsui）和养乐多（Yakult）等。其余组织来自日本以外的国家，包括苹果公司、谷歌、迪士尼、沃尔玛、美国海军陆战队、趋势科技（Trend Micro）等。在阅读本书的过程中，读者不免遇到个别日文词汇，比如 ba（场）和 kata（套路）等，不过它们背后的概念是放之四海而皆通的。

从下一章起，我们将正式走进知识的国度。这是我们从知识中探求智慧的开端。我们会从知识实践的理论基础谈起 [37]。

附录 1A：两种类型的知识

简单回顾一下两种类型的知识，即隐性知识和显性知识，它们代表两种彼此相对的知识维度。隐性知识更加个人化，它因场景而异，与人类情绪的连接更加紧密，因此很难被定性和表述。隐性知识植根于个人的行为和切身体验中。它的根本是个人的主观直觉、本能和理想。反观显性知识，它可以轻松地实现编辑、度量和概括。显性知识属于客观理性的知识。它能通过文字、数字、数据、声音、图像、公式或手册表述，通过正规的、系统化的语言传播。

请务必注意一点：这两种类型的知识之间的区别在于程度，而不是类别。二者具有同一连续体相对两面的特性。显性知识就像冰山浮在水面之上的部分，隐性知识则是深藏在水面之下的、远为庞大和丰富的那一部分（见图1A-1）。正如波兰尼说过的，"所有的知识，要么是隐性的，要么是植根于隐性的"[38]。

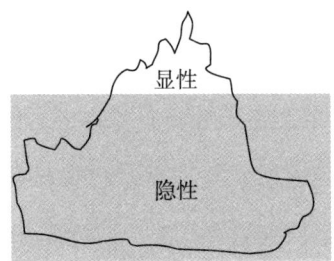

图1A-1　两种类型知识的直观表达

第二章

The Wise Company

知识实践的基础

:
:

第一章概述了《创造知识的企业》与本书的基本区别。前者聚焦于知识的创造，强调的是知识创造如何促进创新；后者关注知识创造与实践，阐述的是知识实践如何确保企业的生存。

《创造知识的企业》的第二章指出了西方管理者与日本管理者知识创造方式的根本区别，并提出这一区别的根源在于两种文化截然不同的智力传统。为了理解这一区别，我们验证了"知识是什么"（认识论，即对知识的哲学探究）和"知识是如何产生的"（实际的知识源泉）这两个基本假设，得出了以下结论。

- 西方哲学拥有悠久、深刻、丰富的认识论传统。这一传统可以远溯到柏拉图时代（idea，"理型"）。相比之下，除了20世纪的哲学家西田几多郎（源自纯粹经验的事实）之外，日本在认识论方面几乎乏善可陈。

- 总体而言，西方认识论侧重于抽象的理论和假设，并奉之为圭臬。这推动了科学的发展。这种倾向性的背景是西方推崇精确的概念知识和系统科学的悠久传统。这一传统可以追溯到笛卡儿时代（cogito, ergo sum，"我思故我在"）。

笛卡儿式的二元论指的是主观与客观、身与心、物质与精神之间的二元对立。直至今日，它依然主导着科学界和西方管理实践中的知识观。

日本式的认识论崇尚个体经验的直接表达。这种倾向性集中表现在日本企业管理者对"此时此地"经验的突出强调（genchi genbutsu，字面意义为"实地实物"，意译为"君不见"）。

在日本管理者眼中，"真实"由有形的、具体的物质组成，并存在于不可言说的、变动不居的永恒变化之中。这与西方主流的真实观截然相反。后者认为，真实是永恒不变的，是无形的抽象实体。日本管理者通过自身与自然以及本人与他人之间的物理及身体交互发现真实。这一认识源于日本悠久的智力传统，它强调"天人合一"，即人与自然之间的调和统一；"身心合一"，身体与心灵的和合一致；"自他合一"，自我与他人的和谐共处。

西方与日本的智力传统相映成趣，切勿视之为非此即彼的二元对立。我们曾在前著中反复强调过二者之间的互补性。

> 我们将简要地看一下日本的智力传统，目的是突出与西方哲学传统的差异，但同时我们会论证它们之间是互补的。（英文版第 21 页，中文版，人民邮电出版社，第 28 页）

> 我们并不认为这种传统（日本的智力传统）是落后的，而是相信它可以补充笛卡儿学派里关于人与自然的分离，而这一点深深地植根于西方的哲学传统之中。（英文版第 29 页，中文版，人民邮电出版社，第 39 页）

> 我们没有把（西方和日本智力传统间的）这些区别看成非此即彼的二分法，而是认为它们之间是可以彼此相互补充的。（英文版第 32 页，中文版，人民邮电出版社，第 42 页）

尽管我们一再言明，但在一些人看来，我们的知识创造理论依然是全盘建立在日本式的智力传统，尤其是西田几多郎式的智力传统基础之上的。例如，J.C. 斯彭德（J. C. Spender）发表过一篇文章，评价《创造知识的企业》一书的贡献。他在文中提出："（野中郁次郎）的立足点在于日本哲学，尤其是西田几多郎的哲学。西田是 20 世纪最有影响力的日本哲学家。"斯彭德进一步提道："野中郁次郎关于知识创造和学习的直觉理论脱胎于西田几多郎基于行动的认识论。该理论与'知识只能来自思想'的西方观点截然对立。[1]"

在前作发表至今的 25 年间，我们深入地研究了西方的认识论。我们发现，单就知识创造而言，斯彭德的说法也许不无道理，但就知识实践而言，非此即彼的二分法是断然不适用的。实际上，对于"什么是知识实践"以及"如何把知识运用于实践"的基本假设，东西方文化有颇多的重合之处。

正如第一章所述，知识创造指的是对知识的探求、获取、访问、积累、编辑和储存。假如要建立一个关于知识的方程式，我们先把知识创造放在方程式的左侧。为什么要创造知识？因为无论是新的产品、技术、系统、方法、组织形式，还是五花八门的创新，无一不是知识的具体表现。

另外，知识实践指的是知识的采纳、应用、传播以及从知识向行动的转化。我们把它放在知识方程式的右侧。为什么需要知识实践？因为它推动社会科学的发展、改善人类的境况；它让世界变得更美好；它帮助我们和同事、顾客、竞争对手以及周遭的环境更融洽地相处；它还会加强企业、社区和整个社会的可持续发展能力。

本章将从以下几个维度审视知识实践的思想基础。

1. 哲学：我们将从古希腊哲学家亚里士多德谈起，重新审视欧洲现象理论学家的思想，包括胡塞尔（Husserl）、海德格尔、梅洛－庞蒂（Merleau-Ponty）等；接下来，我们还会探究美国实用主义哲学家的思想，包括皮尔士、詹姆斯和杜威等。

2. 波兰尼：波兰尼将哲学、心理学和科学融会贯通，强调：在明确的使命感的指引下的——人的重要性，以及人与环境动态交互的重要意义。

3. 科学：神经科学近年来的发展证明，人类的思想意识并不是演绎式（deductive）的，而是溯因式（abductive）的；我们的大脑隶属于一个更庞大的系统，一个由大脑、身体和环境共同组成的动态系统。就其本质而言，人类天然具有社会性，具有与他人分享经验的固有习性。

4. 社会科学与管理学：近年来关于心智训练、人类习惯、组织记忆、动态能力、情境判断、开放式创新、企业社会责任（CSR）、创建共享价值（Creating Shared Value，CSV）的研究都印证了知识实践的多层面性（分别是人的维度、动态维度和社会维度）。

这是一项既劳神费力又令人着迷的工作。我们从哲学讲起。

哲学中的知识实践

为了理解知识实践的概念，让我们追溯到 2 400 年前的古希腊，从哲学家、科学家亚里士多德讲起。在《创造知识的企业》中，我们对亚里士多德一笔带过，只用了短短两段的篇幅进行阐释。我们比较了亚里士多德和他的老师柏拉图。后者站在理性主义的立场上，认为知识是理性推理的产物。亚里士多德抱定经验主义的立场，认为知识的唯一来源是感觉经验。

前著关于亚里士多德的论述到此为止，并未论及他在《尼各马可伦理学》第六卷第 6 章中对实践智慧的论述——我们将在本书中做到这一点。实践智慧的概念即通常所说的实用的智慧或者明智（prudence），它在西方哲学中遭到了长期的忽视，这种忽视直到 19 世纪末现象学和实用主义运动在欧洲和美国的先后兴起方告停止。这两大哲学传统让我们更好地认识了亚里士多德为知识实践奠定的思想基础。

知识实践与亚里士多德

我们认为，亚里士多德的实践智慧概念是知识实践的源头。实践智慧是亚里士多德定义的 3 种知识类型之一，这位古希腊哲学家和科学家在《尼各马可伦理学》第六卷第 6 章中指出，实践智慧，也就是实用的智慧或者明智，是"在与人的好坏相关的事情上的一种与正当的尺度相联系的行为品质"。[①] 亚里士多德把智慧分为两种：玄妙的或形而上的智慧和实践智慧。后者被塞缪尔·泰勒·柯勒律治（Samuel Taylor Coleridge）[②] 揶揄为"寻常的知觉，达到了不寻常的程度（这便是世人所说的智慧）"[2]。

我们的研究证明，实践智慧是一种经验知识，它帮助人们及时地做出明智的判断，并在价值观、原则和道德的指引下采取行动。它与日语中"德"（toku）的概念接近，"德"是引导人们追求至善与卓越的一种德行。拥有"德"的人是值得信赖和尊重的，因为他不懈地追求公众利益和道德之美，并以此作为生活之道。实践智慧与印度的"yukta"概念也很接近。它的含义是"正确"或"适宜"。例如，有的管理者认为，企业的运转和

[①]《尼各马可伦理学》（*Nikomachea Ethika*），亚里士多德著，邓安庆译，北京：人民出版社，2010 年。——译者注

[②] 英国诗人、浪漫主义文学先驱，以《古舟子咏》（*The Rime of the Ancient Mariner*）一诗得名，中年转攻哲学。——译者注

获利是为了服务大众、提升社会的福祉。我们可以说，这些管理者遵循了"yukta"的原则，避免了贪婪无度。

亚里士多德定义的 3 种知识类型包括实践智慧、理论知识（episteme，即普遍适用的科学知识）和技能知识（techne，指基于技能的技术诀窍）。实践智慧涉及价值判断。与之相比，后两种知识属于客观的理智德行。理论知识（episteme）属于事实性知识，它立足于普适性原理[3]，植根于既有的知识；技能知识指的是"使某种事物形成"或者创造出某种先前不存在的事物。

如果说技能知识是"知其然"（know-how），理论知识是"知其所以然"（know-why），那么实践智慧就是明白自己该做些什么，也就是"知其该当何然"（know-what-should）。这些要素既考虑到了具体时间和情况等种种细节，又考虑到了对社会的善与正当性。例如，什么是一辆好（汽）车？关于这个问题，世上并不存在放之四海而皆准的法则。因此，理论知识无法回答这个问题。好车是何般模样的？这要看由谁来驾驶它、为了什么目的而驾驶、在哪里驾驶等。不仅如此，已有的答案还会随着时间的改变而改变。同样，技能知识也无法回答这个问题，因为它关心的是怎样造出一辆好车。相比之下，实践智慧既知道"什么是一辆好车"又懂得"如何造出一辆好车"。因此，实践智慧可以帮助管理者在具体的时间、条件和情况下确定什么是善，即刻采取最适宜的行动，为多数人的善服务。

再举一例，当你走进一家餐厅时，理论知识会告诉你食材情况、营养成分和菜单上的价格；技能知识会告诉你每道菜是如何烹饪上桌的、尝起来是什么味道；而实践智慧告诉你的是，考虑到前一天吃过什么、你的健康情况如何、预算多少、与什么人共餐等主观性情境问题，你今天应该点些什么[4]。菜单上的一行备注可能会影响你点菜的决定，上面写着：某种原材料产自日本东半部地区的某一乡村，那里在 2011 年遭受了史无前例的特大海啸和地震，是日本政府着力振兴的重点地区。由此可见，实践智慧既考虑到了具体情况，也考虑到了类似如何对社会更有益的大背景。

为什么要开门见山地提出实践智慧是知识实践的源头？为什么是亚里士多德？在仔细研究和解读了《尼各马可伦理学》之后，我们提出了以下几个理由。第一，实践智慧强调的是"行动"的落实，众所周知，没有行动就不可能有实践。第二，实践智慧关系如何实施最适合特定情况的或者说特定"情境"的举措，而现实显然是时刻运动变化的。第三，实践智慧涉及"善"的行为[5]。因此，道德健全的判断显然远远好于有悖道德的判断。第四，实践智慧要求行为与"目标"一致。亚里士多德指出，这一目标可能因环境而异。目标越高，为社会带来的益处越大。因此，我们认为，理解实践智慧的关键在于**行动**、**情境**、**善**和**目标**。根据本书第一章的阐述，构成知识实践的关键要素正是**行动**、**情境**、**善**和**目标**。因此，我们可以确信，亚里士多德的实践智慧概念为我们的知识实践理论奠定了基础。

实践智慧既能影响人的道德，又能影响社会。但它首先作用于政治科学领域。政治通常指通过磋商合作的过程构建某种未来。可以借用罗纳德·贝纳（Ronald Beiner）①的话来理解作为政治判断的实践智慧。它是一种为了创造某种未来而发起行动的能力，其立足点在于不同背景的人们通过共同的判断和信念获得的关于目标与方法的共识[6]。由此可见，实践智慧不但影响道德和社会生活，而且影响政治生活。

---

① 多伦多大学政治学教授、加拿大皇家学会院士、阿伦特研究专家。其著述颇丰，中译本包括《公民宗教：政治哲学史的对话》（人民出版社，2018 年）等。——译者注

此外，詹姆斯·斯皮兰、理查德·霍尔沃森和约翰·戴蒙德（James Spillane, Richard Halverson, and John Diamond, 2001）基于教育领域的研究指出，拥有集体实践智慧的组织领导者能够创造出有利于发现问题和解决问题的组织结构。因此，拥有集体实践智慧的组织能够开发出某种共同的做法，并通过这种做法发现问题、处理问题、给出对策。实践智慧绝不仅仅是一项知识工具，它更是发现和解决问题的利器。请务必牢记这一点。

我们在前一章里讨论过，在企业环境下，企业的领导者、高层管理人员和其他管理人员都应该清楚企业为什么而存在，也就是明确企业的愿景、使命和目标。只有这样，他们才能做出正确的判断。然而，很多企业惯常的做法是：只要能生存下去，没有什么是不可为的，即便损害自己赖以运营的环境也在所不惜。如果这些企业能以社会利益为念，它们可能会经营得更好。不是因为这样做是对的，或者这样做是时下最流行的，而是为了确保自身的可持续发展能力。如果一家企业不能为顾客创造价值、无法创造令竞争对手望尘莫及的未来、缺乏道德操守、不能与社会和谐共处，也不把追求公众利益当作安身立命之本，这家企业注定无法长久存在下去。

因此，我认为，世界需要一种不一样的领导者——拥有实践智慧的领导者。2011 年，我们在《哈佛商业评论》上发表了题为"成为智慧型领导者"（The Wise Leader）的文章。文章提出："智慧型领导者会审时度势地做出判断，会在做出决策时考虑到变化，会在开展行动时考虑到无处不在的时机。他们不仅需要把握业务一线时刻变化的细节，更要认清什么是正确的、正当的、对社会有益的。因此，合格的领导者一定是能把当下的微观管理同未来的远大抱负结合起来的人。"[7] 下文将对这一观点做出更详尽的阐释。

尽管一小部分学者和企业高管开始认识到实践智慧的重要意义，但从受重视的程度上来看，在亚里士多德提出的 3 种知识类型中，实践智慧的概念最鲜为人知。理论知识与科学存在显而易见的联系，技能知识与工程学的联系也是有目共睹的，唯独实践智慧茕茕孑立、形影相吊。理论知识拥有专门的派生词，比如认识论（epistemology）；技能知识派生出了"技术"（technology）一词，而实践智慧目前还没有自己的派生词。实际上，直到最近几年 [8]，实践智慧方才被当作概念首次运用在著作中 [9]，它的使用者正是本书的作者之一。我们还首次撰文提出了"实践智慧"的概念，也就是上文提到的《哈佛商业评论》的《成为智慧型领导者》。西方哲学为什么如此漠视实践智慧的概念？我们将在下文解答这个问题。

欧洲哲学中的知识实践：现象学

虽然实践智慧的源头可以远溯到古希腊哲学，但是实际上它早已被西方哲学传统长久地遗忘了。18 世纪的启蒙时代本来有机会与之发生联系，然而，启蒙运动一方面高调礼赞理性思维或者说理论思维，另一方面将实践智慧视为一种灵性（spiritual）思维，甚至是连灵性思维都不如的神秘（enigmatic）思维。另外，当时多数学者摒弃了行动的重要意义，他们对理论知识本身的兴趣远远大于对理论实践的兴趣。

19 世纪末，现象学（Phenomenology）在欧洲兴起。它致力于对人类经验做出哲学探究。直到此时，欧洲哲学才开始意识到实践智慧的重要意义。现象学的代表人物是胡塞尔和他的追随者——德国的海德格尔和法国的梅洛 – 庞蒂等人。现象学者提出，人们只能依据自己的主观视角来运用知识。我们会在下文看到，这里的关键在于"主观经验"。主观经验只能来自人与环境的时间交会（Timely Engagement，"此时此地"）和切身交会（Bodily Engagement，即物理交会）。

埃德蒙德·胡塞尔

埃德蒙德·胡塞尔（Edmund Husserl）[①]是德国哲学家，他研究了人如何通过关于自身及他物的意识创造意义和价值，为现象学奠定了基础[10]。为了把知识同知识的应用联系起来，胡塞尔主要致力于对人类主观经验进行研究。胡塞尔提出，为了揭示人类知识发挥作用的方式，必须对人类经验做出尽可能精确的描述和分析[11]。他认为，为了对自己采取的行为做出明智的判断，我们需要的是主观经验，而不是客观经验。主观经验帮助人们按照自己的方式理解世界，帮助人们依照自己过去的亲身经验理解万事万物。

胡塞尔提出，主观经验的特征在于人对事物的内在注意。他通过意图性（intentionality）——人对事物的内在注意力——这个概念来解释这种机制[12]。举例来说，某个意指对象可能是一条龙，它只存在于中国的神话故事里；另一个意指对象可能是一个咖啡杯，它存在于现实生活中。只要一想到虚构的中国龙，我们就相当于在"意指"或者说内在注意龙；同样的道理，想到"咖啡杯"时，我们也在"意指"或是内在注意咖啡杯。人的主观经验正是这些意图性综合而成的结果。它的表现形式有很多，比如感受、情绪、沉着镇定等多种个人反应[13]。

有趣的是，胡塞尔强调的是主观经验的中心作用，而不是优势作用。他还认识到学习、分析和利用存在于主观经验以外的、客观的"外部"知识的必要性，并把它们与主观经验结合起来，帮助人们根据具体情况做出

---

① 近代哲学家、现象学创立者。

明智的判断。尽管如此，胡塞尔认为，客观知识的有用性仅限于它对主观经验的补充作用。胡塞尔把利用知识的人称为"认知者"（Knower），他会在确定行动方针之前首先决定思考哪些知识。

海德格尔

马丁·海德格尔（Martin Heidegger）[①]是胡塞尔的得意门生。海德格尔接受了胡塞尔把认知者的主观经验与行动联系起来的思想，但他采取了一种截然不同的方式。他并未考察人类主观经验是如何出现的，而是试图把握它的核心部分（它也是人类主观经验的源头），那就是人类主观性本身的表现。也就是说，海德格尔假设，人类依据具体知识所采取的行动决定了我们是谁，以及我们对事物的体验[14]。海德格尔认为，我们对自身经验的解释影响主体视角的形成方式，它反过来又影响我们对其他经验的解释。

海德格尔由此推测，人在当下的行为会塑造未来的样貌。他认为，主观经验的自我表达方式取决于时间。主观"存在"的过去状态限制着我们对它的当下表达[15]。过去的事件限制了当前的可能性。同样的道理，当下的一切行动也决定未来将会如何出现。对海德格尔来说，开展知识实践最理想的方式莫过于活在"此时此地"；唯其如此，我们才能在未来完全发挥出潜力，成为最理想的自己。

梅洛 – 庞蒂

海德格尔之后，法国现象学家莫里斯·梅洛 – 庞蒂（Maurice Merleau-

---

① 德国哲学家，对现象学、存在主义、解构主义及心理学等诸多领域影响深远。海德格尔有《存在与时间》等著作存世。——译者注

Ponty）①强调了人类的主观经验来自肉身这一事实。他通过一连串的推理指出，根据情境做出的明智判断只能来自身体与客观物质的直接交会，比如人们驾驶汽车，或者盲人使用白色手杖。人类的身体是认识事物的主闸门。梅洛－庞蒂认为，人只能通过身体来感知事物或者理解他人。他在《知觉现象学》（*Phenomenology of Perception*）中提出，人在表达主观经验时，其身体和知觉是内在相连的。尽管如此，他也做出了"身体是中心、知觉是背景"的暗示："知觉不是科学，它甚至算不上行为，至少行为是关于立场的精细拿捏；知觉只是一种背景，所有的行动都是从这个背景中走出来的……[16]"

笼统地说，现象学家主张，人是基于主观经验对自身行为做出主观判断的。特别是梅洛－庞蒂，他强调主观经验来自知觉体验。同胡塞尔和海德格尔一样，梅洛－庞蒂也批评了西方哲学传统对于认知的过分强调。梅洛－庞蒂指出：人是被赤手空拳地抛进这个世界，并在这个世界上行动和成长的。

尽管现象学家如此这般地强调主观经验的作用，但他们并未因此沦为狭隘个人主义的支持者。事实上，在学术生涯的后期，胡塞尔曾经详尽分析过主体间性这一概念，也就是主观性是如何在多个个体之间实现共享的[17]。胡塞尔指出，主体间性的经验来自人对他人的同理心，即通过"换位思考"来发现和理解其他主体的意向性行为[18]。胡塞尔称为同理心的"配对"（pairing）机制。一旦两个个体实现了"配对"，原本分隔二人的狭隘利己主义就会消失，取而代之的是一种感觉上的直接连通[19]。为了达到主体间

---

① 法国现象学哲学家，其思想深受胡塞尔影响。梅洛－庞蒂是萨特的同学，曾长期担任萨特主编的《现代》（*Les Temps Modernes*）杂志的政治版编辑。他强调"知觉为先"和身体性。——译者注

性的境界——也就是自我意识为"我们"，而不是"我"的境界——组织必须帮助每位成员打破狭隘的自我主义，全心全意地相互关照[20]。

美国哲学中的知识实践：实用主义

1870 年前后，美国兴起了一场新的哲学运动——实用主义。实用主义的理论起点是"一切知识源于实践"这一主张。因此，无论是它的早期代表人物，比如查尔斯·桑德斯·皮尔士，还是步其后尘的威廉·詹姆斯和约翰·杜威，都是知识实践向前发展的推动者。

"实用主义"（pragmatism）一词来自希腊语中的 pragma，它的字面含义是"行动"，由此派生出了英语中的"实践"（practice）和"实际的"（practical）两个词语。皮尔士是实用主义哲学的开山鼻祖，他用"实际意涵"（practical bearings）和"现实含义"（practical implications）等概念强调了实践的重要意义。同欧洲的现象学一样，美国的实用主义同样质疑过分强调理性思维的哲学范式。实用主义强调主观经验对行动的关键作用。

很重要的一点在于，实用主义对于实践智慧的复兴作用甚至大于现象学的作用。实用主义主张，一切知识：

- 都伴随着行动而来，例如，詹姆斯提出，"认知者即行动者"（The knower is an actor）[21]；
- 都是受情境驱动的（为了运用知识，人们需要考虑到复杂的情境，是情境把知识和行动结合在一起的）；
- 与目的密不可分，例如，杜威指出，如果离开了明确的目的，人们根本无法从现存知识中汲取一丝一毫的现实意义[22]。

前文提到过用于描述亚里士多德实践智慧的 4 个关键词。它们在这里出现了 3 个，即行动、情境和目的。这些关键词同样被用来形容实用主义者的论述。

查尔斯·桑德斯·皮尔士

虽然实用主义运动与詹姆斯和杜威的大名密不可分，但它真正的奠基人是美国科学家、逻辑学家和哲学家查尔斯·桑德斯·皮尔士[①]（Charles Sanders Peirce）[23]。皮尔士生前以科学家和逻辑学家身份得名，备受推崇，身后被《美国传记大辞典》（*Dictionary of American Biography*）评为"有史以来最伟大的哲学家之一"[24]。从这样的背景出发，皮尔士把实用主义描述为一种方法论样态。他被认为比詹姆斯和杜威更具有理性主义与现实主义色彩。

皮尔士认为，所有知识都是内含于人们所处的具体情境之中的，因此，不言而喻的绝对真理是不存在的。知识只能来自人们在不同情境下不懈的知识实践[25]。为了揭示知识来自的不同情境，皮尔士在《如何形成清晰的观点》（*How to Make Our Ideas Clear*）[26]一书中提出了"务实格言"（*Pragmatic Maxim*，也被译作"实用主义准则"）。"务实格言"指出，"考虑到我们设想的观念的实际意涵，可以设想对象的全部效果，这些效果的概念就是我们对于该对象的概念。[27]"

也就是说，一个概念的意义是由与之关联的效果赋予的，比如现象、行动、结果等。有了这些效果，概念才会具备关联性。皮尔士指出，行为由知识实践塑造而成。对这些行为的识别能说明知识本身的意义，同时也

---

① 美国哲学家、数学家、逻辑学家，一位被忽略的通才。——译者注

能说明它对自身引起的未来行动的意义。皮尔士想通过这一点来说明，观念的立足点是具体情境，观念产生于自身得以施用的情境中。只有这样，观念才能指引人们的行动。从这个意义上说，皮尔士认为知识的实际含义和情境含义是一切知识的根本。

威廉·詹姆斯

威廉·詹姆斯[①]（William James）接受了皮尔士的"务实格言"并把它扩展到了知识使用者的主观视角上。虽然"务实格言"明确给出了对现实含义的客观描述，但是詹姆斯扬弃了皮尔士的说法。詹姆斯提出，某个想法引起某种行动的程度取决于人的主体视角和判断[28]。詹姆斯认为，一切知识取决于人的主体性，社会共识的主体间过程让知识显得更加客观。通过这一延伸，詹姆斯把行动者视角同皮尔士"知识的意义与行动紧密相连"的框架连接了起来。

詹姆斯进一步论证，认知者不仅会观察被认知对象，还会塑造被认知对象的样貌："在我看来——我总是无法摆脱这个挥之不去的想法——认知者并不是一面无处立足、漂泊不定的镜子，他们并不是被动地依次发现和映照自己面前的事物。认知者是行动者。认知者是处于这一侧的因子，处于另一侧的是他推动创造并提出的真理。[29]"

詹姆斯提出，知识的内容会随着认知者行动的变化而变化。人们并不只是运用知识来实现具体的目标，知识的运用反过来还会带来知识的增长和精细化。这会帮助认知者未来对知识的进一步运用。行动会带来知识，

---

① 美国哲学家、心理学家。詹姆斯是 19 世纪美国顶尖思想家，被誉为"美国心理学之父"。威廉·詹姆斯是美国著名作家亨利·詹姆斯（Henry James）的哥哥。——译者注

知识反过来会促成更多的行动。二者之间有密不可分的内在联系。

约翰·杜威

继皮尔士和詹姆斯之后，约翰·杜威（John Dewey）[①]强调了知识和实践之间的紧密联系。他把行动置于"思考"的中心地位。杜威强调，在与世界交互的过程中，思想和行动是同一个问题的两个方面：思想并非简单地以行动为**目标**，思想即行动的**一部分**[30]。

和詹姆斯一样，杜威也认同知识运用者的主体视角。杜威指出，主体经验和目的帮助我们形成假设，并通过实际行动验证这一假设。假设是根据预测被制定出来的，而预测的基础是经验、"理想"或者"目标"。也就是说，为了实现目标，人会从现状出发，提出假设。

人在过往的行动中积累的经验知识是评判现状的基础。而事件在过去的展开形式是由具体环境的过来人决定的。因此可以说，人是立足于过去的经验来建立假设的，而过去的经验取决于我们如何感知、解释或者"体验"过去的事件。由此可见，所有的假设都涉及基于主体经验的主观判断。

杜威认为，目的本身即已显露了主观性。他把完美的目的称为"行之有效的假设"。因此，人们赖以形成假设的目的，其本身也是一种假设，需要通过实践来检验。杜威在《实践判断的逻辑》（*The Logic of Judgments of Practices*）（1915 年）一书中强调，"价值"判断受到人对知识运用方式的影响："价值判断本身从来都是不完备的……（而且，）价值判断表明，价值不是先前给定的，而是由未来的行动决定的，是受到判断限制的。[31]"

[①] 美国著名哲学家、教育家、心理学家、实用主义哲学代表人物、现代教育学奠基人之一。杜威曾在哥伦比亚大学任教 10 年，培养了胡适、冯友兰、陶行知、张伯苓、蒋梦麟等一批中国学生。1919 年，杜威在中国进行了 15 个月的访学和演讲，其间见证了"五四运动"的发生。——译者注

因此，尽管假设是主观的，是由目标感塑造而成的；尽管价值只能在未来追求和得到，但是人在当下的知识实践影响这些理想和价值，并因此影响目标本身。在杜威看来，知识实践对人的身份和价值观至关重要。

由此可见，美国的实用主义传统阐明了知识与行动之间的紧密联系。它复兴了亚里士多德实践智慧的重要价值。实用主义论者发现，知识在本质上依赖于认知者的主体性。实用主义者提出，要把知识和行动结合起来。这样不仅会丰富具体知识的含义，还会让知识的运用变得更加丰富多彩。杜威坚持认为，人的目的感与其诉诸实践的知识是内在相关的。因此，实用主义拒斥了理论知识的客观属性，并提出了"一切知识源于主体信念和行动"的主张。不仅如此，实用主义还提出，实践智慧不仅决定了理论知识的使用方式，而且从人的目的出发，决定了理论知识追求的目标。

知识实践与波兰尼

1995 年，我们站在几位智慧巨人的肩膀上完成了《创造知识的企业》一书。其中对我们帮助最大的莫过于匈牙利裔英国化学家和哲学家迈克尔·波兰尼（Michael Polanyi）[①]。他在 20 世纪早期提出了隐性知识的概念。这个概念尽管是社会科学中组成人类行为的要素之一，却遭到了长久的忽视。很多人都知道，"我们所知道的多于我们所能言传的"是波兰尼的绝妙洞察。假如没有他的隐性知识概念，就不可能出现组织知识理论，也不会

---

① 匈牙利 - 英国哲学家、物理化学家、经济学家。他的学生尤金·维格纳（Eugene Paul Wigner）和儿子约翰·波拉尼（John Charles Polanyi）都是诺贝尔奖获得者，他的哥哥卡尔·波兰尼（Karl Paul Polanyi）也是著名哲学家和经济学家，卡尔·波兰尼是《大转型》（*The Great Transformation*）（1944 年）的作者。——译者注

有知识创造的 SECI 模型，更无法解释日本企业在全世界取得的成功。因此，关于迈克尔·波兰尼，我们所应阐释的远远多于我们所能言传的。

尽管如此，我们回顾那些为认识论——以及关于知识的哲学探究——奠定基础的西方学者及其贡献时，并没有把波兰尼包括在内（见前作第二章）。这也许是我们的疏失，我们当时只知道波兰尼是一位自学成才的哲学家，因为对物理化学（physical chemistry）的研究得名。这或许也是冥冥之中的一种巧合，我们因此可以在本书中更加专注地讨论波兰尼。因为他最大的理论贡献并不是知识创造，而是对知识实践的概念化。他把亚里士多德的哲学传统、现象学、实用主义和格式塔心理学（gestalt psychology）的各种观点融为一体[32]，提出了一切知识源于实践的假设。波兰尼认为，立足于主体经验的直观判断（intuitive judgment）构成了知识实践绝大部分的基础。

如前所述，人们普遍认为，波兰尼的最大贡献是发现和阐释了显性知识与隐性知识之间的区别[33]。实际上，如果仔细研究波兰尼后期的著作，我们不难发现，波兰尼还建立了知识与实践之间动态联系的理论。这一理论把"实践"置于动态联系的中心地位。波兰尼把这一理论称为"隐性认识"（Tacit Knowing）。他为什么选择"认识"（knowing）这个说法？我们不得而知。但它的进行时态说明，大部分的"认识"行为实际上是主动的、持续的，即动态实践（dynamic practice）。"认识"可能指的是一种自觉状态。无论如何解释这一术语，对波兰尼"隐性认识"理论最好的理解是：人在明确的目的感指引下与环境的动态交互。就这一点而言，波兰尼的观点与实用主义论者的看法是一致的，后者同样认为"认知者即行动者"。

波兰尼认为，知识实践过程发生在意识与无意识之间的动态交互之中。

意识与无意识的这一动态交互过程可以被描述为以下 4 个阶段 [34]。

1. 行动者立足于已有知识，无意识地与各种现象和事件发生交互。

2. 反过来，这些无意识的交互形成了隐性认识的积累。

3. 行动者因此成为"认知者"，开始有意识地决定向何处"聚焦"。

4. 这一自觉判断带来了累积的隐性知识与汇集型知识的融合 [35]。

在前两个阶段中，隐性知识是通过人与环境的直接交互而汇聚的。正如大卫·蒂斯（David Teece）指出的，隐性知识的获得和转移可以单纯地通过物理性的人际交互完成。后两个阶段则需要对焦点指向做出一整套自觉的判断。它会带来最有用的、用于实践的汇集型知识。清晰的目的感会为即将开展的行动指明方向，引导行动者做出判断。第 4 阶段产生的汇集型知识会回归到第 1 阶段，并被付诸实践，如此便完成了隐性认识动态互动的一个完整闭环。

以钢琴家演奏莫扎特的作品为例。演奏钢琴的知识离不开与每根手指的运动有关的多种隐性知识，同时也和钢琴家与整支乐曲的关系有关。如果钢琴家仅仅聚焦于细节，也就是每根手指如何按照乐谱的指示动作，那么他在台上的表现可能会大打折扣，因为在无意识地、尽可能精确地运动手指的同时，他还必须自觉地留意自己正在演奏的乐曲。只有在钢琴家自觉地判断自己应该注意哪里时，他才能把有关每根手指的隐性知识同"演奏莫扎特的作品"这一知识实践有效地结合起来。在这里，清晰的目的感指的是钢琴家要通过莫扎特谱写的音乐唤醒并打动听众。这一目的感会引导他自觉地判断自己应该聚焦于何处。因此可以说，对于焦点指向的持续不断的自觉判断是知识实践的精义所在。

概而言之，对波兰尼隐性认识理论最好的解读是：人在明确的目的感的引导下与环境之间的动态交互。人与环境之间的这种交互可以帮助行动者运用隐性知识，而且隐性知识非如此不可得。我们可以从钢琴家的例子中清楚地看到这一点。与此同时，当且仅当关于手指动作的隐性知识与关于演奏该乐曲的汇聚型知识相互融合时，钢琴家才能顺利地演奏莫扎特的作品。一种清晰的目的感为钢琴家指明了方向，帮助他确定了融合点，判明了知识实践的发生方式[36]。

知识实践与脑科学

数百年来，哲学家对追求理论知识的兴趣远大于追求实践智慧的兴趣。与之类似的是，几个世纪以来，多数神经科学家认为，在知识创造的过程中，唯一重要的是大脑的作用。然而，近期关于人脑与认知的研究表明，"身体"和"行为"的作用与大脑同等重要。实际上，具身认知（embodied cognition）和生成主义（enactivism）早已改变了脑科学领域的传统智慧，正如现象学和实用主义改变西方的智慧传统一样。在脑科学领域中，越来越多的证据表明，所有知识都是植根于行动的。如此一来，我们所知的一切知识实践的智慧传统——远到亚里士多德，近到多个世纪之后的波兰尼——统统有了科学数据的支持。

我们把这些证据分为 3 个部分。第一部分，新近研究发现，身体经验对大脑和认知具有重要意义。第二部分，只有在身体与环境动态交互的情境下，才谈得上对认知的理解。第三部分讨论的是大脑的社会层面（social aspects）。

身体与大脑

脑科学的传统观点——"以脑为界"（brain-bound）的看法——认为，人的思想和认知仅与大脑有关，身体仅仅是作为"传感和效应"系统而存在的[37]。与之相对立的是，具身认知摒弃了大脑对人类认知唯一负责的说法[38]。顾名思义，具身认知强调物理身体的作用[39]。玛格丽特·威尔逊（Margaret Wilson）①这样总结具身认知："在具身认知的指引下，越来越多的人认同，物理身体负责人与世界的互动。只有把意识同物理身体结合起来，才有可能真正理解人的意识。[40]"

为了说明这一点，最好的例子莫过于对铃木一郎（Ichiro Suzuki）的分析。铃木是日本著名的棒球明星，曾经效力于美国职业棒球联盟西雅图水手队（Seattle Mariners）、纽约洋基队（New York Yankees）和迈阿密马林鱼队（Miami Marlins），直到最近退役。铃木一郎的招牌击球动作势大力沉、收放自如。球棒似乎成了他身体的一部分，这让球队经理、教练、分析师和球迷惊叹不已。他不仅悉心爱护自己的球棒，还把球棒和自己融为一体。对别人来说，球棒不过是一件工具，而对铃木一郎而言，球棒早已融入了他身体的感觉运动系统（sensorimotor system）。

铃木有很多种方法做到这一点。例如，只要有时间，他会尽可能多地接触球棒。他的一位队友开玩笑说，铃木可能连睡觉时都要抱着球棒。铃木一郎不准任何人碰他的球棒，以免打破他和球棒之间的某种感觉纽带。

每局比赛之前，铃木一郎都要完成一套独门操作：他会把球棒平放在腿上，一遍又一遍地擦拭，直到走上击球区的那一刻。用铃木的话来说，

---

① 美国哲学家、普林斯顿大学哲学教授。——译者注

这样可以达到人棒合一的效果，仿佛真的把球棒"变成了自己身体的一部分"。这种调动隐性知识的能力来自他的身体与环境之间反复不断的相互作用。与此同时，铃木对球棒的直接体验形成了一种实践知识，为他带来了无与伦比的击球力量和掌控力。

铃木一郎的做法与一种被称为"生成主义"（enactivism）的人类认知新观念不谋而合。生成主义是具身认知的一个分支。生成主义来自"生成"（enaction）一词。它可以分解为两个部分："en"和"action"，即"外向"＋"行动"（acting outward）。生成主义认为，人类的认知"既是一个世界的生成，也是人在这个世界中行事行为类型的历史基础上形成的意识的生成"[41]。这一观点的特殊意义在于，它突出强调了人在环境中"行为"的重要意义。行为不仅是人类认知的源头，还是它的表现，比如技能、判断和目的感等。

考虑到生成主义对行动的突出强调，可以说生成主义者与前文提到的诸位哲学家的观点非常一致，比如波兰尼"一切知识源于实践"的假设、詹姆斯"知者即行者"的主张、梅洛－庞蒂"身体与知觉内在相连，但身体在先、知觉为背景"的论断等。原本存在分歧的两条学术路径，即哲学之路与脑科学之路，似乎抵达了相同的终点——在大脑发挥作用的过程中，身体实际上也起到了关键作用。

知识实践的动态化根基

上文指出，动态交互是理解波兰尼隐性知识理论的最佳角度。钢琴家的例子说明了与环境之间的动态交互是如何帮助他调用隐性知识的，以及为什么只有如此才能调动这种知识。上文还论证了发生在有意识和无意识之间的动态交互是如何帮助他决定专注于何处的。脑科学领域最近的研究支持了这一观点，即大脑、身体和环境之间的动态交互对"意图"和"意识"的出现具有关键作用，这是两条学术之路殊途同归的又一个例证。

复杂理论学家艾丽西亚·杰雷罗（Alicia Juarrero）（1999 年）也表达了对波兰尼的支持。杰雷罗提出，身体与环境的动态交互构成了知识实践至关重要的一方面。杰雷罗的研究聚焦于人类意识的核心——意图。她的结论是，我们只能在身体与周遭环境的动态交互这一情境中真正做到理解意图。我们都知道，波兰尼还是一位科学家。而杰雷罗比波兰尼更进一步，她提出人的意图来自一种复杂的调适系统（adaptive system）。仍以钢琴家为例，我们已经谈到了把手指动作的隐性知识融入弹奏钢琴的汇聚型知识的必要性。杰雷罗指出，复杂调适系统并非简单的集合体。该系统各个组成部分的属性取决于它们所在系统的情境。这些属性作为一个整体所体现出的特质不会独立出现在其中任何一个单独的属性之中 [42]。

与杰雷罗类似，神经科学家克里斯托夫·科赫（Christof Koch）专注于人类意识的研究。科赫发现，人脑是一整套复杂整合系统的组成部分。在这一系统中，大脑、身体和环境作为一个动态系统运转 [43]。作为一种整合系统，人类意识具有的最重要的力量在于，与意识相连的信息可以被用于不同目的。科赫写道："（人类意识拥有）整合来自不同传感器的数据、思考和筹划未来行动方针的能力……（并且）能够把控意料之外的情况和前所未见的情况。[44]"

科赫提出，拥有高度整合大脑的生物能够比那些拥有同样数量神经元但整合度较低的生物更好地适应环境。高整合水平可以帮助系统改变其整体能力。尽管如此，拥有较高整合水平的系统还必须拥有足够的多样性。

假如人类意识的各个组成因素是完全整齐划一的，这只会带来千篇一律的行为。科赫发现了这一点并称之为"僵尸行动者"（zombie agent）[45]。科赫认为，人类意识会从大脑、身体知觉和外部世界中追寻多样化的信息。也就是说，我们的意识总是外向的，永远在追求多样化的信息。

大脑的社会取向

很多新近的研究确证了人脑的社会取向。越来越多的科学证据表明，为了满足生存、共同行动、协作、相互照顾和追求共同利益等诸般需要，人的大脑会推动人与他人建立联系。这些发现不仅支持亚里士多德的实践智慧概念——对共同利益的追求是这一概念不可分割的组成部分，还支持了胡塞尔的主体间性概念，这一概念来自对他人的感同身受和换位思考。

得益于社会神经科学研究的发展，近年涌现的大量证据证实了推动人与他人建立联系背后力量的生物学基础[46]。以婴儿为例，马修·利伯曼在《社交天性：人类社交的三大驱动力》①一书中提出："婴儿最基本的需求并不是食物、水和住所。相反，建立社会联系和得到照顾才是高于一切的……建立社会联系是一种大写的需求……爱与归属感可有可无，我们可以在没有它们的情况下活下去，但是，我们的生理构造让我们渴望建立社会联系，因为它与我们最基本的生存需求紧密相关……[47]"

利伯曼的论证仅限于生理需求渴望范畴内。归根结底，这些渴求的根源——也就是生存——是纯粹建立在依赖他人的效用基础上的。利伯曼解释说，从进化论观点来看，大脑是生理式进化的，它还是一张白纸（tabula

---

① 《社交天性：人类社交的三大驱动力》（*Social: Why Our Brains Are Wired to Connect*），马修·利伯曼（Matthew D. Lieberman）著，贾拥民译，浙江人民出版社，2016 年 5 月。——译者注

rasa）时就被训练要与他人建立联系。在功能性磁共振成像（Functional Magnetic Resonance Imaging，fMRI）技术的帮助下，一些研究者已经获得了支持这种生理需求的证据。fMRI是一种社会痛苦与快乐水平变化情况的探测技术。人们遭到拒绝或得到接纳时、遭到不公平或公正的对待时、被他人贬斥或得到尊重时，或处于其他类似的情形中时，就会产生社会痛苦或社会快乐[48]。

另外，同理心、共同行动、合作、关爱他人等各个领域都得到了神经科学不同流派学者的深入研究。

社会情绪（Social Emotions）

最近的研究表明，即便是"纯粹化"的推理，依然会受到社会情绪的深刻影响[49]。同时，其他研究表明，与他人之间的感觉运动过程（行动）也会反过来塑造社会情绪[50]。这些研究表明，社会情境下的行动能够带来共识。因此，共同的行动对主体间性的实现发挥着至关重要的作用。

他人知觉（Person Perception）

认知神经科学的研究表明，人对他人的认知不仅限于认识对方的物理属性，还会通过换位思考来感知对方的看法[51]。这些研究通过探测内侧前额叶皮质的活动提出证据称：人类理解他人心智的能力处于一种前认知（pre-cognitive）水平。也就是说，早在有意识地去认识他人心智这一想法出现之前，我们就已经这么做了。

人类的同理心

由于更高层次认知活动的发生，同理心的发展变得很常见。尽管如此，最近的研究证明，感同身受的移情感受是大脑基本功能促成的结果。例如，由他人的疼痛引发的移情感受涉及前脑岛（anterior insula）和扣带皮层（cingulate cortex）的作用。不同形式的同理感受会涉及不同皮质区域的作用[52]。

镜像神经元（Mirror Neurons）

近期针对镜像神经元系统的研究揭示了这样一种可能性："模仿"他人的做法可能在培养主体间性方面发挥关键作用。模仿不仅会带来同理心，也就是体会他人之体会的能力，还会带来支持他人的动机[53]。

1992 年，一支意大利神经科学家团队在恒河猴的运动皮层中发现了**镜像神经元**（mirror neurons）。这为 20 世纪 90 年代后期进一步发现人脑中存在类似的神经元打开了大门[54]。当猴子做出某些动作并且看到另一只猴子也做出类似动作时，这种神经元就会做出反应，因此得名。尽管需要进一步的研究才能揭秘它的作用机制，镜像神经元系统的存在本身已经说明了理解他人主观经验的可能性[55]。

最后一点，当前的研究表明，人脑会表现出寻求共同利益的利他行为。为了激发协同行为，大脑会同时运用内生的"胡萝卜"（奖励信号）和"大棒"（负面反应）。不仅如此，大脑还具有一种倾向于"公平"的内在机制。另一项研究表明，岛叶皮层中的活动会预报人对资源分配不公表现出的厌恶。它们还与平等主义的行为和态度有关[56]。这些发现说明，利他行为是深深植根于人脑内在的机制之中的，它并不仅仅是更高级别的认知行为的结果。

我们还学习了脑科学领域中日益增多的文献，这为我们把亚里士多德的实践智慧作为知识实践来源的思想注入了更高的可信度。还记得我们总结实践智慧精髓的 4 个关键词吗？它们是：行动、情境、善和目的。脑科学领域的新近发现同样为前作 [1] 提到的日本智力传统提供了支持，即身心合一、天人合一和自他合一。

社会科学中的知识实践

在《创造知识的企业》中，我们广泛评述了经济学、管理学和组织理论中有关知识的文献，一共涉及 50 余位作者，从弗雷德里克·泰勒（Frederick Taylor）到加里·哈默（Gary Hamel）；时间跨度超过 80 年，从 1911 年直到 1993 年。我们在该书的末尾指出："知识的主观、身体和隐性层面在很大程度上是被忽视了的。[57]"

在这一部分中，我们将重拾当时的线索，选择性地回顾社会科学领域近期的部分学者的著述。他们会帮助我们更好地认识和理解知识实践，而不是知识创造 [58]。我们会尽可能地减少这些学者的数量，以便把更多的笔墨用来扩展研究领域的广度，覆盖经济学、管理学、组织理论、政治科学和军事战略等。

首先是理查德·R. 纳尔逊（Richard R. Nelson）和西德尼·格雷厄姆·温特（Sidney Graham Winter）以及他们开创经济演化理论的大作 [2]（1982 年）[59]。我们之所以选择他们关于组织记忆（organizational memory）

① 野中郁次郎，竹内弘高著，创造知识的企业：领先企业持续创新的动力 [M].吴庆海，译.北京：人民邮电出版社，2019：36-42.——编者注

② 理查德·纳尔逊，美国经济学家、哥伦比亚大学经济学教授、演化经济学复兴的代表人物。西德尼·格雷厄姆·温特，美国经济学家、宾夕法尼亚大学沃顿商学院教授。这里提到的"大作"指的是二人在 1982 年合著的《经济变迁的演化理论》（*An Evolutionary Theory of Economic Change*）。——译者注

的论述作为本章的开端，原因有二。其一，在他们看来，知识是由行动驱动的、依情境而变化的。他们因此在经济学领域中复兴了亚里士多德的实践智慧。其二，他们不仅重视个人知识，而且重视组织知识。因此，他们与我们先前提到的实用主义学派划清了界限。此外，更加实际的考虑在于，纳尔逊和温特可以为下文即将谈到的社会科学文献充当路标与基石。

纳尔逊和温特深谙"惯例"（routines）和"子惯例"（subroutines）在组织知识研究中的重要作用，他们称之为"组织记忆"（organizational memory）。这些惯例和子惯例是人类习以为常的行为或者行动模式。它是通过"干中学"（learning by doing）的过程由员工反复完成相同的或者相似的任务培养形成的[60]。纳尔逊和温特深受达尔文进化理论的影响。他们把惯例和子惯例视为组织的基因，认为这些基因可以在组织里一代代地传承下去。这些惯例式的人类习惯会在不同的情境下获取适合该情境的有用知识，帮助组织形成和运用别具一格的组织知识。

纳尔逊和温特强调了"操练"（exercise）的重要作用："我们认为，组织是通过实践来记忆的……书面的正式记录无法确保完全的记忆，它主要是通过操练实现的。[61]"他们坚持认为，"干中记"的过程源于惯例和子惯例的不断反复执行。它会促进学习，推动组织知识的调用。在他们看来，只有行动才能帮助组织完成情境知识的学习和记忆。这种依情境而变的人类习惯行为的总和构成了纳尔逊和温特的"组织知识"，我们称之为"**组织知识实践**"（organizational knowledge practice）。

近年来，纳尔逊和温特在经济学领域中关于人类习惯的研究得到了政治学领域的呼应。伦敦政治经济学院（London School of Economics and Political Science，LSE）的克里斯·布朗（Chris Brown，2012年）提出了"实践转向"（practice turn）的概念 [62]。它是政治学研究中有关国际关系的一种概念。国际关系可以远溯到古希腊历史学家修昔底德（Thucydides）的时代，以及稍近的尼科洛·马基雅维利（Niccolo Machiavelli）、托马斯·霍布斯（Thomas Hobbes）和他们的现实主义；还有卢梭（Jean-Jacques Rousseau）、康德（Immanuel Kant）和他们的自由主义。

实践转向概念是国际关系研究朝向国际实践重新定向的一次尝试。国际实践来自实用知识和常识知识，它立足于人类习惯的作用，因而也被称为"惯习"（habitus）。国际实践是由"产生认知、理解和实践的倾向"组成的 [63]。而实践转向强调的则是对具体情况和环境的知识的运用。因此，它与理论知识以客观视角分析时间和现象的做法是相向而行的。布朗提出，实践转向的概念和品德高尚的实践智慧的概念都是"极大地强调经验，通晓如何同世界相处的方法" [64]。

把纳尔逊和温特对个人层面记忆的强调同前文提到的神经科学研究结合起来，就构成了哥伦比亚大学威廉·杜根（William Duggan）近年管理著作的基础。杜根主修军事战略，致力于研究大脑的学习与记忆过程，提出了创新的"做什么"（what to do）的思想，他称之为"战略性直觉"（strategic intuition）[65]。杜根援引艺术、科学和商业领域中的众多例证，说明人脑是如何把经验与知识结合起来，在"灵光一闪"（flashes of insight）之间产生新想法的 [66]。在《直觉：超越三大主流战略学派的决策智慧》（*The Art of What Works*）一书中，杜根提出，就本质而言，战略本没有好坏之分，只有是否最贴合具体情境之别。他的建议是，先要在真实世界中观察什么管用、什么不管用，再决定何去何从，并在必要时修正行动路线。我们把这样的做法称为"行动中的实践智慧"（phronesis in action）。

动态能力框架（dynamic capabilities framework）的内核是结合具体情况运用情境知识。这个框架是大卫·蒂斯、加里·皮萨诺（Gary Pisano）和艾米·舒恩（Amy Shuen）创建的（1997 年）[67]。3 位学者立足于纳尔逊和温特组织知识实践的基础之上，把动态能力定义为组织"整合、建立和重构内部与外部能力，适应快速变化的环境的能力"，动态能力是长期成功的源泉[68]。蒂斯、皮萨诺和舒恩提出，组织能够修正其短期竞争定位，适应业务环境中的动态变化，以此获取竞争优势。为了适应短期的波动，组织必须提前感知这些波动，抓住改变的时机，顺势完成资源方面的变革[69]。

为了顺利完成"感知—把握—变革"这一过程，组织首先必须解释现状相对于过去实践的细节和意义；其次，要演练那些将来足以在特定情境下引发组织资源变革的知识；最后，组织还要发挥这些资源的优势，形成有效的行动。正如本章所述，这些步骤同知识实践的动态性质完全一致。

在劳伦斯·大卫·弗里德曼（Lawrence David Freedman）[①]的近期著作中[70]，我们可以发现纳尔逊、温特、亚里士多德和脑科学家的深远影响。弗里德曼是一位军事战略历史学家。有一篇关于弗里德曼《战略：一部历史》（*Strategy: A History*）的编辑评论抓住了书中关于知识实践的关键："这也是一部关于**知识**的著作，一部关于有用**知识**以及这些**知识**如何被包装、呈现、获取、应用以及被滥用的著作。[71]"

也就是说，这本书谈论的是理论与**实践**的关系，用弗里德曼自己的话来说，它谈论的是作为一种**实践**形式的理论：

---

① 战略专家、伦敦国王学院荣休教授（2014 年）、英国枢密院成员（2009 年）、英国国家学术院院士（1995 年）。——译者注

战略为人们提供了一条入门的途径，帮助人们理解各类话语：对理性**行为**意义的抽象构想……对因果关系的论证以及对**人脑**运行的**洞察**；有关如何最有效地在战斗中打击敌人、暗中给竞选对手使绊子、把新产品推向市场的**实用性**建议。战略家们讨论过各种方法的实际效用，不仅包括形形色色的威逼强制手段，还包括各种引诱、压力之下的人性、行动中群众组织、谈判的技巧、**美好的社会**愿景，以及**道德行为**标准等[72]。

和蒂斯一样，弗里德曼也强调战略动态层面的重要性。他提出，战略离不开对可用资源与手段的利用。只有这样，企业才能与飞速变化的"最佳"环境保持长久的联系。除此之外，他还提出，动态环境中行之有效的优秀战略需要结合情境判断什么是合乎时宜的。这正是我们认为实践智慧应该发挥的作用。

管理学文献日益重视企业对社会效益（也就是我们前文提到的公共利益）的追求。其中，有3类著作把知识实践从组织层面提升到了社会层面，它们是开放式创新、企业社会责任和创建共享价值。

亨利·切萨布鲁夫（Henry Chesbrough）的《开放式创新》（*Open Innovation*）是一部扛鼎之作。切萨布鲁夫是大卫·蒂斯在加州大学伯克利分校的同事，他致力于推广组织间合作创新的各种益处和高效性。切萨布鲁夫提出："开放式创新属于一种范式。这种范式认为，企业想取得技术领先，可以——并且应该——同时运用内外部思想，同时采取内外部市场路径。[73]"这种从"封闭式"创新走向"开放式"创新的范式转变可以帮助商业学者和实践者思考创新实施过程中的社会价值问题。

大卫·沃格尔（David Vogel，2005 年）也是加州大学伯克利分校教授。他是企业社会责任（Corporate Social Responsibility，CSR）理论的倡导者。根据沃格尔给出的定义，企业社会责任是由"在法律要求的限度之上和范围之外，企业为了改善工作场所和贡献社会而开展的实践"组成的[74]。企业社会责任是企业为了推进社会福祉、为所在环境带来价值而进行主动参与，它扩大了知识实践在社会层面的情境范围，使之远远超出了组织的层面。

在沃格尔之后，迈克尔·波特和马克·克雷默（Mark Kramer）（2011 年）提出，通过创建共享价值，企业可以再度赢得社会的尊重。波特和克雷默认为，"可以这样定义共享价值：为了增强企业的竞争力，同时改善其所在社区的经济与社会状况的政策和操作实践"[75]。他们认为，创建共享价值并非社会责任或者慈善事业，而是一种"通过创造社会价值来创造经济价值"[76]的新途径。它因此超越了企业社会责任的概念。波特和克雷默还指出，"在商言商，企业不是慈善捐赠者，而是一种强大的力量"[77]，这种力量足以解决迫在眉睫的社会问题。他们还提出，创建共享价值不应该只在企业行为的边缘逡巡，而是应该占据其核心地位。用他们的话来说，"如果每家企业都能各自追求与其具体业务相关的共享价值，整个社会的共享价值就会得到满足"[78]。就其本身而言，创建共享价值是组织和社会的知识实践的典范。

由此可见，近年来，一些社会学家旗帜鲜明地提出了知识实践的重要意义。这是对过分强调纯粹理论知识这一潮流的一次背反，它带来了探索式实践知识的回归。这一观点的关键在于实践智慧。如今的企业必须在动态变化的、不停波动的情境中站稳脚跟。在这种情况下，实践智慧会为企业带来有意义的指引和战略方向。不仅如此，企业还要有所追求——不仅要追求自身的利益，更要追求社会效益。正如开放式创新、企业社会价值和创建共享价值的文献告诉我们的：追求公共利益本身就是推动知识实践的关键所在。

既然如此，如何把知识创造理论的所有碎片拼合在一起？实践智慧在知识实践中发挥着怎样的作用？我们会在下一章中做出进一步的探究，并为组织知识创造／实践建立模型。

本章提要

我们回顾了知识实践的思想基础，它植根于哲学、心理学、神经科学和社会科学等多个领域。这些领域都是前作未曾涉及的。

- 知识实践是古希腊哲学探究的主要命题之一，证据是亚里士多德的实践智慧（实用的智慧）概念。这一概念是相对于理论知识（科学知识）和技艺知识（技术诀窍）而言的。

- 尽管遭到了极大的忽视，知识实践依然成为众多哲学家思考的核心问题。我们可以从很多哲学家的著作中看到这一点，比如埃德蒙德·胡塞尔、马丁·海德格尔、梅洛－庞蒂以及一众美国实用主义哲学家，比如查尔斯·桑德斯·皮尔士、威廉·詹姆斯和约翰·杜威等。这些思想家关心的是人如何从现实世界中汲取"真正的"知识。在他们看来，这些知识是同具体的、运动变化的环境紧密相连的。对他们来说，这些知识在本质上都是主观性的。

- 波兰尼用自己的语言提出了类似的框架，解释了人类建构意义和获取实践知识的机制。波兰尼提出，清晰的目标感可以引导人同环境之间的交互，由此塑造认识的内容和行动的依据。

- 用波兰尼的话来说，人类会积累关于自我世界的隐性知识，并通过对群体具有意义的方式整合这些知识。有意识的、有目标驱动的信念决定了知识的整合方式。

- 脑科学领域的新近发现支持了"直接的、动态的人类交互是一切知识的来源"这一说法。

- 社会科学的研究进一步指出，实践知识可以超越个人层面，在组织层面被获取和发挥作用。

- 建立共同目标，引导人与环境之间协同一致的直接交互，推动组织内每位成员全心全意地为了共同目标而奋斗。要做到这一点，就要把追求共同利益置于组织活动的中心。

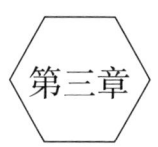

第三章

The Wise Company

探索知识创造与实践模型

:
:

　　我们将在这一章里扩展原有的知识创造理论，提出第一个现代知识创造与实践模型。它建立在我们对 SECI 过程原有的认识之上。这一认识可以通过一个 2×2 的矩阵图来表示，它一共包含 4 项要素：社会化（socialization）、外显化（externalization）、组合化（combination）和内隐化（internalization）。在本章的开始部分，我们会提出一个升级版本的 SECI 矩阵，它对提出知识创造与实践模型大有裨益。随后，我们会研究日本航空公司（Japan Airlines）的案例。这家公司在 2010—2012 年完成了起死回生的大逆转。这个案例说明了升级版本的 SECI 矩阵是如何发挥作用的。

　　本章的第二部分将介绍 SECI 螺旋的概念。它将知识创造如何随着时间反复实施这一内容概念化。在 SECI 螺旋中，知识被不断地创造、扩展、付诸实施；越来越多的人参与到知识创造和实践中来，不断地扩展知识创造与实践的社区。我们将通过禧玛诺的案例说明 SECI 螺旋的作用。禧玛诺是日本一家著名的厂商，主要生产自行车零部件、渔具和划船设备。SECI 螺旋是这家公司 60 年来绵延不绝的竞争力的源泉。

　　本章的最后一部分将集中探讨实践智慧对 SECI 螺旋的驱动作用。图 3-1 是 SECI 螺旋模型的可视化表达，知识创造和实践在其中不断反复地发生着。这部分将对 SECI 螺旋模型做更进一步的深入探讨。

　　培育一个所有成员共享更高目标的知识创造与实践社区能够促进 SECI 螺旋的发展。卫材的案例会告诉我们，实践智慧和知识实践关心的是对公共利益的追求——而不仅仅是一个组织的狭隘私利。

图 3-1　SECI 螺旋模型

SECI 模型再研究

我们把知识宽泛地定义为经过验证的真正信念[1]，它由人[2]创造并诉诸实践。人通过与他人和环境[3]之间的交互、立足于具体的情况或环境，创造知识并完成知识的实践。由此可见，知识的创造与实践是一种**社会**过程[4]。因为人是通过彼此之间的（更多的是在社会影响之下的群体之间）交互完成对某一事物的认识、作用或实践的[5]。

前作提出的 SECI 模型表明，知识是两种相互作用的过程创造而来的。第一种过程是两个类型的知识——隐性知识与显性知识在认识论维度上的相互作用（见图 3-2）；第二种过程是创造知识的人在本体论维度上的相互作用，涉及团体、组织和组织间等多个层面（见图 3-3）。

毫无疑问，在我们撰写《创造知识的企业》时，认识论和本体论两个维度都在我们的思考范围之中。该书描述了一种组织知识的新理论，明确指出如下内容。

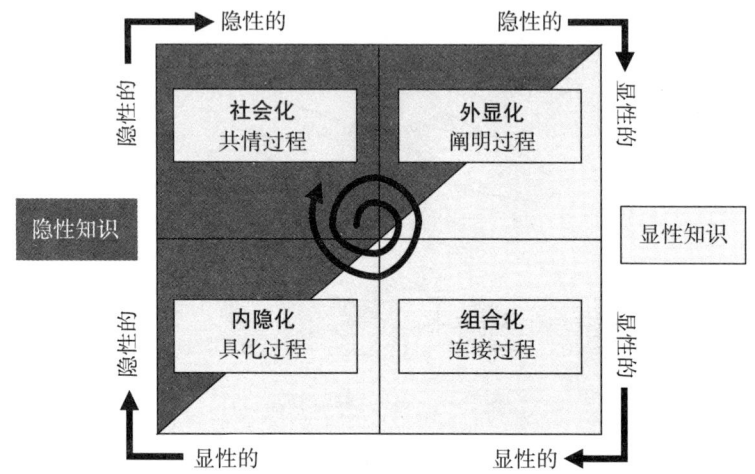

图 3-2   认识论维度

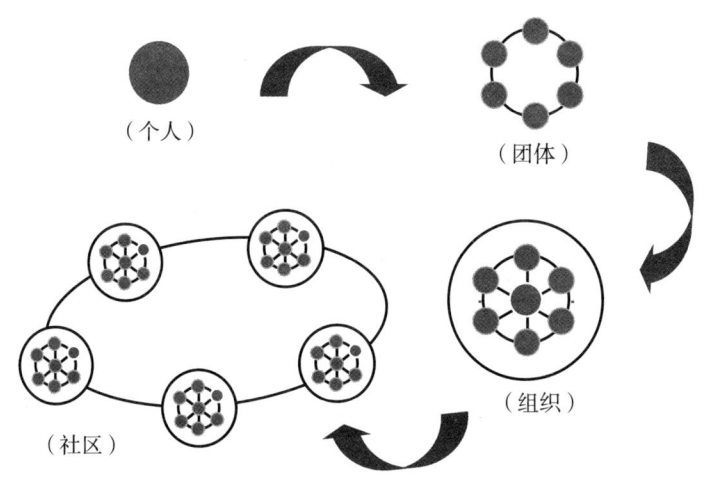

图 3-3   本体论维度

　　和任何关于知识的方法一样，（新理论）将具有自己的"认识论（epistemology）"……我们的认识论的基石是区分隐性知识和显性知识……因为我们关注的是与个人知识创造相对的组织知识创造，我们的理论还将有自己独特的"本体论",它会考虑各个层次知识创造的实体（个人、团体、组织和组织间）。在本章中，我们将展示知识创造的理论，敬请铭记知识创造的两个维度——认识论维度和本体论维度。

虽然我们认识到了这两个维度，但在实际成书时，我们并未将本体论维度纳入 SECI 模型中。当时这个模型仅聚焦于认识论维度。我们通过该模型反复阐述的是一种类型的知识向另一种类型转化的过程会创造出新的知识。我们还强调了知识创造的关键在于对隐性知识的调用和转化。隐性知识当时确实是两种类型知识中鲜为人知的。因此，我们当时把 SECI 过程描述为：

1. 社会化：从隐性知识到隐性知识；

2. 外显化：从隐性知识到显性知识；

3. 组合化：从显性知识到显性知识；

4. 内隐化：从显性知识到隐性知识。

于是，认识论的概念在前作中占据了主导地位，本体论维度屈居其后。至于创造知识的个人之间、团体成员之间、组织内的团体之间、社区内的组织之间，乃至于整个社会层面的相互作用及其重要意义，尽管我们当时已经充分了解，但未将其通过视觉化的形式呈现在 SECI 矩阵中——这正是我们要在本书中做到的。升级后的 SECI 矩阵通过一个模型同时涵盖了认识论和本体论两个维度（见图 3-4）。

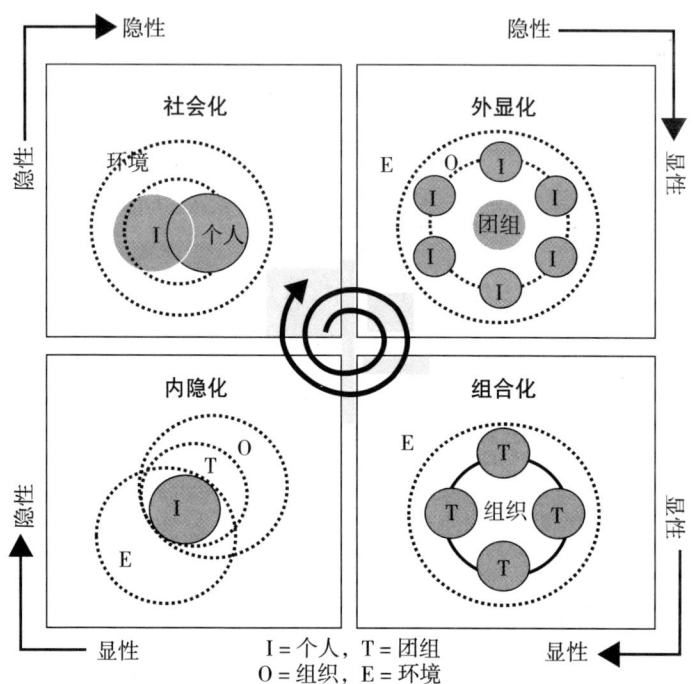

图 3-4　升级之后的 SECI 模型

1. **社会化**：个人通过直接的交互分享隐性知识。作为组织成员的个人
   通过直接的交流吸收与环境相关的隐性知识。在此阶段中，个人之
   间逐渐形成相互的理解。这种理解不仅是智识性的，也是身体性和
   情绪性的。归根结底，人们在这里分享的是彼此的心智[6]。

2. **外显化**：个人在团体层面对社会化阶段累积形成的隐性知识进行辩
   证综合。经过这一综合过程，隐性知识中的精华得以表述，隐性知
   识转化为显性知识，其表现形式为语言、图形和模型表述的修辞和
   譬喻等。

3. **组合化**：从组织内外集合而来的显性知识，经过合并、编辑和计

算，形成了更为复杂和系统化的、组织层面的显性知识集合。

4. **内隐化**：经过组合化的扩展，显性知识被应用到实践中。个人会在自己所处的组织和环境场景中开展行动。这一行动类似于"干中学"，它会丰富和提升与之关系最密切、对上述个人最为实用的隐性知识，使之成为自身的隐性知识。

日本航空公司的大逆转

《创造知识的企业》通过 13 个例子阐释了 SECI 螺旋的 4 个阶段，每个阶段的案例不少于 3 个。它们很好地说明了认识论维度的交互过程，即从隐性知识到隐性知识、从隐性知识到显性知识、从显性知识到显性知识，再从显性知识到隐性知识的过程。然而，这些案例反映的仅仅是 SECI 的 4 个阶段在某一时点的情况。它们无法说明知识是如何随着时间展开的，即从社会化（S）开始，直到内隐化（I）完成，结束一个完整的 SECI 循环。它们同样无法说明随着时间的推移发生在本体论维度上的交互过程。

为了同时说明两种交互过程在同一时期内的情况，我们选择了日本航空公司大逆转的案例，并借助它做出更进一步的分析。这个案例反映的是，当知识创造过程从社会化向外显化，从组合化到内隐化发展时，个人、团体、组织和组织间层面的交互是什么样的。

稻盛和夫是著名的日本企业家、商界领袖和慈善家，也是京瓷集团（Kyocera Corporation）的创始人。在稻盛和夫的领导下，日本航空公司（Japan Airlines，JAL）打了一场反败为胜的翻身仗。日本航空曾是日本的国家航空公司，该公司于 2010 年 1 月 19 日申请破产，1 个月之后，其股票被东京证券交易所摘牌。

2012 年 9 月 19 日，就在日本航空申请破产的整整 32 个月之后，这家公司通过 IPO 的形式在东京股票市场重新上市，完成了日本历史上最快的一场企业逆袭战。本书作者之一（竹内弘高）曾专门就此事件为哈佛商学院写过一篇案例[7]。案例指出，在日本航空的惊人逆转中，来自日本政府和政府主导的金融机构的财政支持固然发挥了一定作用，这一点是毋庸置疑的，但是，真正的关键在于日本航空会长稻盛和夫的领导。

1959 年，稻盛和夫创办了京都陶瓷株式会社（Kyoto Ceramics Company，现为京瓷株式会社）并参与创办了第二电电①。日本航空申请破产的 1 个月后，79 岁的稻盛和夫临危受命，出任会长。甫一履任，稻盛和夫走遍了日本航空所有的国内机场、机库和销售办事处。他还在就任的前两个星期分别会见了所有子公司的 100 位总经理。每次会见 1 小时，每天从早上 9 点到下午 6 点，包括周末在内。

一个半月之后，稻盛在一场新闻发布会上公开表达了自己的失望之情。稻盛认为，日本航空可能连一家杂货店都经营不好。因为公司里具有商人嗅觉的人寥寥无几。2010 年 5 月，他和 30 家分支机构的负责人召开了 1 个月的业务会议，并在会上提出了暴风骤雨般的尖锐问题。开始时，每场会议要持续 3 天以上的时间。因为在面对稻盛和夫提出的犀利问题时，没人能给出令人满意的回答。

尽管正在走向破产，但日本航空没有因此取消过一次航班。从乘客的

---

① 第二电电（DDI），现称"电气通信事业公司"（KDDI），为日本第二大通信企业。——译者注

角度而言，这无疑是一件好事。但在稻盛和夫看来，它的坏处是让高层管理者有机会沿着官僚主义的老路继续走下去。他尖刻地训斥自己的高管："是你们害了公司，你们应当立即走人！另谋高就。[8]"

2010年6月，稻盛在日本航空推出了"干部训练班"项目。协助稻盛实施这一项目的是大田嘉仁（Yoshihito Ota）。大田是稻盛从京瓷带到日本航空的两位助理之一，是稻盛的左膀右臂。大田嘉仁时任日本航空主管培训的总经理。他为首期5周的培训班挑选了52位高级职员和经理。他们一共参加了17堂课，每堂课从晚上6点到晚上8点。这是非常密集的安排，学员们每个星期要上4次课，星期六也不例外。稻盛为这些学员讲授自己的管理哲学，其间还穿插各种格言警句，比如"私心了无，为社会、为世人尽心尽力""不要撒谎，不要欺骗别人"等。稻盛的话反映了他儿时来自家长的教诲[9]，也是他27岁创办京瓷以来，从多年的摸爬滚打中总结的原则。

稻盛和夫会在每节课后组织一场"空巴"饮酒会（compa），也就是课后饮酒闲谈的活动。参加空巴的高管每人需要交纳1 000日元（相当于63元，汇率按照15.842日元换1元计算），作为享用罐装啤酒和零食的费用。稻盛曾在京瓷和第二电电举办过类似的活动，可是日本航空的大多数高管婉拒了他的邀请。他们不想在晚上8点之后留在那里饮酒。有的人回家休息，有的人回到办公室和下属一起加班工作。他们觉得饮酒是不合时宜的，在会议室里饮酒尤其不合适。因为那是公司董事会开会的地方。更别说自己的下属还在加班修改公司重组方案的终稿了。除此之外，他们觉得自己根本没时间留下来和"一位来自制造行业的老人家"喝酒谈天[10]。

首期培训班的最后一堂课是在东京近郊川崎市的一家经济型酒店里举

行的。大田嘉仁回忆说："我想在一个榻榻米（一种稻草床垫）地面上举办空巴。于是，我请人搬走了会议室里所有的桌椅板凳，把地板上铺满了租来的榻榻米。这样一来，每个人都可以蹲坐在地上，围成一圈，把酒畅谈了。结果整个晚上的能量水平高得出奇。空巴是晚上 8 点开始的，我离开时已经凌晨 2 点了。我听说最后一群人直到凌晨 4 点才离开。在此之前，我从来没见过这样的场面！[11]"

与稻盛和夫近距离互动的效果逐渐开始渗透进这些日本航空高管的思想。他们开始反思自己过去工作中的失误。在一次结业活动上，池田起立发言："我过去做的是错的。如果当初我们能用现在学到的方法来经营公司的话，就不至于走到今天的地步了。[12]"池田在日本航空的规划部门工作多年。如果公司当初没有走到申请破产的地步，他原本是内定的总裁接班人选。他发现，在公司开始走下坡路之前，每个部门都在各自为政：规划部门只负责起草方案，销售部门的任务就是提高销售额，与航班有关的一应事务都被交给了航线运营、机组人员、机场和维护部门。唯独没有人关心公司的盈利问题。这直接造成了日本航空的巨额亏损。

为了纠正这一状况，稻盛和夫委任森田直行（Naoyuki Morita）为日本航空副总裁，专门负责"阿米巴管理"（Amoeba Management）。阿米巴是稻盛和夫在京瓷公司创建的一套核算系统。森田直行是稻盛和夫从京瓷带到日本航空的两位助理中的另一位，被稻盛和夫任命为阿米巴管理的"布道者"。

按照阿米巴管理原则，稻盛把日本航空划分为多个"阿米巴"小组。每个小组大约有 10 名成员，自主管理、自负盈亏。如此一来，公司的30 000 名员工组成了 3 000 个小"团队"。每个团队的领导者对每个月的营收和成本负责。时任日本航空总裁的尾西健（Masaru Onishi）用"棒球"的比喻来解释阿米巴管理的影响力："如果有人告诉你，你赢了两个月前的一场（棒球）比赛，你根本不会感到激动。如果你是和30 000人一起取得了那场比赛的胜利，没人知道你是不是南郭先生。但是，如果你在1支10人球队里比赛，输赢立现。那么，你要么因为赢球而欢呼雀跃，要么因为输球而垂头丧气。二者必居其一。以前的日本航空不是这样的。它既不会哭，也不会笑。是阿米巴管理给我们带来了新的生命力！ [13]"

早在京瓷时代，稻盛和夫一度担心自己一手创办的新公司会丢掉创业精神。因此，他开始运用阿米巴管理思想，把当时的京瓷分割为小型团队，为每个团队建立自负盈亏的会计系统。稻盛和夫是这样反思这一做法背后的根本原因的。

> 我曾经百思不得其解，如何才能充分地发挥员工的个人能力，让每个人充满干劲？深入思考之后，我想到了"返回起点"的办法——把每一名员工都变成管理者。可以把公司划分为很多个小团队……每个团队独立运营，就像管理一家家小公司一样。它不同于一成不变的组织，因为每个小团队可以根据自己的需要，像阿米巴变形虫一样自由变化。同时，人们的工作业绩不会立即体现在薪资收入上。他们得到的更多的是人们的认可和个人荣誉。我认为，知道自己为公司做出了贡献，得到来自同事的赞赏和感激才是最高的奖赏……如果没有全员参与，没有员工之间的相互信任，我的阿米巴思想根本无法奏效。重要的是大家心往一块想，劲往一处使 [14]。

尽管副总裁森田直行曾经帮助450家企业导入过这种自我支撑的管理

体系，但是，当他最初发现日本航空大多数阿米巴团队处于亏损状态时，还是不免大吃一惊。在这家国营航空公司实施了阿米巴管理之后，森田很快就开始发现员工行为的微妙变化。例如，日本航空的飞行员不再使用一次性纸杯喝水，而是自己带着水壶来上班；机师们不再把用过的手套扔掉，而是洗干净之后重复利用。尽管阿米巴团队的利润不会影响成员的工资收入，但是员工们逐渐认识到，他们这样的做法是在帮公司扭亏为盈。从2010 年 4 月到 2011 年 3 月，日本航空的营业利润比重组计划的预期指标足足高出了 1 240 亿日元。有分析师认为，其中至少 400 亿日元的节约[15] 来自阿米巴团队看起来毫不起眼的成本控制行为。

在稻盛和夫到来之前，由于长期以来的劳资纠纷，日本航空的员工完全不信任公司高管。这种不信任是双向的，高层管理者"把员工等同于工会"，认为他们提出的都是不合情理的要求。高管们认为，工会是把公司逼入破产绝境的元凶。稻盛和夫虽然对公司高管极其严苛，但他没有用同样的方式对待员工。他认为日本航空员工已经够苦了，他们不仅要看着自己的同伴一个个离去（大约 1.5 万名员工离开了日本航空），还要面对工资和退休金的缩水。稻盛和夫心里非常清楚，日本航空的复兴大计能不能执行下去，说到底还是要看员工。

稻盛和夫启用了他的第二件法宝——日航哲学（JAL Philosophy）。它由 40 条原则组成，其中的 15 条是"为了度过美好的人生"，其余的 25 条是"为了创建一个崭新的日航"。"日航哲学"由稻盛和夫首期干训班的10 名学员协助编撰，在总裁尾西健和总经理大田嘉仁的带领下，他们在4 个月的时间里开了 11 次会[16]。2011 年 2 月，"日航哲学"小册子正式出版。

"日航哲学"原则中的 90% 与"京瓷哲学"（Kyocera Philosophy）相

似。例如，"日航哲学"第一条原则中的成功方程式最初来自京瓷公司："人生·工作的结果＝思维方式 × 热情 × 能力。"在这个等式中，"能力"指的是才能和智力，它们基本来自天赋。健康的身体和优秀的反应能力也被归入此类。"热情"指的是人们投入事业的激情程度和对工作及生活的投入程度——这是后天习得的特质，是可以掌控的。稻盛用 0 到 100 的标尺来评价"能力"和"热情"。"思维方式"指的是心智状态和生活方式，包含每个人的个人哲学和信念。稻盛认为，"思维方式"是最重要的因素，他用 −100 到 +100 的标尺来衡量思维方式。他警告说，因为是乘法，"如果思维方式是负的，那么'能力'越强、'热情'越高，其结果反而是更大的负值。只有思维方式是正的，人生和事业的结果才会是一个更大的正值"[17]。稻盛和夫认为，这个方程式既适用于制造行业，也适用于服务行业。

"日航哲学"原则其余的 10% 专为日本航空量身打造，包括以下 4 个部分。

1. 每个人都是日航（Each of us makes JAL what it is）。
2. 对珍贵的生命负责的工作（Valuable lives are entrusted to us in our work）。
3. 最佳接力赛（Make the best baton pass）。
4. 决策果断、行动迅速（Decide and act with speed）。

第一项——"每个人都是日航"——被放在"日航哲学"的第二部分——"为了创建一个崭新的日航"——的首位。植木义晴（Yoshiharu Ueki）最初是日本航空的一名飞行员，他在 2012 年 2 月成为日本航空总裁。在植木看来，把"每个人都是日航"放在首要位置是顺理成章的："因为这正是我们的思维方式中最欠缺的一点。在过去，随着日本航空的发展，我们一度认为'就算我们干得再好，又有什么区别呢？'我们当时完全没有意识到，我们每个人都是公司命运的掌舵人"[18]。

稻盛希望每位日本航空员工都能把这套哲学内化为自己的思想，并和身边的同事分享，把它传递到下一代员工心里。因此，公司要求员工时刻把这本 13 厘米 × 8 厘米的小册子带在身边。后来，"日航哲学"被翻译成多国语言。日本航空还要求员工每年参加 4 次"日航哲学"学习班。平均每个学习班 70~80 人。学员被分成六七人的小组，每个人的背景各不相同。主要的讨论内容是如何在本职工作中践行"日航哲学"、如何把最佳实践分享给团队成员等。

"日航哲学"被迅速灌输给全公司的 30 000 多名员工。1 年之后，大田嘉仁发现它已经开始深入人心了——他始终对此充满自信。下面是日本航空基层员工的评论，它证明"日航哲学"确实深深融入了人们的思想，不仅是高层管理者的思想，还包括所有普通员工的思想。

　　只做人们认为合理的工作就对了。这难道不是我们过去经常挂在嘴边的话吗？这说明了公司之前有多糟糕。

　　客舱乘务员在日常用语和聘用制度上或许和普通员工不同，但是在学习"日航哲学"这件事上，她们没有丝毫不同。

　　全懂了。但是我觉得，精准地理解和运用它远非易事。

　　有了这一哲学，就等于拥有了一个可以回望的原点。这简直太棒了！

　　在我们办事处，就算是在最小的办公室里，你也能在墙上见到一两条"日航哲学"的原则。最重要的是，我们是自愿这样做的，而不是执行总部的要求。

感谢"日航哲学"，我终于有勇气对上司说出自己的看法了。

参加完（日航哲学）学习班，每个人都能感觉到"现场"正在发生什么，每个人都能意识到公司此时此地正在发生什么[19]。

回顾自己在日本航空三年零两个月的工作，稻盛和夫说："日航员工看到我这样一个老家伙，不拿一分钱薪水，在空巴上吃鱿鱼干，玩儿命地工作，想必他们心里会有些异样的感受吧？因缘际会的事情太多了，无论怎么说，老天终究还是眷顾我们的。[20]"

追溯日本航空的 SECI 过程

日本航空成功逆转的故事可以帮助我们进一步深入地理解升级版本的 SECI 过程。这个案例是 SECI 过程随着时间逐步展开，直到一个周期完全结束的绝佳示范。它还说明了 SECI 过程中每个阶段发生在个人之间、团体之内和团体之间、组织之内和组织之间的相互作用。

社会化

稻盛和夫就任日本航空会长之后，个人之间的直接互动随即发生了。第一，稻盛走访了日本航空在日本所有的机场、机库和销售处，和那里的人们见面谈话。第二，他拿出时间和公司 100 个分部的负责人谈话，每人 1 小时。第三，他在月度业务报告会上与 30 位分支机构负责人互动，密集地提出让对方难以招架的问题。第四，在首期干部培训班上，他用 17 堂课的时间与 52 位高管互动，每个星期 4 次。第五，稻盛和夫邀请参加培训的高管学员出席空巴。最初，参加者寥寥无几，但是每个人都参加了结业那天的空巴。

通过这些互动，日本航空员工学到了大量的隐性知识：公司为什么会走向破产？什么是管理？非正式的情境如何帮助人们敞开心扉？这些互动帮助人们反思过去的认知和理念，进一步增进了彼此之间的了解。

外显化

在外显化阶段中，借助阿米巴管理体系和"日航哲学"的力量，社会化过程积累的个人层面的隐性知识得到了综合，并被转化为团体层面的显性知识。把一家 30 000 人的企业划分为一个个 10 人运行团队，这种做法帮助每支团队准确地找到了利润的来源和亏损的原因。在此之前，日本航空员工内心深处感到公司存在着一些问题，但是苦于无法用语言表达出来。有了这种全新的自负盈亏的核算体系，他们立刻就能通过数字看到结果。丰富多彩的比喻也为团队带来了动力。例如，"阿米巴"可以让每个团队自由变化；"棒球"可以帮助团队立即知晓工作的结果——究竟是"赢得了比赛"，还是"输掉了比赛"。

稻盛和夫和他的助手在京瓷公司积累了多年的隐性知识，"日航哲学"把这些隐性知识中的精华转化成了显性知识。"日航哲学"中的 40 条原则既能帮助员工度过美好的人生，又能创建一个崭新的日本航空。它的文字言简意赅，被装在一本白色小册子里。"日航哲学"学习班的每位学员都会随身携带一本这样的小册子，并与六七位队友讨论和学习。当时的日航每年要举办 4 次这样的学习班。自发组织的学习会更是雨后春笋般出现在日本航空全球的很多办公室里，学习效果大多远远超出了组织者的预期。

组合化

在组合化阶段中，阿米巴团队从日本航空内部和外部聚集而来的显性知识得到了合并、编辑和计算，在组织层面形成了一幅关于利润来源和亏损原因的清晰图景。前文提到过，在落实阿米巴管理的第一年里，整个日本航空节约的成本达到了 400 亿日元。来自公司外部的显性知识——特别是来自京瓷公司的显性知识——主要关注如何防止企业因循官僚思想或者孤岛式思想来指导工作。从 1959 年成立以来，京瓷从未出现过亏损。除此之外，日本航空的外部知识还来自森田直行合作过的 450 家企业，这些显性知识对日本航空的帮助也很大。

这些显性知识来自日本航空的内部和外部。它们被合并、编辑和汇总，最终形成了"日航哲学"。它是一种组织层面的、更加整体性和体系化的显性知识集合。就内部来源而言，显性知识是通过级联过程（cascading process）在整个公司范围内传播的。例如，"日航哲学"的第一稿是由 10 位参加过首期干部培训班的学员起草的。小册子最初是用日文撰写的，随后被翻译成为多种语言。首期"日航哲学"学习班是为高管举办的，此后逐渐下沉，直到基层员工。就外部来源而言，在日本航空所得的显性知识中，90% 来自京瓷公司和第二电电等企业的已有知识。

内隐化

通过组织层面的阿米巴管理和"日航哲学"，组合化过程完成了对显性知识的巩固。这些知识在内隐化阶段被运用到了实践中，这是落实行动的阶段。在阿米巴管理的指导下。30 000 名日本航空员工组成了 3 000 支小型团队，每位员工随身携带一本"日航哲学"小册子。内隐化的明显表现是日本航空员工行为的改变。例如，飞行员不再使用纸杯喝水，机师开始重复使用手套，而不是把它们扔掉。还有，很多人开始有勇气向自己的上司说出自己的想法，这同样要归功于"日航哲学"。

当员工第一次体验阿米巴管理或者"日航哲学"，并把它们应用到自己的日常工作和生活中时，内隐化就开始下沉到个人层面了。仅仅从逻辑上理解阿米巴管理体系或者"日航哲学"是远远不够的，关键在于它们触动人们内心深处的那一刻，或者让员工恍然大悟的那一瞬间。例如，有一位乘务员这样告诉日本航空总裁植木义晴："我笑着告诉同事，我们的飞机满员了。这太不可思议了。在实施阿米巴管理之前，飞机满员会让我愁云满面。因为它意味着更多的工作要做。[21]"这就是我们所说的"关键瞬间"。类似的例子还有，一位工作到深夜的高管，一边准备第二天上午会议的演示文档，一边喃喃自语"这样不行……我们还在土俵边上打转呢"[22]。这是他意识到自己和团队成员还没有做到"日航哲学"中的一条原则："在土俵正中相扑。"这个比喻来自日本的相扑比赛，它说的是抓住问题要害的重要性。

为 SECI 模型加入本体论维度，通过日航的案例考察一个完整的 SECI 周期，这为我们带来了有关知识实践的宝贵认识。尽管最初引入 SECI 模型是为了说明组织是如何产生新知识的，但是我们随即发现，它也可以反映知识创造到知识实践的完整过程。日航的例子说明，知识源于实践，而实践是为了在具体情况下解决人们的具体问题。换句话说，知识是通过知识实践创造出来的。

概括地说，知识创造和知识实践是 SECI 模型密不可分的组成部分。可以这样比喻，它们是一枚硬币的正反两面。

SECI 螺旋

　　上一部分提出的升级版本 SECI 模型是 SECI 螺旋的基础。SECI 螺旋是一种动态模型，我们会在这一部分中详细介绍它。顾名思义，SECI 螺旋产生于 SECI 过程的螺旋式上升。随着 SECI 过程在水平方向若干个周期的完成，SECI 螺旋会出现垂直方向的上升，进入更高的本体论层次。当知识创造随着时间反复发生时，SECI 螺旋就会随之出现。究其实质，SECI 螺旋是以下 SECI 过程的延伸：

- 知识不断地被创造、扩展和付诸实践；

- 知识库在水平方向的扩展；

- 越来越多的知识得到创造和传播，并被转化为行动；

- 知识实践的规模和质量得到提升；

- 它会带来更多的行动，进而促进创新的发生；

- 越来越多的人参与到知识创造和知识实践中来；

- 知识库日渐扩展；

- 在一个本体论层级产生的知识螺旋上升到更高的层级；

- 扩大知识创造与知识实践社区的 SECI 过程。

　　图 3-5 展示了 SECI 螺旋模型的多维度性。横轴代表的知识库是由隐性知识和显性知识共同构成的。它们代表着认识论维度的两个端点。纵轴代表本体论维度。SECI 周期会向上发展，进入更高一级的本体论基础，即从个人层面到组织层面，再到组织间层面和社区层面，直至最终进入社会层面。这个模型说明，当一个 SECI 水平周期完成时，或者当 SECI 随着时间

螺旋式上升至更高的本体论层级时，知识库就会随之扩展。

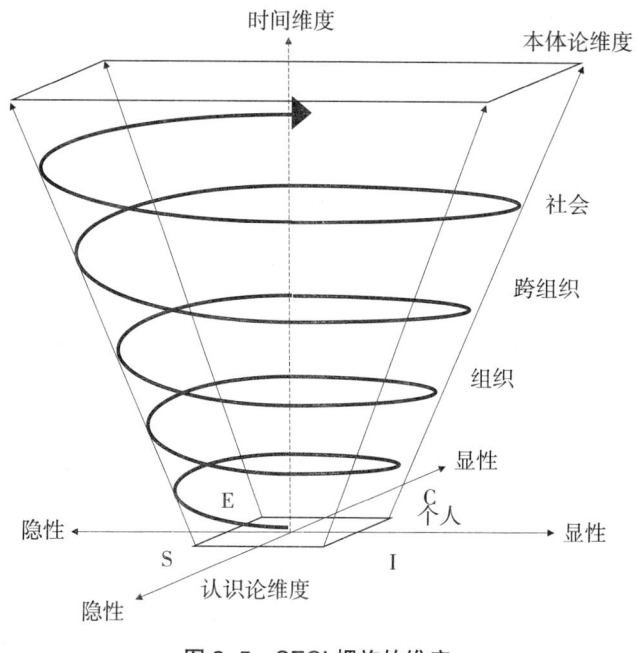

图 3-5 SECI 螺旋的维度

禧玛诺的 60 年：6 轮 SECI 周期

禧玛诺是一家世界领先的高端自行车零配件厂商。自 20 世纪 50 年代以来，禧玛诺在 60 年的时间里完成了 6 轮 SECI 过程。它生动地说明了 SECI 螺旋的动态运动。随着 SECI 周期在水平方向的一次次轮转，以及 SECI 随着时间在垂直方向进入更高层级，禧玛诺的知识库得到了一次又一次的扩展。在一个甲子的漫长岁月里，伴随着以下历程，禧玛诺的规模和范围实现了指数级的增长。

• 从大阪的小城堺市到美国和欧洲；

- 从 1 家工厂到遍布 8 个国家的 14 家工厂；

- 从寥寥几名员工到 2016 年的 1.2 万名员工；

- 从生产飞轮到开发整合式变速传动系统；

- 从机械式到数字化；

- 从公路自行车到越野自行车；

- 从普通家用产品到专业竞赛产品；

- 从廉价的平庸制造商到全球山地及公路自行车零配件品质引领者。

禧玛诺成立于 1921 年。最初只是一家铸铁厂，位于日本大阪的小城堺市，那里是大阪的工业区。堺市曾是日本武士用刀的铸造中心。从 16 世纪开始，堺市成为日本远近闻名的厨房用刀制造中心。19 世纪初，自行车传入日本。堺市的铁匠用自己的巧手为这里带来了繁荣的自行车修理产业。到了 20 世纪 20 年代，堺市成了日本的自行车及零部件生产中心。1919 年，堺市已有 60 家自行车企业。到了 1921 年——也就是禧玛诺成立的那一年——这个数字变成了 106 家。

禧玛诺的创始人是岛野庄三郎（Shozaburo Shimano）。他在 26 岁时和一位学徒时代的伙伴创办了这家公司，并用自己的名字为它命名。禧玛诺最初生产自行车飞轮。它是一种帮助自行车后轮保持转动的装置，能在骑行者没有踩动脚踏板时使自行车保持向前运动。随后，禧玛诺开始逐渐扩大零配件产品线。1958 年，创始人岛野庄三郎辞世。他的长子——时年 30 岁的岛野尚三（Shozo Shimano）接任社长。他的两个弟弟——喜三（Keizo）和敬三（Yoshizo）也加入了公司。他们后来分别成了公司的第 3

任和第 4 任社长。

2001 年，岛野尚三的儿子岛野容三（Yozo Shimano）成为公司的第
5 任社长。甫一接任，岛野容三就退出了多个业务市场，包括滑雪板固定
装置、滑雪靴、高尔夫球杆和杆身等。因为他发现自行车零部件比其他
业务更赚钱，而且禧玛诺比国内外竞争对手的盈利水平高出许多。例如，
1998—2002 年，禧玛诺的投入资本加权平均回报率为 16.6%。相比之下，
它的海外竞争对手，比如意大利的康帕纽罗（Campagnolo）和美国的速联
（Sram）等，其投入资本加权平均回报率只有 4.2%；国内竞争对手只有可
怜的 0.3%。与此类似，禧玛诺同一时期的销售加权平均回报率达到 14.6%，
而国际和国内竞争对手分别只有 1.2% 和 0.3%[23]。

发展至今，禧玛诺不仅从公司内部，还从日本以外积累了大量的知
识，成功推出了多款创新型产品。这些知识帮助禧玛诺在全球市场开疆扩
土。禧玛诺的 6 位社长要么亲自开启，要么参与实施了公司的 6 轮 SECI 周
期，帮助它从一个 20 世纪 50 年代寂寂无闻的小品牌成长为今天全球驰名
的品牌。20 世纪 90 年代中期，禧玛诺赢得了国际市场的认可。这要归功于
1996 年亚特兰大奥运会的男子自行车比赛——完赛的前 12 名选手的自行车
无一例外地装备了禧玛诺的组件。从此以后，全世界大多数顶级自行车赛
事的获胜者，比如环法自行车赛和世界自行车锦标赛等，都采用了禧玛诺
的 Dura-Ace 套件系统。

2016 年，禧玛诺的总收入为 3 790 亿日元（约合 238 亿元）。其中的
83% 来自自行车零配件，其余的 17% 来自钓竿和渔轮等其他产品[24]。同年，
禧玛诺的净收入达到了创纪录的 760 亿日元。禧玛诺的零配件产品主要销
往日本以外的市场。其中，欧洲占 38%、亚洲占 37%、北美占 11%、日本

占 9%、其他国家和地区占 5%。

禧玛诺的 6 轮 SECI 周期开始于 20 世纪 50 年代。

SECI（1）：冷锻

1954 年，创始人岛野庄三郎担任社长期间，一名刚刚加入禧玛诺的年轻工程师被派往美国和欧洲进行为期两个半月的考察。这位名叫松本（Matsumoto）的年轻人要去调研一项叫作冷锻的新型技术。冷锻工艺可以让金属在室温下锻压加工成型，完全不需要通过高温加热毛坯。因为冷锻可以避免高温带来的形变，所以不需要为了确保符合规格的要求而进行切削加工，这直接带来了成本的下降。冷锻只需一个简单的模具，就可以完成大部分的加工过程。该技术有效保证了产品的一致性，更适合于自动化和大规模生产。

1960 年，松本在德国慕尼黑理工大学（Technical University of Hanover）拜访了当时全球冷锻技术的权威专家奥托·金茨勒（Otto Kienzle）博士。金茨勒博士接见了这位年轻的工程师，为他演示金属成型工艺，还分享了其他几种冷锻产品的知识（社会化）。与热煅相比，冷锻的优势显露无遗。松本被这种技术深深折服了。他把自己从金茨勒那里学到的知识用文字记录了下来，把隐性知识转化成了显性知识（外显化）。而对于禧玛诺总部，岛野尚三需要决定公司是否应该购买一套价值 8 000 万日元的新压床。这家公司 1960 年 6—11 月的运营利润只有 4 700 万日元。事关重大，这位社长不得不从公司各个部门以及公司之外的渠道广泛收集信息（组合化），才能做出决定。

禧玛诺最终找来了 50 亿日元的资金，在下关市（下关市位于九州岛上）

一座12.8万平方英尺①的厂房里安装了一整套冷锻设备。这让禧玛诺这家初出茅庐的新兴企业一举超越了所有的国内竞争对手，成为全日本冷锻技术的龙头企业。丰田公司专门派出了一个考察团，来到禧玛诺学习冷锻技术。这让刚刚从父亲手中接班的岛野尚三感到自豪：偏处堺市一隅的自行车零配件制造厂要向日本首屈一指、以制造技术独步天下的汽车厂商传授冷锻技术。岛野尚三确实有资格感到自豪。这也极大地振奋了禧玛诺员工的士气。他们愈发相信自己的公司能在未来为社会做出更多的贡献（内隐化）。

SECI（2）：进军美国市场

1965年，禧玛诺的工程和制造能力已经在日本国内得到了充分施展。公司决定在纽约成立禧玛诺美国公司（Shimano American Corporation，SAC），正式进军美国市场。禧玛诺首先向美国派出了一支"大篷车队"（Caravan）。这支"车队"由禧玛诺日本总部的中层干部组成。他们走遍了美国所有的自行车零售商店，向店主和店员传授禧玛诺产品的维护与修理技术。自行车是由很多个零配件组成的，当顾客需要维修保养时，如果店主和店员能够驾轻就熟地完成拆卸和组装，他们一定会觉得很开心。

6位中层干部分成3组，分别赶赴美国的北部、中部和南部。每个小组驾驶一辆旅行车，车厢里塞满了产品宣传册和维修零件。他们从西海岸出发，走遍了一个又一个大城小镇，找到自行车商店，用演示讲解的办法和店主沟通，推销禧玛诺产品。这些中层干部只会说非常有限的英语，但他们很快就和自行车商店的人们打成了一片。因为他们肯动手、不惜力，常常一边讲解一边跪在地上演示产品的工作原理（社会化）。

---

① 1平方英尺=0.092 9平方米。——编者注

3 个小组用半年的时间走遍了全美国。当时美国人对"日本制造"的印象是价格低廉、品质拙劣。禧玛诺小组就是要打破这种刻板印象。各小组记录下了自己成功的诀窍和失败的教训（外显化）。最后，3 个小组在纽约的禧玛诺美国公司会师。6 位参与者汇总了自己学到的所有诀窍和教训，向堺市的公司总部汇报。

20 世纪 60 年代中期，禧玛诺的总部办公室只有一层楼。包括社长岛野尚三在内的所有人都在同一间不设隔断的大办公室里工作，包括财务部、行政部、生产部、质控部等所有的部门与团组。一边是年轻职员正在组装、测试零件，另一边是经理们打着国际长途电话，这是当时特别常见的场景。实际上，这种总部办公空间的设置形成了一个堪称完美的信息交换"场"（组合化）。

在禧玛诺派出"大篷车队"之前，没有一家美国的大型自行车厂商愿意和日本的供应商打交道。禧玛诺深知，如果零售商不要求制造商生产装配禧玛诺零配件的自行车，制造商就不会这样做。因此，在通过大篷车队了解美国市场的需求之后，禧玛诺开始走访西尔斯百货（Sears）等大型零售商（内隐化）。

西尔斯百货之所以愿意在自有品牌的自行车上使用禧玛诺的零配件，主要归功于零售商独立开发的一套零配件评测设备。这套设备给禧玛诺三速变速器的总体性能和耐用性打出了高分。这也促使施文（Schwinn）等大型厂商开始订购禧玛诺的零配件。哥伦比亚（Columbia）是第一家与禧玛诺签订采购协议的美国自行车厂商。它在 1963 年采购了 10 万件三速变速器。施文是美国八大自行车厂商中最后一家订购禧玛诺零配件的。当时已经进入 20 世纪 70 年代中期。

SECI（3）：通过比赛进入欧洲

禧玛诺的国际战略是"先美国、后欧洲"。这主要因为欧洲历史悠久，市场进入难度高于美国。1972 年，在美国站稳脚跟之后，社长岛野尚三要求时年 32 岁的中层经理高冈，"到欧洲去，并在那里落地生根"。高冈走遍了欧洲。他发现，并不是所有欧洲国家的人都像美国人一样使用自行车。德国、荷兰和斯堪的纳维亚地区的人们大多把自行车看作一种儿童交通工具，或者成年人的近距离代步工具，这和美国人非常相似。而法国人把骑自行车当作一种休闲活动，意大利人则用它来飙车（社会化）。

1973 年，另一位名叫中村（Hiroshi Nakamura）的中层经理被禧玛诺派到欧洲随同公司赞助的比利时 Flandria 车队参加比赛。他是第一位加入欧洲职业自行车队的日本人。中村还记得候任社长岛野喜三对他说的话："只是把我们的产品用在车队里，这远远不够。我们必须了解赛场上发生的各种情况，只有这样才能改进我们的产品。要认真观察，是什么样的人在使用我们的产品，他们是如何使用这些产品的。要观察人们怎样使用禧玛诺产品、这些产品是如何损坏的。要用你自己的双眼认真观察赛场上的一切风吹草动。[25]"（社会化）。

中村超额完成了任务。他的汇报不仅包括这些细节，还包括其他相关信息，比如气候和道路状况、对竞争品牌的评估、技师工作的详细情况等。他每个星期向日本总部的开发团队汇报一次（外显化）。每当慢如蜗牛的邮局送来一份报告时，岛野喜三都会把它交给 Dura-Ace 团队的每个人传阅（组合化）。在中村的帮助下，禧玛诺的每位员工都能对欧洲自行车赛场的核心情况如数家珍（内隐化）。

SECI（4）：进军美国山地自行车市场

1982 年，一位曾经参加过禧玛诺美国"大篷车队"的中层干部被调到禧玛诺销售公司（Shimano Sales Corporation，SSC）工作。这是禧玛诺美国公司的一家分支机构，位于加利福尼亚州的圣费尔南多谷（San Fernando Valley）。有一天，这位名叫 Masaki Sumida[①] 的经理来到了加里·费希尔（Gary Fisher）的车库。费希尔把他介绍给了乔·布雷兹（Joe Breeze）。费希尔和布雷兹是山地自行车的发明者。Sumida 跟随他们完成了几次山地骑行。每次骑行结束时，他们的自行车通常都会损毁得七零八落。所以，他们几乎每天都要在费希尔的车库里修理和加固自行车（社会化）。

岛野容三当时还是禧玛诺销售企划部的总经理。他和自己的叔叔——时任社长的岛野喜三乘飞机来到旧金山，专程走访了山地自行车的诞生地——塔玛珮斯山（Mount Tamalpais）。岛野容三骑着山地自行车沿着塔玛珮斯山崎岖、湿滑的小径一路冲下。他的正装西裤挂满了泥浆。随后，岛野喜三和岛野容三批准成立了禧玛诺山地自行车零配件部门。他们还明确要求：产品的技术指标中一定要包括防泥和防水功能（组合化）。

进军山地车市场的决定让禧玛诺的管理者和员工扩展了关于自行车的原有心智模式与看法。他们原本认为，自行车是通过道路把人从一个地方运到另一个地方的交通工具，越安全、越方便越好；如今，他们发现自行车也可以成为一种帮助极限运动爱好者——或者叫他们超胆侠（daredevil）也可以——从山顶冲向山脚的运动装备，越冒险、越刺激越好（内隐化）。

---

① 此处日语姓名有多种中文翻译，为求准确，故保留了原文。——编者注

SECI（5）：整体集成系统

通过在欧洲赞助公路自行车队，禧玛诺获得了自行车专业比赛的一手知识。而在美国试骑山地自行车取得的实际经验（社会化），又让禧玛诺积累了必要的技术诀窍。这些知识和诀窍帮助禧玛诺开发出了整体集成系统（Shimano Total Integration，STI）。这是一项重大突破。它不仅改变了禧玛诺的命运，还改写了整个自行车行业的历史。公路赛车问世以来，变速拨杆一直安装在车架的下管位置。每次需要变速时，车手都要把一只手从手柄上拿开。如果他们需要一边爬坡一边变速，单手操控就会妨碍他们全力踩下脚踏板。而且，每次变速时，车手都不得不坐回车座上。这会耽搁他们 1~2 秒的宝贵时间。

STI 系统把变速拨杆和刹车手柄整合在一起，这是禧玛诺从山地自行车上学来的经验。因为山地自行车需要频繁地上下崎岖、湿滑的山路，所以骑手们只能在双手握把的情况下完成变速动作。禧玛诺在山地自行车上的经验（社会化）引导他们开发出了一种用于公路赛车的机械装置。它把变速和刹车的功能整合在了一起（外显化）。经过 1989—1990 年的反复测试，禧玛诺在 1991 年推出了 Dura-Ace 7410 产品，随后将其升级为 Dura-Ace 7700，在 1996 年亚特兰大奥运会上大放异彩（组合化）。

使用 Dura-Ace 7700 的选手不仅获得了当年奥运会男子公路自行车赛的金牌、银牌和铜牌，还一举包揽全部 15 场比赛中每一场的前 12 名。我们在前文提到过这一辉煌的成绩。这些奖牌，加上 STI 系统 1999 年首次赢得了环法自行车赛的冠军，让每一位禧玛诺员工认识到，这个来自日本的后来者终于在欧洲赢得了领先厂商的荣光，在职业自行车领域占据了举足轻重的地位（内隐化）。

SECI（6）：智能数字集成系统

1999 年，禧玛诺的年轻工程师们开始试验自行车自动变速功能。这是他们观察车手对传统机械变速系统操作的结果（社会化）。工程师们发现，车手实际上在同时完成两件事：踩下脚踏板，转动手柄上的拨片。他们设想，如果能让车手把注意力集中在骑行上，剩下的事全部交给电脑来处理，一定能大大提高骑行效率。

4 年之后，禧玛诺在德国的一次车展上展示了这一彻底的革新概念——SMOVER（Smart Way of Moving，意为"智能运动方式"）。SMOVER 与汽车的自动变速系统非常相似。它配备了电脑控制组件，可以根据骑行者的速度自动匹配合适的档位。在这种新系统中，电脑会根据自行车的运动速度，结合爬坡、下坡等不同情况，自动选择合适的档位。自行车手柄上不再出现变速拨片，档位完全交给数字集成智能（Digital Integrated Intelligence，Di2）系统来调节。该系统由电脑芯片和前后变速器中的电子马达组成。芯片被封装在车架上的一个塑料外壳里。Di2 系统还会根据不同的路况自动调节车身悬挂的硬度，确保骑行的流畅和安静（外显化）。

Di2 系统原本是为舒适型自行车市场开发的。舒适型自行车是自行车四大细分市场中最小的一块。就销量而言，它仅仅接近山地车销量的一半，比公路自行车和全地形自行车销量少 20%~30%。禧玛诺希望通过创新复制山地自行车在 20 世纪 80 年代取得的辉煌，把舒适车推向舞台的正中央。

2004 年，包括梅赛德斯 – 奔驰（Mercedes-Benz）和路易加诺（Louis Garneau）在内的一些自行车厂商开始在德国和荷兰销售 SMOVER 概念的舒适型自行车。然而，事实证明，Di2 系统对舒适车市场来说过于昂贵了。于是，工程团队集合了所有的显性知识，把创新的焦点转移到其他 3 个细分市场上，把 Di2 系统的目标用户从舒适车骑行者转移到职业车手身上。和 STI 一样，Di2 系统同样经历了长时间的反复测试（组合化）。2012 年，配备 Di2 系统的自行车获得了环法自行车赛冠军，并接连获得了另外几项国际大赛的冠军。Di2 系统从此享誉国际，声名远播。

到了 2016 年，顶级职业车手（包括山地车手和公路车手在内）几乎清一色地采用了来自禧玛诺、康帕纽罗或者速联的自动变速技术。虽然禧玛诺最初推动发展舒适车的想法未能实现，但它并没有就此放弃。禧玛诺的工程师确信（内隐化），Di2 系统能够复制 20 年前 STI 系统为公司带来的巨大成功：它既能帮助禧玛诺延续赛车领域的辉煌，又能推动自行车竞赛运动向前发展。

通过对禧玛诺公司 6 个 SECI 周期的分析，我们对 SECI 螺旋模型的认识又深入了一步：第一，也是最重要的一点，禧玛诺证实了我们提出的 SECI 螺旋就是不断循环往复的 SECI 过程这一说法。我们看到，禧玛诺公司接连 6 次完成了 SECI 过程。如前所述，SECI 螺旋是随着时间的推移不断完成知识创造的结果，放在禧玛诺的例子中，这个时间段是 60 年。

第二，随着一轮又一轮 SECI 周期的完成，越来越多的人参与到知识创造和知识实践中来。拿禧玛诺来说，中层经理在知识创造和实践社区中发挥了重要作用。他们在各个项目中发挥先锋作用，让越来越多的人通过各种开发项目加入这个社区。例如，禧玛诺在加利福尼亚完成了有关山地自行车的知识创造，这让公司的每一位员工参与到了 STI 系统和 Di2 系统的开发工作中来。

第三，禧玛诺公司上下奉行"行动起来"的习惯。他们不会固守"举枪、瞄准、射击"的陈规，有时他们会先"射击"，再"瞄准"。例如，岛野尚三要求高冈"到欧洲去，并在那里落地生根"；派 6 位不会说英语的中层经理走遍美国，通过"演示和讲解"的方式推销禧玛诺产品等。

第四，行动起来的习惯让禧玛诺成长为一家持续创新的企业。正如前文所述，禧玛诺原本是小城堺市 106 家小企业中的一家。如今，这家名不见经传的小企业已经成长为这一行业的全球领袖。从飞轮到整合系统，从机械系统到数字系统，从公路产品到越野产品，从家用产品到专业竞赛产品，从机械变速到自动变速，从"价格低廉、品质拙劣"到成为打遍天下的顶级品牌，这些转变无一不是持续创新的结果。

第五，禧玛诺的韧性来自 SECI 螺旋的动态本质。多年来，这家公司不止一次地面对各种挑战和阻碍，但能始终保持顽强的韧性。曾几何时，在整个美国找不到一家自行车厂商愿意和禧玛诺合作；作为第一位加入欧洲职业自行车队的日本经理，刚开始与 Flandria 车队征战各大比赛时，中村的内心经历过怎样的震撼？自行车自动变速技术在最初的目标市场——舒适型自行车市场上遭遇过怎样的惨败？是持续创新和自我革新的企业文化帮助它生存下来，并一步步走向繁荣。

尽管如此，禧玛诺的案例仍然无法解答 3 个关于 SECI 螺旋的关键问题：知识库是如何随着时间纵向扩展的？组织层面创造的知识是如何盘旋上升到更高的本体论层面的？知识创造与知识实践社区是如何在更高一级的本体论层面实现扩展的？归根结底，最关键的问题在于：是什么推动组织在组织间层面、社区层面和社会层面开展知识创造和更新的？也就是说，组织是如何沿着本体论坐标轴不断攀升的？

SECI 螺旋的向上运动

为了回答这一问题，我们必须返回实践智慧。它是我们的概念基础。简单地说，实践智慧是 SECI 螺旋在本体论维度盘旋上升的驱动力量。更确切地说，推动 SECI 螺旋向上纵向运动的是拥有实践智慧的知识创造与实践社区成员。在这一部分，我们会通过卫材公司的案例进一步论述实践智慧的引擎作用，更充分地描述知识创造与知识实践过程，并详细阐释这一上升螺旋运动。

作为驱动力的实践智慧

第二章谈到，实践智慧是亚里士多德定义的 3 种类型的知识之一。实践智慧是一种经验知识，它帮助人们及时地做出明智的判断，并在价值观、原则和道德准则的指导下采取适宜的行动。我们通过"什么是一辆好（汽）车"这一类比指出，实践智慧是既知道什么是一辆好车，又懂得怎样造出它。因此，实践智慧能够帮助管理者在具体的时机、前提和情形下做出判断，帮助他们采取最有利于共同利益（common good）的行动。

实践智慧具有 3 项特质，它们能够解释为什么实践智慧可以推动 SECI 盘旋向上。第一项特质是"共同利益"。对于企业为什么而存在这个问题，管理者、高级管理者和企业领导者必须做出正确的判断，即确定企业的愿景、使命和目标。一家企业假如无法为顾客创造价值、不能打造令竞争对手无法企及的未来、缺乏道德目标、无法与社会和谐共处、不把追求共同利益当作生存之道，也就是说，追求的仅仅是狭隘的企业利益，而不是集体和社会的利益，那么它就不可能长久地生存下去。

第二项特质是"及时性"（timely）。世界变幻莫测，企业势必要学会如何在快速的变化中生存、发展和壮大。既要在"此时此地"做出判断和决策、采取行动，又要心怀明确的愿景。一个组织的终极目标是把梦想的未来变成现实，而不是被动地应付自身所处的环境，而愿景则是"我们要创造一个怎样的未来"。这个未来一定是超越企业本身而存在的，必须是对顾客、集体和社会共同利益的追求。

第三项特质是"人们"（people）。随着 SECI 的螺旋上升，知识创造和知识实践的规模与质量不断提升。这带来了组织内外越来越多的人的更多的行动，他们因此成了知识社区的一分子。只有在开放的社区中，当人们能够自由地把不同的看法和观点带入社区时，知识创造和实践才有可能持续下去。知识创造与实践社区是由一群被"主体间"（intersubjective）关系连接起来的人组成的。他们通过这种关系分享彼此的感受、情绪和思想。企业经理、高级管理人员和领导者要激励人们追求更高的目标，创造人们能够坚守的共享情境和共同价值观，引导和教育人们追求与自己一样的理想。只有开放的、拥有主体间关系的、在更高目标激励之下的社区才能推动 SECI 的螺旋式上升。

在本章的一开始，我们提出了 SECI 螺旋模型（见图 3-1）。它是建立在知识创造和知识实践过程（见图 3-5）多维度和动态化本质的基础之上的。SECI 螺旋模型一共包括 4 点改进：①加入了 SECI 螺旋中的纵向粗箭头，代表作为驱动力量的实践智慧；②扩大了箭头尖端的面积，它表示纵向运动的速度；③螺旋略微倾斜，代表该模型对变革和冲击的适应能力；④螺旋左右两侧的小箭头表示 SECI 的水平运动。

我们用旋转的陀螺来比喻知识创造与实践模型的动态本质。只要陀螺达到一定的转速，它就能对抗重力的作用，甚至能在外力的冲击下依然保持平衡。对企业来说，这相当于保持足够的韧性和可持续发展能力。一旦停止转动，陀螺就会一头栽倒。对企业来说，这代表死亡的末日。当陀螺转动时，它的上端会左右摆动。对企业来说，这代表对"此时此地"变动不居的外界情况和场景的适应与调整。陀螺的持续转动相当于企业的不断"行动"。和陀螺一样，企业离不开那条纵向的箭头。它就是实践智慧，是企业发展壮大的驱动力量。

SECI 螺旋模型对卫材公司的影响

卫材株式会社（Eisai Co., Ltd）的案例堪称阐释知识创造与知识实践模型的理想选择。卫材的前身是一家研究型实验室，专门从事油溶性维生素医学应用的科学研究。卫材成立于 1941 年，原名为日本卫材株式会社（Nihon Eisai Co. Ltd.），主要生产和销售卫生材料与医疗器械。因为脱胎于实验室，卫材与大多数日本制药企业的背景差别很大。那些制药企业大多数是依靠批发海外药物产品起家的（最初批发中药，后来批发西药）。卫材的另一个特点直到 1961 年才被公之于众：这家公司始终是由内藤家族管理的。现任首席执行官内藤晴夫（Haruo Naito）是公司创始人内藤丰次（Toyoji Naito）的孙子。

在日本，卫材属于中等规模的制药企业。这家公司拥有将近 1 万名员工，2016 财年的销售额约为 5 400 亿日元（约为 339 亿元）。卫材在 20 世纪 90 年代末期开发了两大拳头产品：一是安理申（Aricept），用于治疗阿尔茨海默病；二是波利特 ①，一种治疗反酸的药物。它们帮助卫材在 2010

① 即 Pariet，它在美国名为雷贝拉唑钠（AcipHex）。——译者注

年攀上了销售收入的最高峰。当时，安理申占据了卫材全球销售总收入的40%[26]。从地区分布来看，在卫材公司2016年总收入中，日本市场占一半以上，美国约占1/4，中国及亚洲其他市场约占1/8。

20世纪80年代初，卫材开始研制安理申。这是一种用来延缓阿尔茨海默病病情发展的药物。在此期间，卫材一共完成了4轮SECI螺旋运动。

- 第一轮SECI要从安理申项目的首席科学家杉本八郎（Hachiro Sugimoto）博士说起。杉本八郎的母亲患有失智症[①]。他照顾母亲的经历就是这一轮SECI的开始（社会化）。到杉本八郎、内藤和研发团队的12个人把各自的创新动力转化为集体努力时，本轮SECI结束。

- 安理申研发团队花时间和失智症患者与家属相处，了解他们的需求和感受（社会化），这是第二轮SECI的开始。到每位团队成员把"关心人类健康"这一理念融入自己的思想时，第二轮SECI结束。"关心人类健康"是内藤提出的概念。它是卫材的公司宗旨。

- 42位安理申区域主管走遍了他们能想到的每个地方，遍访本地的失智症患者（社会化）。这是第三轮SECI的开始。投身建设一个关爱失智症患者和家属的社会，这句话的真正含义是什么？当安理申区域主管、医药代表、医生和失智症患者真正读懂这句话时，第三轮SECI即告完成。

---

① 是一种因脑部伤害或疾病所导致的渐进性认知功能退化，且此退化的幅度远大于正常老化的进展，阿尔茨海默默病是其常见病因。——编者注

- 第四轮 SECI 开始于卫材与本地社区、政府、医疗机构、提供医疗服务的药店、医疗服务运营商和学术界的合作（社会化），结束于内藤和每位员工、合作者理解与接受了这一梦想的含义——终有一天，人类能够预防阿尔茨海默病。

SECI（1）：樱冈研究实验室（Tsukuba Research Laboratories）

失智症夺走了杉本八郎（卫材公司安理申研发团队的首席科学家）母亲的生命。他这样回忆母亲在世时的情景。

> 每次见到母亲时，她都会问我："你是谁呀？"无边的愁苦吞没了我，妈妈怎么连自己的亲儿子都不认识了："我是八郎呀，我是您儿子。"她会说："哦，你是八郎啊。我有个儿子，他也叫八郎。"我的心好像被油煎过似的。我把妈妈和我的对话埋藏在心里，立志成为一名科研人员。我要研究出一种有效的新药，打败这个名叫失智症的魔鬼[27]。

杉本八郎一边照顾母亲，一边决心把自己的一生投入研发失智症药物的事业中。1983 年，杉本八郎的征程开始了。研制阿尔茨海默病新药是一件遍地荆棘的苦差事，当时支撑杉本八郎的是他和母亲一同经历过的痛苦（社会化）。

1984 年，内藤晴夫担任卫材研发部门——樱冈研究实验室的负责人。他现在是卫材公司的首席执行官。杉本八郎当时是实验室研究二组的组长。在负责研发部门之前，内藤晴夫主要担任销售代表职务，对研发和培训没有丝毫经验可言。他用晚上的时间和 6 个研究小组的成员逐一谈话。当年的情景历历在目，杉本回忆道："作为樱冈实验室的负责人和研发部经理，内藤晴夫每天晚上都会来到研发团队身边，给每个人加油鼓劲。"内藤认为，即使对科学知之甚少，但他至少可以从人的角度来理解科学工作者。他因此与樱冈实验室的科研人员结下了深情厚谊（社会化）。

很多人都知道，樱冈实验室的科研人员经常会加班到很晚。所以这所实验室后来被称为"不眠的城堡"。内藤回忆："我会和科研人员待在一起，一天 24 小时不出实验室的大门。[28]"尽管科研工作遭遇了一次又一次的失败，甚至一度让杉本八郎想过放弃，但他的团队始终没有放弃，而是朝向目标不断发起冲锋。经过了无数次的讨论和争辩，他们终于在偶然间发现了一种极具突破性的化合物，并把它命名为 E2020。杉本八郎说："机缘巧合，一名刚进公司一年的新人发现了 E2020。这真是天大的好消息。[29]"由于这一发现，研究二组在 1987 年启动了"针对阿尔茨海默病的主题调查研究"项目，正式迈入了研发工作的新阶段（外显化）。

在掌管研究所 4 年之后，内藤慢慢发现了科研人员对创新的兴趣和工作投入度的重要性。他向科研人员解释，他们的工作对卫材在市场上的生存有着怎样的非凡意义，以此鼓舞他们的士气。内藤还建立了一整套研究成果评估体系。这套体系不仅为研发过程设置了里程碑，还会在达到里程碑时提出表扬，激励每一位团队成员。1988 年，内藤晴夫升任卫材公司首席执行官。截至当时，他已经成功完成了卫材药物开发流程的体系化、模型化和操作化（组合化）。

1989 年，安理申在日本进入临床试验阶段。在樱冈实验室开始失智症项目整整 6 年之后，杉本八郎和他的团队终于开发出了一种可以延缓失智症病情发展的药物。内藤晴夫见证了这个漫长的历程。他深刻体会到责任心和使命感的强大力量，是它们把这一创新从想法变成了现实。让杉本八郎深有感触的是，当全公司的人对安理申项目"冷眼以对"时，来自最高层领导者"温暖"而含蓄的支持就像春雨一样珍贵。这就是内藤、杉本以及所有团队成员从实践中得来的最鲜活的隐性知识（内隐化）。

SECI（2）：使命宣言的影响力

在成为卫材首席执行官之后，内藤晴夫确信，如果不改变传统的经营方式，卫材将无法在快速变化、竞争日趋激烈的日本制药市场里存活下来。他在 1989 年的董事会会议上发表了题为《致力于卫材的创新》的讲话。这篇讲话稿的中心思想可以归纳为：在变化多端的世界里与时俱进。内藤用一个概念总结了卫材的企业理念："**关心人类健康**"（human health care，hhc）[30]。这与弗罗伦斯·南丁格尔（Florence Nightingale）的一生不谋而合。克里米亚战争①期间，南丁格尔不顾个人安危，悉心护理伤兵。她认为，护理工作的起点应该是站在患者的角度看待问题、倾听患者的心声。这就是内藤晴夫要使用南丁格尔的签名来设计"hhc"标识的原因。传统制药企业以医生和医院为中心。卫材的"关心人类健康"则不然，它把患者和患者家属放在医疗护理最重要的位置上。而"戮力创新"是卫材成为"关心人类健康"的企业迈出的第一步。

新的使命宣言和企业理念立竿见影地影响了安理申研发团队成员。他们开始花时间和失智症患者及其家人相处，深入了解他们的需求，感受他们的喜怒哀乐。实验室的工作人员不仅从理性上理解了"关心人类健康"的含义，更通过直接的体验感受了它的意义（社会化）。他们把自己

---

① 克里米亚战争（Crimean War，1853—1856 年）：为了争夺小亚细亚地区的控制权，在欧洲，主要是克里米亚地区，发生的一场旷日持久的战争。战争的一方是俄国，另一方是日渐式微的奥斯曼帝国、英国、法国和撒丁王国。克里米亚战争以俄国求和、签署《巴黎条约》宣告结束。——译者注

是否为医护对象做出了最大贡献作为自我评估的标尺。一位实验室研究人员表示："长时间在实验室里工作，我们往往把新药的开发当作工作的终极目标。一旦新药研制成功，我们就会感到心满意足，成就感油然而生……但这远远不够。只有人们用上这些药物时，它们才能真正地发挥作用。[31]"

在临床试验阶段中，安理申团队请患者家属和护理人员帮忙记录了患者每一天的情况和感受。这些记录在团队成员之间传阅，帮助团队更好地理解患者、家属和护理人员的真实体验与感受（外显化）。研发团队还建立了一种量化标准，根据对患者症状变化的观测结果来衡量药物效果（组合化）。这些数据对安理申的获批上市发挥了巨大的作用：1996 年，安理申获得美国食品药品监督管理局（Food and Drug Administration，FDA）批准；1997 年，安理申在美国和欧洲上市；1999 年，安理申在日本上市。安理申是人类历史上第一种既能延缓阿尔茨海默病发展，又不会产生严重副作用的药物。

安理申团队全心全力地投身于创新，每位团队成员"学着从他人的视角看待问题"[32]，这一切让内藤晴夫满心欢喜。安理申项目堪称楷模，它生动地说明了企业理念是如何被运用到日常实践中、成为隐性知识被每一位团队成员消化吸收的（内隐化）。

尽管如此，良好的工作成果依然无法在公司中形成有效的连续性。这不免让内藤感到挫败。卫材公司给予每个部门充分的自主权，支持每个人按照自己的方式来"关心人类健康"。但它并没有建立起一种有效机制，把一个部门的工作成果传递到其他的部门去。为了消除这个弊端，内藤晴夫在 1997 年成立了知识创造部门（Knowledge Creation Department）。他交给这个部门的任务是"立足于知识创造理论，以'关心全球人类健康'为目标，在公司的各个层面推动知识创造"[33]。

说来有趣，内藤晴夫告诉我们，他读过《创造知识的企业》这本书，并且发现书中提出的知识创造理论框架正是他一心想在卫材落实的思想。《创造知识的企业》是我们 1995 年的著作。内藤晴夫曾（对野中郁次郎）说道："知识创造理论对我产生了深刻的影响。它为我带来了一线希望之光——原来卫材的管理实践可以相对地走在时代的前面。[34]"（内隐化）。

SECI（3）：安理申上市之后

内藤晴夫委派高山千弘（Chihiro Takayama，现负责卫材知识创造部门）领导安理申在日本的市场营销和推广工作。内藤还组织了一支由 42 位安理申区域经理组成的特别工作组，在高山的领导下寻找失智症患者和他们的家人。区域经理得到的指示是：不能想着卖药，要想着安理申对失智症患者的帮助，想着安理申如何减轻患者和家属的负担、如何改变社会。

一开始，区域经理完全不知道该做什么。于是，他们从收集每个地区患者的数量和住址做起。因为当时很多失智症患者是未经确诊和治疗的，地方政府也没有十分重视这方面的工作。所以，区域经理们不得不走遍他们能想到的每一个可能的场所。四五个月的搜寻过后，他们积累了一些经验，开始慢慢理解自己的工作（社会化）。

区域经理和医药代表——医药代表的日常工作是走访医生、培养关系、推销药物——合作寻找失智症患者，查明政府为了满足当地患者的需求采取过哪些行动。区域经理和医药代表们集思广益。他们发现，问题不仅是政府对失智症的意识淡漠，还有医生无法对失智症做出精确的诊断。很多患有失智症的人被误诊为单纯的记忆力下降，因此错过了早期治疗的宝贵时间。为了解决这些问题，区域经理和医疗代表决定把大部分的销售预算用来组织公共论坛、加强公众和政府对失智症的认识、帮助患者在早期阶段得到确诊（外显化）。

卫材公司为此制订了两大行动计划。第一，公司组织了一场临床讨论会，向医生们介绍了失智症的诊断方法。这家公司为此专门请来了专业演员，扮演各种类型的失智症患者。通过角色扮演的方式帮助医生们练习和掌握相应的高难度诊断技术。第二，公司联系了一个失智症患者团体，表示希望建立一个专门围绕失智症患者及其家属开展工作的社区。在这样一个社区中，潜在的失智症人群可以得到准确的诊断和各家机构的医疗及非医疗关怀。同时，在这个社区里，成员们不会受到任何形式的歧视（组合化）。

最初，医生和患者对此心存疑虑：卫材的主动靠近是不是为了兜售新药安理申？慢慢地，他们看到这家公司不断地组织公共论坛，为把失智症医学检查纳入老年人体检范围奔走呼吁，为医院提供免费造影技术，并为此不断加强同全日本医生、护理机构和本地政府的联系。逐渐地，人们对卫材的感受和想法发生了变化。医生和患者获得并且接受了来自卫材员工的隐性知识：卫材致力于改变日本社会，让日本成为一个关心帮助失智症患者的社会（内隐化）。杉本后来回忆说："安理申只能延缓阿尔茨海默病的发展，无法治愈它。由于这种局限性，我们只能更努力地工作，尽一切可能地帮助患者和他们的家人。[35]"

SECI（4）：下一代治疗

2013 年 6 月，安理申专利期满[36]。尽管如此，卫材仍依靠 1983 年以来积累的知识、经验和诀窍，不断地改善失智症连锁经营，与地方社区和政府、民众、医疗机构、药店、家庭护理机构和学术界紧密合作，为失智症患者和家属提供帮助（社会化）。

截至 2016 年，卫材公司已在日本与 527 个社区建立了合作，与 53 个地方政府签订了合作协议，专门支持失智症患者及其家属。卫材还建立了一个网站，为失智症患者和家属提供信息服务，比如提供专门医疗机构导引和区域内辅助设施等社会资源的分布地图等。卫材还设立了专门的热线电话，1999 年安理申在日本上市以来，这个热线累计完成了 13 万次来电咨询。卫材还为安理申开发了多种剂型，包括片剂、凝胶剂、干糖浆、颗粒、薄膜衣片剂和 OD（口腔崩解）膜剂等，大大方便了患者服药。这家公司还开发了一种疗效测试工具，名叫阿尔茨海默病综合评分（Alzheimer's Disease Composite Score，ADCOMS）；一套用于核磁共振（MRI）的早期诊断支持软件，名叫"基于体素阿尔茨海默病区域分析系统"（Voxel-Based Specific Regional Analysis System for Alzheimer's Disease，VSRAD）。在临床方面，卫材集中了大约 30 000 份安理申上市后临床病例的数据和 6 804 份安理申病例的双盲试验数据（外显化）[37]。

单就老年人口数量而论，日本在全世界遥遥领先。但是，公开刊载的资料显示，随着全球人口老龄化的加速发展，到 2030 年时，全球失智症数量将从 2013 年的 4 400 万增长到 7 600 万；到 2050 年时，这一数字可能增长到 1.35 亿[38]。内藤估计，在 2013 年的 4 400 万名失智症中，约有 60% 正在遭受阿尔茨海默病的折磨[39]。而安理申只能限制阿尔茨海默病病情的发展。内藤希望卫材将来能研发出下一代药物，根治这一顽疾。他相信自己的公司能够为此研发出一种"先发制人式的药物"。他的信心来自抗癌药物乐卫玛（Lenvima）的成功上市。乐卫玛也是樱冈实验室的成果，2015 年正式上市。内藤晴夫指出，"乐卫玛成功治愈了 4 例甲状腺癌患者。这实在是一项激动人心的成就，它为服药治愈癌症打开了大门"（组合化）[40]。

内藤希望类似的情况可以发生在针对阿尔茨海默病的治疗上。为了把这个可能性变成现实，卫材公司在 2014 年与渤健公司（Biogen）签订了共同开发与商业应用协议。渤健是美国神经变性疾病治疗领域的领军企业之一。2016 年，两家公司启动了 4 个试点项目，其中 2 个项目是由两家公司联合开展的，已经进入二期临床试验阶段；另外 2 个是由渤健主导的，卫材拥有选择权[41]。这些项目的目标是开发一种震惊世界的新药，根治阿尔茨海默病（内隐化）。

2016 年 4 月，内藤晴夫完成了卫材公司的重组工作，用坚决的行动传达了关于公司未来发展方向的明确信号。内藤解散了产品开发系统部门，把该部门原有的 1 500 名研究人员分配到了两大业务板块：神经业务板块和肿瘤业务板块，前者负责与失智症和神经变性疾病治疗相关的业务，后者负责与癌症治疗相关的业务。这样一来，公司内外获得了清晰的隐性知识：卫材不再是全线制药企业，它只专注于两大治疗领域：失智症和癌症（内隐化）。

内藤晴夫在 2016 年的一次采访中强调了企业贡献社会的重要意义。

> 要从社会化做起——感同身受地体会患者的喜怒哀乐。真实的需求来自隐性知识，它是无法言传的。我们只能和患者待在一起，和他们同喜同悲，感受他们的感受。这些感受深深地触动了我们，让我们禁不住流泪。彼时彼地，我们理解了患者真正需要什么，一心想为他们做些什么。这就是我们工作的动力[42]。

内藤坚信，这样的动力必将带来创新。因此，他要求卫材遍布全球各地的 10 000 名员工每年至少要和患者共度两天半的时间。内藤提出："无论我们讲多少遍，员工都无法真正地理解，他们必须实地走访患者。耳听为虚，眼见为实。[43]"

有人问过内藤晴夫：卫材公司开发出下一代主动式药物根治阿尔茨海默病的可能性有多大？内藤回答："我希望在有生之年见到这一幕。"他经常对员工说："请趁我活着时给我吃药，而不是把它放在我的墓碑前。[44]"在内藤看来，这个目标的实现只是时间问题。

本章提要

本章通过 3 个案例说明了知识创造与知识实践模型的作用：日本航空的惊人逆转、禧玛诺 60 年的成功实践和卫材抗击失智症药物研制成果。希望我们描述的多轮次 SECI 过程能够帮助读者更好地理解这一章提出的两个知识创造和知识实践的概念模型，也就是升级版本的 SECI 模型和 SECI 螺旋模型。

关于知识创造与知识实践，我们对 3 家企业的观察可以总结如下。

• 随着时间的推移，知识会反复不断地被创造、扩展和实施。

• 因此，每一轮 SECI 过程完成时，知识库都会水平地扩展。

• 随着知识库的水平扩展，组织内部越来越多的人参与到知识创造和实践中来，打破了职能边界、部门边界和单位边界。

• 除此之外，在 SECI 进入下一个轮次的同时，知识会沿着本体论维度螺旋式上升。

- 知识库因此随着时间纵向扩展。

- 随着知识库的纵向扩展，日益壮大的"交互社区"会把从个人创造和实践中得来的知识不断向外扩张。这个社区跨越了组织内部和组织之间的边界，把知识扩展到社区层面和社会层面。

- 当一个本体论层面创造的知识向上运动，进入更高的本体论层面时，比如从组织层面进入社区层面，知识实践的规模和质量都会得到提高，进而带来更多的行动。

- 为了实现知识的螺旋式上升，组织离不开由知识实践者组成的社区，这个社区要始终对新来者敞开大门。

- 在这个开放式知识实践者社区中，人们通过"主体间"关系相互联系，分享彼此的感受、情绪和看法，通过直觉理解各种情境。

- 通过主体间关系相互联系的知识实践者社区会产生持续不断的创新，让组织变得更富有韧性。

- 对于知识创造与实践型企业的领导者来说，其职责在于支持信念、理念和价值观，同时还要创造环境，让人们受到激励、获得安全感、自由地表达和分享他们的知识。

- 为了促使知识的螺旋式上升，还要帮助知识实践者社区树立"更崇高的理想"。

- 因此，实践智慧是 SECI 螺旋的驱动力量。

- 实践智慧追求的是所有人的"共同利益"，而不仅仅是狭隘的组织利益。

- 在很多企业中，SECI 向上运动的阻碍，也就是前文提到的

"SECI 困境"综合征的症结，是缺乏驱动力量的实践智慧。

- SECI 螺旋过程描述了组织不懈地自我革新的过程。其最终目标是"把理想的未来变成现实"，而不是简单地应付环境的种种变化。

- 卫材公司理想的未来是：杉本八郎见到母亲时，母亲认得出他来。杉本八郎是卫材公司负责安理申开发的首席研究员。

本书的第一部分到此为止。这部分讲的是《创造知识的企业》出版 25 年以来，我们思想和研究的发展与演进。我们在原有的模型中加入了本体论维度，加深了原有的理论基础。我们还在知识之上叠加了智慧，拓宽了原有的理论基础。想要施展"良策善举"，仅有知识是不够的，它还缺少关键的一环——实践智慧。

进入第二部分，我们会把重点从理论转向实践，用 6 章的篇幅分别讨论 6 种领导力实践。这 6 种实践是智慧型领导者的重要特征：

- 为善之大者（第四章）
- 抓住本质（第五章）
- 创造"场"（第六章）
- 传达本质（第七章）
- 善用"政治"的力量（第八章）
- 在他人身上培养实践智慧（第九章）

重中之重是把这些实践培养成习惯，在更多人身上培育实践智慧，让知识创造和知识实践随着时间逐步改善。然而，正如我们将在第二部分中看到的那样，拥有实践智慧的领导者并不好当。美国哲学家威尔·杜兰特 [①]（Will Durant）曾经这样描述康德对科学和智慧的看法："科学是有组织的知识，智慧是有组织的生活。[45]"本书关注的是康德说的后半句。

[①] 美国作家、历史学家、哲学家，系《世界文明史》（*The Story of Civilization*）和《哲学的故事》（*The Story of Philosophy*）作者。——译者注

第二部分

智慧型企业的 6 种领导力实践

为善之大者

智慧型领导者谋求的是企业和社会的利益，

而不仅仅是股东的收益

:
:

每位领导者都要在持续不断的运动变化中做出决策、开展行动。智慧型领导者更是如此。不同之处在于，智慧型领导者的目光更高远，他们还要为社会谋福利。我们认为，智慧型领导者心怀天下，具备道德目标。这和马克斯·韦伯的观点非常相似。韦伯把现代资本主义的崛起与新教精神联系起来[1]。企业家是资本主义者，他们要实现企业的盈利和股东价值的最大化。也就是说，为企业乃至全人类谋利益是企业家的分内之事。

很显然，本田公务机的案例就是把韦伯的理论诉诸实践的证明。本书第一章讨论过本田公务机的案例：无论环境如何变化，本田飞机公司的领导者藤野道格做出的每一项决策和他采取的每一项行动无不反映了崇高的目标。他要通过创新把人类出行推向前进。这不仅是为了本公司的一己之利，更是为了全社会的共同利益。

藤野的愿望非常明确：减少高管的空中旅行时间，让他们有更多的时间陪伴家人。把世界变得更美好，这就是藤野设想的未来。因为常年生活在美国，切身感受了美国的文化和生活方式，藤野发现，在美国这样一个地域辽阔的国家里，人们迫切需要小型飞机和支线机场。他想通过改变高管的出行方式来改变人们的生活方式。而开发出一种既快又省油的小型飞机可以把这个想法变成现实。

藤野既做到了身体力行，又非常擅长宣传动员。他通过崇高的理想激励开发团队的每一位成员：要为整个行业和全社会做贡献。为此，他鼓励辛勤的工作、向团队成员解释自己的愿景（藤野称这一愿景为"大局"）、不断引导和教育下属、授予团队成员充分的自主权。借用稻盛和夫的话来评价，藤野确实做到了"利他心"。究其实质，培育他人的实践智慧属于一种道德行为。我们对此深以为然。

第三章里卫材的案例告诉我们，智慧型领导者怀抱更高的抱负。他们不断扩大知识实践者社区，把道德判断落到实处。这一切始于杉本八郎博士。失智症夺走了他的母亲，他立志把自己的一生投入新药研发工作中，誓要战胜阿尔茨海默病。1983 年，卫材公司正式上马了安理申项目。

一年之后，内藤晴夫成为樱冈研究实验室负责人。杉本八郎当时是樱冈一个研究小组的组长，领导着 12 名科学家。1988 年，内藤晴夫升任卫材公司首席执行官——他现在依然是卫材的首席执行官。内藤为卫材制定了新的使命宣言——"戮力创新"；他还确立了新的企业理念——"关心人类健康"。在新的宣言和理念的指引下，卫材的科学家开始花时间和失智症患者及家属共处，更好地理解他们的需求和感受。内藤还成立了一个特别任务小组，由 42 位安理申区域经理组成，在全日本寻找失智症患者。

2010 年 11 月，安理申专利到期。从那时开始，为了战胜失智症，卫材增加了"对创新的投入"。这家公司不断地扩大知识实践者社区，研究开发专业诊断工具，专门聚焦失智症和癌症的治疗，与美国渤健公司签订了合作开发和商业应用协议。内藤晴夫心中有个崇高的目标：开发一种新药，彻底治愈阿尔茨海默病。这是一个巨大的挑战，也是值得追求的道德行为。

追求大善，使之成为生活之道

把这 6 种智慧型领导实践培养成组织习惯殊非易事。但是，如果企业创始人开创了智慧型领导的先河，尤其当创始人的做法涉及对善的判断时，组织会更容易接受这些实践并将它们转化为习惯。有两位商业帝国的缔造者堪称智慧型领导实践的楷模。他们把追求社会利益当作生活之道，带领企业走向了全世界。他们中的一位来自 20 世纪，另一位来自 21 世纪。

第一位帝国缔造者是 YKK 集团的创始人吉田忠雄（Tadao Yoshida）。YKK 集团是世界领先的拉链制造企业。第二位是迅销集团的创始人兼首席执行官柳井正（Tadashi Yanai）[2]。迅销是日本增长最快的服装品牌——优衣库（UNIQLO）的母公司。

YKK 成立于 1934 年。此后不久，吉田忠雄就提出了"善之巡环"（Cycle of Goodness）[①]的理念。吉田在 20 岁时进入一家陶瓷厂工作。1933 年，工厂破产。吉田接手了这家工厂，包括它生产拉链的分厂。就这样，25 岁的吉田忠雄进入了拉链行业。这段经历教给吉田一个重要的道理：只有和社会共存共荣，企业才有可能生存下去。

吉田忠雄笃信，"唯有考虑他人的利益，才会有自身的繁荣"。这和"善之巡环"的理念紧密相连。吉田认为，只有在"三方"共享利益时，企业存在的价值才能被社会认可。这里的"三方"指的是消费者、合作伙伴（包括供应商和经销商）和员工。吉田忠雄指出，"善之巡环"的理念能为顾客带来高价值的产品，能让供应商和经销商财源广进，能为员工带来格外丰厚的工资和奖金。利润并不是企业的终极追求，只是回报辛勤的利润创造者的副产品。

在日文中，"巡环"（cycle）指的是投石入水引起的涟漪。虽然 YKK 并不是一家上市企业，但它的"善之巡环"起始于股东。YKK 的多数股份由员工持有，其余股份由业务合作伙伴和客户持有[3]。吉田说过，股东是"和公司休戚与共的人：他们支持公司，和我们共享喜悦、同担风雨"[4]。他期

[①] 为 YKK 特有的企业精神。——编者注

望股东（例如合作伙伴和客户）能够和管理者同呼吸、共命运，共同关心 YKK 的未来。因此，在公司赚钱的时候，理应由"三方"共享红利。

众所周知，吉田忠雄极度推崇辛勤工作，对员工的要求极高。他有一句名言广为流传："我不喜欢不劳而获的人，无论他多么聪明过人。[5]"尽管如此，吉田并不信奉自上而下的层级式管理，他推崇的是"森林式"的组织架构，大家共同成长。"森林"的比喻可以帮助人们理解他的想法："YKK 是一个森林式组织。人人心手相连，共同成长。我们每个人——包括刚进入公司的员工，也包括像我这样的老兵——共同创造了 YKK 这片大森林。每个人都是公司的管理者；每个人也都是劳动者；人人平起平坐，大家都是同事。[6]"

在吉田眼中，员工是"巡环"的核心。他鼓励员工投资一部分工资和奖金购买公司的股份。只要这些投资盈利，员工就会得到分红。如此一来，公司和员工之间形成了一种现金流动的良性循环。这样就与顾客和业务合作伙伴形成了一种更大的"巡环"。员工努力工作，用更低的成本打造更好的产品，为顾客和业务合作伙伴增加价值，提高产品的需求和营利性。一旦建立起这种良性循环，顾客和业务伙伴就会像股东一样受益。不仅如此，这个"涟漪"并非到此为止。它还会进一步催生更大的税收贡献，更好地支持社区服务。当繁荣的涟漪回归到 YKK 时，它会带来更高的收入和利润，反过来造福股东。

也许有的人会认为，这未免太过于理想化了。也许是的，但是如果企业丢掉了理想主义，它就不可能创造出崭新的未来。这也是本书反复强调的一点。早在成立初期，YKK 公司就是通过创造新的未来帮助自己生存下来的。从那时起，这家公司就始终与社会共存共荣。服装行业把拉链视为不起眼的配件、一种小商品和纽扣的替代品、一种静止不变的"物件"。而吉田重新定义了拉链，把它变成了物事的开与合。吉田把拉链从名词变成了动词，开创了"开与合"的崭新未来。

另一位楷模是柳井正。他关于理想主义、未来和社会利益的思想与吉田忠雄遥相呼应。柳井正最近的著作——《经营者养成笔记》（*Notes on Becoming a Business Leader*）——原本是写给公司员工的，后来在 2015 年公开出版。他在书中提出了以下观点。

> 希望诸位都能成为领导者，珍爱理想，对未来充满希望，要把理想和希望化作管理的一部分。如果诸位都能推动公司朝着自己的理想前进，并为此努力奋斗；如果诸位都能珍惜每一寸光阴，就好像今天是生命的最后一天一样；如果大家都能像真正的领导者那样，把责任心倾注到自己的事业中来，那么这个世界必将在我们手中变得更加美好。我对此深信不疑[7]。

柳井正希望"改变服装，改变常识，改变世界"，创造一个更加美好的未来世界。"改变服装，改变常识，改变世界"是迅销集团企业使命的简略版本。在 2016 年的一次讲话中，柳井正向在座的 4 000 名听众提出了这样的问题[8]："我们为什么而存在？"他接下来给出了自己的答案："实现服装的民主化"，这就是柳井正的崇高理想。下面是柳井正那次讲话的精华。

> 我们的奋斗目标是实现服装的民主化。做到这一点，我们就能立足日本，改变世界，让世界朝着更好的方向发展。怎么理解我的话呢？在西方，着装曾经是等级和阶层的体现，或者是人们在军队、政府、贵族阶层和企业中身份的体现。这就是我们商人常常要穿上套装、

系上领带的原因。商人们甚至一度需要佩戴礼帽，才算得上衣装得体。这就是为什么西方的服装行业非要因循僵化古板的规则和传统：什么样的场合穿什么样的衣服。

　　然而，在现代日本，阶层意识早已淡漠。日本根本不存在贵族阶层，我们有的是一个极为庞大的中产阶层。因此，在日本打造一种普遍适用的服装相对容易。于是，优衣库应运而生了。我们的服装采用全球最先进的科技和面料、具有上乘的贴身性、我们的定价亲民，并且能够及时、快捷地通过大批量分销的形式把产品送到消费者手上。尽管优衣库并不是一开始就开在每个人身边，但它为所有人提供了高附加值的日常服装。这正是我们"LifeWear 服适人生"和"造服于人"（Made For All）理念的真义。除了我们，试问有谁能在如此广大的程度上实现服装的民主化？只有我们！这就是我们的使命 9。

柳井正在书中指出，"一家企业，它越是把贡献社会当作自己的使命，社会越会对它因追求使命而产生的产品、服务和经营风格做出积极的反应"。他认为，"如果一家企业始终如一地做正确的事，社会不仅会容许它的存在，还会热情地欢迎它，为它加油鼓气。这最终也会反映在企业的盈亏底线上" 10。

因此，柳井正指出，企业需要盈利，但是，只有在盈利的同时贡献社会的企业才能最终存活下来。这并不意味着盈利压倒一切，也不代表只要持续盈利，其他什么都好办。也就是说，赚钱不再是企业领导者的唯一目标。

　　以盈利为唯一目标的企业是无法长久的。归根结底，只有那些从创办之日起就在贡献社会的企业才能得到社会的认可，社会才会容许它们的存在。这就是公众的力量。换句话说，如果企业不能在某些方面造福社会，社会就会迅速抛弃它。这个世界就是如此残酷。说到严苛，社会丝毫不比顾客逊色。

营利性是企业的关键要素，但它只能是实现目的的手段，不能成为目的本身。归根结底，企业的最终目标必须是帮助人们生活得更幸福。这是企业必须戮力完成的使命……你如果只是一味地贪财图利，反而无法得到它[11]。

为了加强"与社会的一致性"，迅销集团开展了一系列企业社会责任项目[12]。2001 年，优衣库推出了"全商品回收再利用项目"（The All-Product Recycling Initiative）。这个项目最早仅限于"毛绒产品回收计划"（Fleece Recycling Program），随后扩大到日本所有优衣库门店的所有产品。2011 年，这个项目进一步扩展到所有的优衣库海外门店。迅销旗下的快时尚服装品牌 GU（极优）也在 2010 年加入了这个项目。截至 2015 年，迅销集团在全球 15 个国家累计回收了 1 000 万件衣物，捐给了 53 个国家的难民和流离失所的人们。2015 年 9 月，迅销推出了"捐献 1 000 万件衣物"（10 Million Ways to HELP）计划。这个计划是"全商品回收再利用项目"的延伸。迅销与联合国难民署（United Nations High Commissioner for Refugees，UNHCR）合作，每年捐献 1 000 万件二手衣物。柳井正表示，"这还远远不够，全世界的难民和流离失所者多达 6 000 万人"[13]。

迅销集团的第 2 个社会项目同样开始于 2001 年，主要致力于推动残障人士就业。这家公司的目标是每家门店至少雇用一位残障人士[14]。截至 2016 年，在全日本的 800 家优衣库门店中，有九成实现了或者超越了这希望日本的年轻人能尽可能多地接受美国大学的传统式通识教育（Liberal Arts Education），因为这正是日本高等教育系统欠缺的。柳井正宣布，他不会为奖学金设置任何附带条件，而且他会亲自面试每一位申请人。仿佛在一夜之间，日本获得美国大学奖学金的人数变成了过去的 3 倍。这是柳井正捐助的直接成果。这个项目在日本渴望留学美国的年轻俊杰中引发了不小的轰动。不仅如此，它也许还会促使日本政府改革陈腐落伍的高等教育体系——日本政府早就该这样做了 [16]。亡羊补牢，未为晚也。

做出明智的判断，在"此时此地"采取行动

2011 年 3 月 11 日，日本东半部地区北部遭受了三重灾难的毁灭性打击：地震、海啸、核泄漏。在人类近年的历史上，再没有比这更不可预测、更混乱不堪的大灾难了。当这场被称为"3·11 日本地震"的灾难从天而降时，在整个日本东半部地区的几家公司及时做出了"此时此地"式的快速决策和行动，其中还包括几家非日本企业 [17]。

上一章指出，知识创造 / 知识实践的螺旋式上升是由实践智慧推动的。实践智慧就是人们在价值观、原则和道德的指引下，为了公众的利益及时做出决断、采取行动。以此为背景，我们通过案例研究两位决策和行动果断的智慧型领导者。第一个案例的主人公是渡边博美，时任福岛养乐多公司的首席执行官。这家企业是日本养乐多株式会社（Yakult Honsha）旗下的独立区域销售公司。养乐多是一家成立于 1935 年的私营企业，主要生产和销售益生菌饮料。它的益生菌饮料畅销各个国家和地区，平均每天卖出 4 000 万瓶。每瓶养乐多含有的几十亿个活"好"细菌 [18] 会打败"坏"细菌，保证人类消化系统的平衡运转。养乐多被一些老用户当作预防药物使

用——健康的肠道带来长寿的人生，而且它一点也不贵。

日本有 56% 的养乐多是通过专门的家庭配送系统销售的，它就是人们熟悉的"养乐多妈妈"（Yakult Ladies）网络；其余的 44% 是通过零售商直接销售的（在福岛地区，养乐多的销售更多地依赖"养乐多妈妈"网络，约占 73%）。养乐多妈妈是经过培训的妇女，她们大多数是家里有婴儿或者孩子还小的妇女。她们一边照顾孩子，一边全职或者兼职从事配送工作。按照事先划定的区域，养乐多妈妈们使用特制的配送车辆，把包装好的益生菌饮料送到顾客的家门口。她们会在清晨带着孩子来上班，把孩子留在配送中心的托儿所里，然后挨家挨户送货。养乐多妈妈们会在中午返回中心开会，分享送货经验和街坊四邻的消息。吃过午餐后，她们会继续送货。兼职养乐多妈妈下午 2 点到 3 点工作，全职养乐多妈妈会一直工作到下午 5 点。

当"3·11 日本地震"席卷日本时，大约有 150 名员工和 400 位养乐多妈妈正在福岛养乐多的 22 个配送中心工作。她们向首席执行官渡边哭诉了自己的悲痛和绝望：福岛已经被彻底摧毁了，整个地区看不到一丝恢复的希望；每个人都想逃离灾区，公司很快就会失去所有的顾客；整个地区所有的员工都会失去工作；停水断电、缺衣少食，人们根本无法维持身体和精神的健康。当时，"3·11 日本地震"的余波还未平息。听完这些话，渡边当即表示："福岛养乐多会想尽一切办法保障大家的工作；我们会把健康和关心送给受灾群众。就算用光公司所有的现金和物资，也要竭尽全力地重建家园。"

在"3·11 日本地震"之后的两个星期里，渡边一共遇到了四大难题[19]。第一大难题出现在灾难发生的第二天，也就是 2011 年 3 月 12 日："公司应该在多大程度上保全员工和养乐多妈妈？"在此之前，他的首席财务官已经发出过预警："公司已经折损了三成的市场，应该减少工作人员的数量。只要一个星期左右，政府的应急援助就能发到员工的手上。[20]"合规专员也强调："我们必须等食品卫生法的严格审查过后，才能知道各个配送中心是不是符合卫生管理规定。"

渡边并未过多理会这些警告，而是当机立断地做出了三项决定：

1. 从公司保险库中提取现金，给每位员工和养乐多妈妈发放 300 美元现金——由于灾情的影响，银行已经完全关闭了；

2. 把配送中心改造成员工和养乐多妈妈的临时家庭避难所；

3. 确保那些被迫从家中疏散的养乐多妈妈的工作岗位。保证她们可以自由选择公司的任意一家配送中心上班。

2011 年 3 月 14 日，渡边遇到了下一道难题："送什么？"库存的养乐多产品早已消耗殆尽，养乐多妈妈手上已经没有益生菌饮料可送了。这时，一些养乐多妈妈开始为自己的顾客送去饮用水和方便面。她们对顾客说："这些都是免费的。我也在灾难中失去了亲人，我能理解你的心情。另外，免费送你这些东西是我自己的主意，并没有得到公司的允许。"渡边听说了这件事，立刻宣布："敬爱的养乐多妈妈，你们听到了公司使命（为建设和巩固社区健康做出贡献）的召唤。你们做得太对了，请继续把清水、方便面和温暖的爱心送给我们的顾客，还有那些栖身避难所的灾民吧。这是当下最要紧的健康产品和服务。一切免费！"

一个星期过去了，渡边遇到了新的难题：要不要暂停公司的运转，直到整个区域恢复生产时再开张？他知道，养乐多最快也要 3 月底或 4 月初才能恢复正常生产。他的首席财务官再次提醒：如果继续运转下去，公司会在原本资金短缺的情况下不断流失现金，相当于已经失血过多的人不断地流血。高管团队也提出建议：应当立即停止公司运营，因为只有这样，员工和销售人员们才能向政府申领赔偿。

渡边不这样看。他不仅决定继续日本东半部地区的运营，还要求员工全力以赴地做好运营工作。提到当初的决定，他说："我们没有强迫员工和养乐多妈妈继续工作。毕竟，照顾好家人才是她们的首要任务。但我们会让办公室和配送中心保持开放。这样一来，那些想为顾客送去清水和消息的员工与养乐多妈妈也能够获得应有的支持。我认为，当时损失些钱并不要紧，不到 3 年我们就能赚回来。可是，如果没有及时解决顾客的燃眉之急，大难临头时失去了人心，可能就再也没办法赢得大家的信任了。"

第四个挑战——也是最后一个挑战——发生在 2011 年 3 月 25 日："要不要给养乐多妈妈发工资？"公司的库存现金已经接近清零了，而且几乎不可能从银行获得贷款。但是，甚至连公司的首席财务官都认为，养乐多妈妈们奉献自己、服务顾客，她们必须得到工资回报。渡边当然表示同意。2011 年 3 月，福岛养乐多公司为养乐多妈妈支付了 2 月工资的 80%，并就延迟发放剩余工资达成了一致。公司执行委员会一致同意：务必留住所有的养乐多妈妈。因为她们在服务社区和顾客的工作中发挥着至关重要的作用。

3 月底，养乐多恢复了产品配送，当月的销售情况极为惨淡。然而，福岛养乐多仅仅用了 5 个月的时间就回归了上一年同期的销售水平。2011 年 12 月，福岛养乐多获得了养乐多总部颁发的杰出市场奖。渡边把所有的成绩归功于"养乐多妈妈"们。是她们把灾难当作命令，不等不靠，主动完成工作，始终把顾客放在第一位。最重要的是，她们没有在灾难面前临阵退缩。直到现在，他还清楚地记得，当时有一位销售员告诉他："我如果现在就辞职，能从政府得到一笔可观的失业保险金。但是，我如果这样做的话，就不能去看望我的顾客了。他们现在特别需要帮助。"在渡边的心中，"养乐多妈妈"才是毋庸置疑的智慧型领导者。

雅玛多（Yamato Transport）的故事和养乐多的故事相差无几。雅玛多是日本的物流服务领军企业，也是我们要说的第二个例子。雅玛多的配送系统在日文中被称为"宅急便"（Takkyubin）。它早已成为快递服务的通称，成了日本社会生活的一部分。从食物到高尔夫球杆，再到滑雪装备，宅急便几乎为日本人民配送着一切。雅玛多公司成立于1919年，其企业标识是一只黑猫，小心翼翼地叼着一只小猫宝宝。经过多年的发展，雅玛多已经成长为日本最大的物流企业，员工数量达到17万。雅玛多的一线员工团队由运营司机（Sales Drivers）组成。他们不是从卡车司机中招募而来的，也不是拥有物流从业背景的人员。雅玛多主要招募拥有酒店管家式性格的候选人，再把他们培训成为运营司机。运营司机会花时间认识自己的社区，帮助社区居民出谋划策，最大限度地满足客户的各种需求。

当"3·11日本地震"大难来临时，位于日本宫城县的雅玛多石卷中心（Ishinomaki Center）受损严重，办公室连续几天无法与总部取得联系。终于，当联系恢复的那一刻，东日本地区大约1万名雅玛多员工收到了时任首席执行官木川真（Makoto Kigawa）的指示，这是一条简明扼要的指示："大灾当前，尽施援手。毋以利益为念。"这实在是一句睿智而大胆的宣言，鲜有首席执行官具有如此肝胆。

木川认为，公司必须尽快恢复物流服务，这是雅玛多的社会使命。石卷市的海堤早在 3 月 11 日当天就已决口，包裹递送中心早已被损毁殆尽，道路变成一片泽国，送货成了极大的冒险。尽管如此，这家公司在地震之后连续营业了整整 10 天。海啸中幸存下来的运营司机纷纷请求石卷中心负责人横山正男（Masanao Yokoyama）批准他们继续工作。他们要把最紧缺的物资，比如食物和衣服，送到受灾群众的手上——他们成了受灾群众的生命线。

3 月 11 日当天，中心负责人横山一直在等待最后 20 名运营司机返回。苦等不来，他开上一辆汽车，四处搜寻。他被狂暴的海啸卷走了，又奋力游了回来。过了几天，水位开始慢慢下降。他返回了公司，继续搜寻唯一一名仍然失联的司机。直到最后得知那位司机已经在大水中不幸遇难，他才停下来。他受到了幸存司机们的鼓舞，决定实施 2 名司机驾驶 1 辆卡车的配送方式，继续送货。因为通信还未恢复，这个决定是横山自己做出的。

地震之后的第 20 天，雅玛多石卷中心重新开放营业了——它是该城第一家恢复营业的物流企业。3 月 23 日，雅玛多正式开始"应急救援运输保障"计划。这家公司为此成立了一个专门组织，配备了 200 辆卡车和500 名工作人员，义务运送大量涌入该地区的救灾物资。日本东半部地区的运营司机本身也是灾民，他们把救灾物资义务送到了每一个疏散中心。按照原本的计划，这一应急举措一共只需要运行 2 个星期，但它实际上持续了整整 8 个月，直到所有的疏散群众得到了安置，当地政府明确表示不再需要雅玛多的支持为止。

一线员工的行动让木川备感自豪。他看到公司创始人小仓康臣（Yasuomi Ogura）在 1919 年确立的社训被员工们身体力行地运用到了工作中，这让他深受感动。直到今天，雅玛多的员工每天清晨依然要背诵下面的社训——总部和全日本所有的分公司都是如此。

- 雅玛多即我，我即雅玛多。
- 运送行为是委托人意志的延续。
- 坚定服务思想，注重礼节。

4月7日，木川宣布了一项雄心勃勃的捐助计划：雅玛多将从公司承运（日本境内的）的每一单里捐出10日元。雅玛多预计，捐助总金额为130亿~140亿日元，约占公司年度净利润的40%。对一家上市公司来说，这不能不说是一次大手笔。但在木川看来，这是正确的事，非要做到不可。木川明白，为了获得股东的同意，他要保证这笔捐赠做到免税、透明、造福大众——比如，重建东日本灾区的基础设施、帮助当地重振工业等。

根据日本法律的规定，为了获得免税待遇，雅玛多要么把钱捐给红十字会，要么捐给灾区政府。但是，这两种方式都无法保证木川想要的透明度。如果捐给其他机构，雅玛多最高只能获得22亿日元的免税额度；超出部分要按照50%的比例纳税。也就是说，如果雅玛多要捐赠140亿日元，一共需要缴纳50亿日元税金。为了避免这种情况的发生，木川披挂上阵，与势力强大的日本财务省展开了谈判。一个半月的艰苦谈判之后，雅玛多终于获得了财务省的特别批准[21]。这来得太及时了，因为此时距离2011年6月雅玛多年度股东大会的召开只剩下3天的时间了。

木川以为，捐款项目必定在股东大会上遭到强烈的抵制。雅玛多的股东主要由机构投资者（60%）、境外投资者（30%）和个人投资者（10%）组成。此前，雅玛多的投资者关系部门已经与国内外的机构股东举行过几次会谈，取得了它们的谅解，并在股东大会召开之前取得了这些股东的同意。木川主要担心的是个人投资者，他们可能会怎样表态？这让木川心里没底。毕竟，除了股东大会之外，公司并没有像样的机会与个人投资者沟通。2011 年 6 月 27 日到了，股东大会如期召开。木川面前坐着几百位个人投资者。他首先解释了雅玛多为东日本灾区重建捐款的决定。接下来，木川请参会的股东对此表态。片刻的静默过后，木川真得到了他最期望的反应：全场经久不息的掌声。

雅玛多的捐款活动持续了整整一年，募得善款 140 多亿日元，为多个灾区振兴项目提供了资金支持。木川认为，对灾后重建而言，这个捐款项目只是聊尽微薄之力，但它对雅玛多可谓意义深远，因为它践行了公司创始人在 1919 年订立的社训："我即雅玛多。"公司 17 万名员工，包括总部员工还有分部员工，17 万个我即 17 万个雅玛多。人人都能理解受灾群众的"心意"，都能通过这个项目表达对顾客的"礼节"。即使"3 · 11 日本地震"带来的灾难再深再重，雅玛多的努力依然让我们看到了光亮，看到企业能为社会做出怎样的贡献、创造怎样的大善。

实践技能培养：对善的判断

智慧型领导者有多种方法培养和训练对善的判断。第一种方法是经验，尤其是来自困境和失败的经验与教训。回想本田宗一郎的故事，听到自己的工程师说明开发新型引擎的动机时（保护自己的孩子，免受有害排放的影响），他感到无地自容，决意退休。就在那一刻、就在那个场合，本田宗一郎意识到，自己的目标（击败竞争对手）是错的，而工程师们的目标

（为社会谋福利）是对的。

迅销集团的柳井正是本田宗一郎的崇拜者。他常常提醒自己，也常常和别人谈起，自己在尝到成功果实之前经历过怎样的九九八十一难：他刚当上总裁，7 名员工就走了 6 个；在荒郊野外独立支撑一家店铺；贷款申请被银行拒绝；被财大气粗的批发商支配得团团转；花了 30 年的时间才在东京开了第一家店；在 3 年的时间里，他的店面不得不与蔬菜水果市场为邻；无数次濒临破产；在已经指定继任者的情况下，两次被迫出山。他没有因为过去的失败感到羞耻，反而自豪地把自己的第一本书命名为《一胜九败》。书名的灵感来自本田宗一郎的口头禅，"不为 99 次失败气馁，一心为第 100 次成功努力"。

虽然人们通常不记得，但是沃尔特·迪斯尼（Walt Disney）在创业初期同样经历过类似的挫败[22]。1922 年，沃尔特成立了欢笑动画公司（Laugh-O-Grams），这家公司只运营了一年即告破产。1923 年，就在沃尔特和他的哥哥罗伊（Roy）成立迪士尼兄弟工作室后不久，他失去了幸运兔奥斯华（Oswald, the Lucky Rabbit）的版权。幸运兔是沃尔特的原创之一，是走进千家万户的热门动画形象。迪士尼的第一款米老鼠产品是一种儿童铅笔写字板。1929 年，财务上捉襟见肘的沃尔特以 300 美元的低价把它卖给了一名商人。授权协议是在一家酒店的大堂里匆忙签署的。20 世纪 30 年代末，迪士尼的一些动画电影原声音乐，比如"嗨呦"（Heigh-Ho）[①]，成了蜚声国际的热门歌曲。沃尔特却把它们的版权免费送给了唱片公司，用来换取电影原声音乐的发行。到了 1955 年，迪士尼乐园开张，沃尔特被迫把利润

---

① 迪士尼公司 1937 年影片《白雪公主和七个小矮人》中的合唱插曲。《白雪公主和七个小矮人》是电影史上第一部彩色动画长片。——译者注

丰厚的园区餐饮和商品特许经营权转让给合作伙伴，如此长达几年的时间。迪士尼还与雷电华电影公司（RKO）签订了发行协议。后者不仅获得了迪士尼电影在美国的发行权，还取得了海外市场的发行权。迪士尼公司最终回购了这些原本属于自己的权利，收复了更多的控制权，并获得了更高的收入。这些经历告诉沃尔特·迪斯尼：如果你的目标是为观众带来欢乐，就永远不要放弃控制权，而是要加倍珍视它。

与此类似，沃尔玛的创始人山姆·沃尔顿（Sam Walton）也是从一连串的失败中突出重围的[23]。在成立沃尔玛之前，山姆在阿肯色州的纽波特市（Newport）开了一家非常成功的本·富兰克林商店①。但是，5年之后，房东拒绝与他续订租约。实际上，山姆被迫把这家店转让给了房东的儿子。1962年，山姆邀请大卫·格拉斯（David Glass）②出席他在美国阿肯色州哈里森市（Harrison）第2家沃尔玛商店的开业典礼。格拉斯对山姆说，也许他应该找些别的事做。格拉斯是山姆物色的接班人选之一，他曾说过这样的话。

> 那是我见过的最恐怖的零售商场。山姆买来了好几卡车西瓜，它们就堆在人行道边上。他的停车场里还停着好几辆驴车。那天的温度足有115度（华氏度，约等于46摄氏度），西瓜开始一个接一个地炸

---

① 即 Ben Franklin Store，遍布美国的加盟连锁商店，主要销售廉价杂货和手工艺品。该连锁商店成立于 1927 年，现在归美国威斯康星州的 Promotions Unlimited 公司所有。这家商店使用本杰明·富兰克林的名字来命名，主要由于富兰克林说过的一句名言："省下一分钱，就等于赚到一分钱。"（A penny saved is a penny earned.）——译者注

② 美国商人、沃尔玛第二任掌门人。1976 年加入沃尔玛，1988 年成为沃尔玛首席执行官，2000 年卸任。格拉斯还是美国职棒联盟（MLB）球队堪萨斯皇家队（Kansas City Royals）的所有者和首席执行官。——译者注

开；驴子们开始做驴子最喜欢做的事。各种气味混杂在一起，飘满了整个停车场。当你走进商店时，你会发现，里面也没比外面好到哪里去。山姆是个大好人，可我还是拒绝了他。因为那场面太糟糕了。

就在那一刻、就在那个热闹的开业典礼上，山姆意识到，格拉斯正是接替他的理想人选。沃尔玛需要格拉斯式的首席执行官，他既能确保卓越的运营质量，又能保证天天低价。在成功的商人生涯即将结束时，有人问过山姆，他希望人们如何记住他。山姆的回答很简单："我们提高了人民群众的生活质量，为顾客省下了几十亿美元，与合作伙伴分享了利润。[24]"之后不久，山姆安然辞世。他不仅为美国人民带来了繁荣的生活，也为合作伙伴带来了丰厚的财富。这为山姆带来了内心的平和与宁静。

另一种培养方式是在个人价值观和道德的指导下，把人生经验总结凝练成一条一条的原则；把这些原则写下来，与他人共勉。还记得稻盛和夫为"日航哲学"确立的40条原则吗？它来自稻盛在京瓷工作期间形成的道德和伦理准则。稻盛把它们印制成册，分发给每一位日航员工，要求他们随身携带这本白色小册子。除此之外，日航员工每年要参加4次"日航哲学"学习班。不同背景的员工们聚在一起，讨论如何把"日航哲学"用在各自的工作当中、如何与他人分享成功经验。

早在京瓷工作期间，稻盛和夫发现，儿时来自师长的教诲至关重要。它构成了人们基本的处世原则，指导我们分辨对错、区分正确和错误的行为、把可以做的和不可以做的事分开。"我们要遵循的就是这些最基本的道德标准，也就是我们儿时学到的准则——要诚实、不要撒谎、不要骗人、不能贪心等。我们需要重新审视它们的含义，并把它们用在行动中。[25]"稻盛把这些准则（有人叫它"妈妈的智慧"）运用到了商业经营中。稻盛说过 [26]，"我始终相信，生活也好，经商也好，我们应该遵循同样的真理和原则。只要按照这些原则行事，我们就不会偏离太远。这是一个非常简单的道理"。

和稻盛一样，迅销集团的柳井正也确立了"23 条经营原则"。这些原则反映了柳井最重要的人生经验。其中的前 7 条是他在 27 岁时确立的，以后逐年增加，最终成为现在的模样。他把这些原则称为公司的"灵魂"："它是公司最关键的立足之本，是一切工作的判定标准，是公司的灵魂。生命最弥足珍贵的就是灵魂。无论是企业还是个人，如果没有了灵魂，充其量只是一具空壳而已。[27]"

柳井正的第一条原则是"经营要顺应顾客的需求，创造顾客的需求"。它来自柳井 20 世纪 80 年代经营单体店时积累的经验。"要一点一滴地、连续不断地创造自己的拥护者。其实办法很简单，就是比竞争对手做得好一些。"这是他在一次领导干部培训班上说的话。班上的学员不仅要认真学习柳井正的 23 条经营原则，还要高声朗诵这些原则 [28]。

第二条原则是"经营要不断落实好的想法，发挥企业的社会影响力，为社会变革做出贡献"。柳井正始终坚信，企业就是为了服务社会而存在的。这一点从未改变过。柳井的其他原则同样是为实施善行而确立的。下面摘录的几条可以说明这一点 [29]。

- 要光明正大，赏罚分明，提供彻底的实力主义。
- 必须要求公司的事业和自己的工作达到最高的道德标准。
- 要倡导自我批评、自我变革。

- 要消除人种、国籍、年龄、男女等的所有差别。

　　我们为后代人一字不差地记录下这些原则，这样可以帮助他们更好地运用创始人的智慧。丰田汽车和本田汽车公司也是这样做的。它们分别把创始人的智慧语录编撰成了《丰田模式2001》（*The Toyota Way 2001*）和《本田宗一郎日常谈话录》（*Daily Words of Soichiro Honda*），供本公司内部员工阅读。在查阅这两份文档时，我们曾经承诺不把它们公之于世，因此只能引用两家公司自己的话来略做描述。

　　丰田公司是这样描述《丰田模式2001》的。

　　《丰田模式2001》，丰田内部称其为"绿宝书"（Green Book）。由时任丰田社长张富士夫（Fujio Cho）编撰而成。全书由79条公司领导人的"历史语录"组成，包括创业元老丰田佐吉（Sakichi Toyoda）、丰田喜一郎（Kiichiro Toyoda），也包括后来的丰田英二（Eiji Toyoda）、丰田章一郎（Shoichiro Toyoda）、大野耐一（Taiichi Ohno）、神谷正太郎（Shotaro Kamiya）和奥田硕（Hiroshi Okuda）等。语录原汁原味地复述了公司领导人说过的话。其中的一部分配有注释，主要用来说明当时的背景、时间、地点和谈话对象等[30]。

　　与之类似，本田公司的第6任社长福井威夫（Takeo Fukui）编撰了《本田宗一郎日常谈话录》。福井意识到，自己代表的是曾经有机会直接与创始人本田宗一郎共事的最后一代本田人。福井威夫感到自己有义务、有必要把本田宗一郎说过的话传递给后代员工，帮助他们彼此分享。这本语录被编撰成日历的形式，每天1条语录，每条语录在1年中会出现12次。福并为其中一部分语录撰写了批注，解释了本田宗一郎在发表这些讲话时的想法。

第三种学会判别善恶的方法是不懈地追求卓越。它帮助领导者在具体的环境中分辨什么是值得做的、什么是值得渴望并为之奋斗的。还记得自行车零配件厂商禧玛诺吗？还记得它如何在不同时期不懈地追求卓越吗？从飞轮到冷锻技术，从三速变速器到为山地自行车而生的整体集成系统（STI），从为公路竞赛设计的 Dura-Ace 系统到适用于所有车型的智能数字集成系统（Di2），这个漫长的过程帮助禧玛诺走出了堺市这座小镇。那里曾经星罗棋布地密布着 100 多家自行车零配件企业。禧玛诺是其中唯一一家生存至今的。

不仅如此，禧玛诺还不断地成长壮大，成为全球主导品牌。它对卓越的不断追求推动着全球自行车市场的发展。这不仅让禧玛诺受益，还造福了整个自行车世界，比如自行车厂、自行车商店、赛车手和普通消费者。它实现了本田宗一郎在 1951 年提出的"三个喜悦原则"，即"购买者的喜悦""销售者的喜悦"和"创造者的喜悦"。《本田哲学》手册指出，"我们由衷地相信，要通过三个喜悦响应世界不断变化的需求，为社会带来喜悦，成为社会期待存在的企业"[31]。

追求卓越也是另一家日本汽车厂商的特征，它当然就是丰田汽车。1957 年，丰田公司初次试水美国市场，结果遭遇了一场惨败。为了进军美国市场，丰田制造了两种原型车，它们在日本市场上被称为"丰田宝贝"（Toyopet Crown）。结果，丰田公司发现，"宝贝们"根本无法胜任美国高速公路上的长途驾驶。因为车身过重，发动机在高速状态下无法输出足够的动力。丰田英二——他在 1967 年成为丰田社长——回忆起丰田初涉美国市场时的情形："开始的失败反而激发了我们的决心，一定要造出适合美国市场的汽车……初战不利，我们选择了直面挑战，卷土重来，并且为此付出了双倍的努力。这一次我们成功了……说到底，这样的冒险是值得的"[32]。10 年之后，美国成了丰田公司最大的出口市场，当时出口美国的主力车型是丰田科罗娜（Corona）[33]。

丰田在最初尝试开发混合动力汽车时遭遇了类似的挫败。第一辆丰田普锐斯（Prius）原型车的引擎经常无法正常启动。好不容易启动之后，它只能在测试车道上前进几百码①，就停住不动了。等到它终于跑起来之后，电池组常常会意外断电，因为禁不起太冷，也受不了太热。丰田决定采用一种从未验证过的新技术，并且完全是自主研发的。第一辆普锐斯终于研制成功了，它来自丰田 1 000 多名员工的投入和 10 亿美元的研发费用，还有丰田上下皆知的口号——"改善，改善，再改善"（kaizen, after kaizen, after more kaizen）。1997 年，普锐斯正式上市销售[34]，成为日本乃至全球最畅销的混合动力汽车。

"改善"（kaizen，"改善"的日文发音）是一种习惯：每天减少一点点浪费、提高一点点效率，并长此以往地坚持下去。它同样是一种态度：永远不要满足于现状。"改善"是帮助丰田公司从最初的"丰田宝贝"走向1989 年的雷克萨斯（Lexus）的秘诀。它不仅仅是一种习惯和态度，更是一种健康、积极的危机感。这种危机感植根于每位丰田员工的心中。以普锐斯为例，是"改善"推动了丰田公司的 SECI 过程沿着主体论维度盘旋上升。"如果不能通过汽车技术创新降低环境负担，我们将无法生存下去。[35]"

---

① 1 码 =0.914 4 米。——编者注

实际上，正是同样的危机意识促使现任首席执行官丰田章男投入开发了氢燃料电池汽车。他把这款汽车命名为 MIRAI（来自日语，意为"未来"）。

第四种培养判断力的方法是通晓人文学科[36]，尤其是艺术、文史哲和社会科学。人文学科培养的是这样一种能力：理解不同的观点，把这些观点综合起来，形成解决问题的出路，同时做到总揽全局[37]。彼得·德鲁克说过，管理学属于人文学科，谓之"人"，因为管理关乎实践和应用、关乎人类的活动；谓之"文"，因为管理涉及知识、自我认知、智慧和领导才能的基本原理[38]。

为了把我们提倡的理论运用于实践，我们在东京推出了一个高管人员培训项目。核心课程包括一些哲学家的经典思想，比如亚里士多德、马基雅维利、海德格尔等。从 2008 年起，我们还推出了一个专门的项目，帮助日本企业培养熟练运用实践智慧的领导人才，我们称为"知识论坛"（The Knowledge Forum）。该项目在东京一桥大学的校园里授课，后搬到了毗邻校园的野中知识协会授课。究其实质，"知识论坛"是一个知识"场"，帮助高管人员塑造自身的人格和素养。

在项目的一开始，30 位高管在高尾山（Mount Takao）营地①集中，统一安排团队活动。这里距离东京城区大约一个半小时的车程。在 15 个月的紧张学习生活中，学员要分享各自最引人入胜的人生经验和有关成败的决定性时刻，既可以分享工作经验，也可以分享生活经历。这样可以加强学员之间的共情和共鸣。为了提高对人文学科的理解，学员要和多个学科的教师互动。我们专门邀请了来自哲学、历史、文学、政治科学、军事策略、

---

① 东京都八王子市高尾町，标高 599 米。从东京新宿站搭电车仅需 50 分钟，是最靠近都心的自然区。——译者注

经济学、自然科学等多个领域的学者。为了学习彼得·德鲁克的思想，学员曾专程前往美国加利福尼亚州的克莱蒙特市，走访了德鲁克的故居。彼得在那座毫不起眼的房子里一直住到 2005 年离世（德鲁克夫人还在世时，我们和学员还曾在那里看望过她）。

教师和学生都要为"知识论坛"投入大量的时间。学员们要在 9 个月里频繁地聚在一起，讨论问题，开展各式社交活动，比如喝酒、打高尔夫球、唱卡拉 OK 等。每个月全天面授一次。大家会在课后聚在一个酒吧之类的场所里。这样可以激发学员之间进行更多的探讨和辩论。我们还组织了专门的写作项目。项目正式开始之前，学员们通常会聚在一个远离课堂的地方，用 3 天的时间讨论写作计划。他们要模拟为《哈佛商业评论》投稿，写作主题是"形成全球影响力的日式管理实践"。当然，这些文章并没有真的被投给《哈佛商业评论》。但我们在 2018 年把这些文章集结在一起，出版了一本（日文）文集。

饭岛彰己（Masami Iijima）也是"知识论坛"的学员之一。2009 年，刚刚完成培训后不久，饭岛就被任命为三井物产（Mitsui & Company）社长兼首席执行官。2012 年，饭岛彰己推出了"三井—哈佛商学院全球管理学院"项目（Mitsui-HBS Global Management Academy）。它是专为三井物产及其战略合作伙伴训练中层经理的培训项目。饭岛同样希望自己的管理人员精熟人文学科。他邀请我们讲授有关哲学家的课程。那是他在"知识论坛"就读期间印象最深的一门课。

学员们要在课前阅读柏拉图、亚里士多德、笛卡儿、海德格尔等几人的著作。其中一项课后作业是用一句话概括这些哲学家的思想。每个人要在下次上课之前做好分享这一句话的准备。学员们被分成 6 个小组，每个小组分处环形教室的一个区域。我们会给每个小组一些时间，先在组内达成共识，然后把结论写在白板上。接下来，每个小组轮流阐述对这几位哲学家的一句话总结。从柏拉图开始，对此一位哲学家用一句话总结。指导教师（本书的两位作者野中郁次郎和竹内弘高）负责听完每个小组的发言，给出反馈意见，并宣布哪个小组的总结更加贴近。最后按照几位哲学家的顺序，依次宣布几位获胜者（见附录4A）。它会带来新一轮的探讨、辩论和共识。

在过去的25年间，我们一直在日本组织和参与这样的教学培训项目，并且亲自授课。比如，我们都是"尼德姆营"（Camp Nidom）的授课教师。这个项目是富士施乐的原首席执行官、已故的小林阳太郎（Yotaro Kobayashi）在20世纪90年代发起的。有一次，小林在美国科罗拉多州阿斯彭市（Aspen）参加阿斯彭研究所（Aspen Institute）[39]的高管培训课。其间受到了哲学家莫蒂默·阿德勒（Mortimer Adler）[①]"伟大著作项目"（Great Books Program）项目的启发。返回日本之后，他尝试在日本北海道的滑雪胜地尼德姆（Nidom）复制这一项目[40]。小林邀请了20位日本最有影响力的首席执行官和他们的配偶参加这个一年一度的盛会。"尼德姆营"把商业学习和人文熏陶融为一体。他们在3天的研讨期间反思自己曾为社会做过哪些好事、深化知识、拓宽视野、提高解决各种问题的能力。

在"尼德姆营"的3天时间里，我们会在休息时间里泡泡温泉，听听古典音乐会录音，享受各种娱乐项目，比如卡拉OK、例行的酒会和餐会等。

[①] 美国哲学家、芝加哥大学法学院哲学教授。阿德勒与芝加哥大学校长罗伯特·哈钦斯（Robert Maynard Hutchins）合作发起了"西方世界伟大著作"（Great Books of the Western World）项目。美国不列颠百科全书公司在1952年出版了该丛书的第一版，共54卷。——译者注

经过长时间的共处，我们慢慢认识了这些首席执行官并结下了私人的友谊。我们惊喜地发现，这些高管对文学艺术的精通程度远远超出了我们的想象。他们有些人是西洋绘画和雕塑的鉴赏大家，有些人精通俳句和短歌（两种日本诗歌体裁）、书法、陶艺、茶道、花道和各种日本传统艺术。毫无疑问，文艺修养会帮助这些智慧型领导在工作和生活中不懈地追求"美"。人文艺术的长期浸润会让他们更自律，对真、善、美做出更好的判断。

本章提要

　　这一章研究了多种类型的首席执行官和企业领导者：从东方（本田宗一郎、吉田忠雄）到西方（山姆·沃尔顿、沃尔特·迪斯尼）；一位创业者（柳井正）、一位家族企业第9代首席执行官（木川真）；母公司的领导者（福井威夫）和子公司的领导者（渡边博美）；有长者（稻盛和夫），还有年轻人（横山正南）；有美国合资企业的领导者（内藤晴夫），也有日本本土企业的领导者（小林阳太郎）。他们具有一项共同特征：在事关企业利益和社会福祉的重要关头，他们都能做出明智的判断。他们把自己的目标和价值观一层层地向下传递。这一"向下"引导正确决策的过程，带来了整个组织螺旋式的"向上"发展。这些智慧型领导者认识到：中层经理和一线员工才是企业真正的智慧领导者，他们是把公司的各项实践落到实处的人。

附录 4A

示例：用一句话概括几位伟大哲学家的思想精髓

- 柏拉图：真实存在于事物的纯粹本质之中。

- 亚里士多德：人通过有目的的行动成就美好生活。

- 笛卡儿："我"之在心不在身。

- 海德格尔：我是谁？这取决于我想成为谁。

- 威廉·詹姆斯：管用才是硬道理。

- 西田几多郎：万物一炉，他我一体；人即环境的一部分。

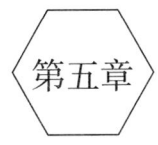

第五章

抓住本质

智慧型领导者能迅速抓住要害，
认清人与事物的真正本质

　　我们的研究表明，智慧型领导者往往能够迅速抓住隐藏在各种情况、难题和危机背后的本质；他们能想象并表达出各种可能的结果和影响——有时公开表达，有时私下表达；在做出判断之前，智慧型领导者知道应该采取怎样的行动来实现或者避免这些可能的结果和影响。我们认为，是实践智慧这一品质帮助智慧型领导者"认清本质"，快人一步地领会人、事、物的真正本质和意义。

抓住事物本质的含义

　　要抓住事物的本质？谈何容易！通过本章的讨论，我们会发现，这不仅需要高水平的身体经验（bodily experience）、对顾客的感同身受、对细节的专注、对普遍真理的体悟、心智的集中、自发式的反应，还离不开对变化的适应能力。下面是来自巴慕达（Balmuda）[①]的案例。它为我们打开了一扇窗，让我们看到抓住本质究竟意味着什么。

　　巴慕达的创始人寺尾玄（Gen Terao）原来是一名音乐人。他在 2003 年成立了这家公司，主要生产电脑相关产品。2008 年的美国金融危机几乎把这家初创企业拖入了破产的深渊。它凭借设计并生产一款电风扇渡过了难关。这款电风扇在 2010 年的售价高达 400 美元[②]。寺尾玄向我们讲述了两段终生难忘的人生经历——其中一段发生在他十几岁的时候，另一段发生

[①] Balmuda，一家设计和制造小家电与电脑相关配件的日本企业。2003 年成立于日本东京，创始人寺尾玄是一名高中肄业生。——译者注

[②] 巴慕达在 2010 年推出的风扇名为 GreenFan 果岭电风扇。它获得了红点奖（Red Dot Award）和 iF 产品设计奖（iF Product Design Award）。这款电扇在中国电商平台的售价为 3 399 元（2020 年 4 月售价）。——译者注

在 2014 年 5 月。这两段经历促使他开发出了一款烤面包机。这款烤面包机常年缺货、一机难求。购买者往往要等上两个月才能拿到货。寺尾玄的第一段经历发生在西班牙。高中辍学之后，17 岁的寺尾玄在欧洲度过了一年的悠长假期。有一天，他来到了安达卢斯亚地区的小城龙达。当时，寺尾玄搭乘巴士从一个城市漂泊到另一个城市。他又累又饿，极度孤独。偶然之间，他在龙达市中心看到了一家面包店。寺尾玄给自己买了一小块面包。一口咬下去，他的眼泪不禁涌了出来。回忆起当时的情景，他禁不住喃喃自语："那就像重生的感觉。那块面包不仅打动了我的身体，还感动了我的内心。"

寺尾玄的第二次顿悟发生在几年之后。他和同事在东京办公室附近的公园里烧烤。一位同事递给了他一片吐司。这片吐司的味道让他想起龙达。这次的面包是放在烧烤架上、用炭火烤出来的，外酥里嫩，给寺尾玄留下了深刻的印象。他希望人人都能尝到这种美味。于是，寺尾玄宣布："我们要进军烤面包机市场。"在场的 50 多位员工当即附和。研发全世界最棒的烤面包机的工作就这样开始了。寺尾玄的口号简单明了："生产最好的吐司，而不是最好的吐司烤炉。"这个概念更强调了顾客的感觉体验，就像寺尾玄在龙达尝过的味道那样。他说："最好的吐司能同时触动人的嗅觉、视觉、听觉、味觉和触觉。"

寻找最棒吐司的征途是从复制那次烧烤开始的，就连木炭和烧烤架都是一模一样的。无数次尝试，无数次失败。有人半开玩笑地说，烧烤那天是个雨天。这为开发团队带来了第一个"恍然大悟"的时刻。加湿功能大大提升了吐司的品质，但是寺尾玄并不满意。他把自己指定为"首席吐司品鉴官"，每两个星期品尝一次开发团队做出的吐司，每次都会因为这样那样的原因无法满意。

第二个"恍然大悟"的时刻发生在半年之后。这时，开发团队已经烤了 1 000 多片面包。他们尝试过不同的温度、湿度、时长、不同类型的加热器、各种尺寸的烤箱。试遍了各种变量，还是无法过关。后来，开发人员发现，秘密在于三级跳式的加温过程。他们采用了 60 度—160 度—220度（华氏温度，相当于 15 摄氏度—71 摄氏度—104 摄氏度）的三段式加热过程。它让面包形成了一种稍带酥脆的焦皮，至少开发人员是这样认为的。但是，他们还是没能通过寺尾玄这一关。

最后，工程师们发现，之前所有的操作都是在大楼的二层完成的，而品尝吐司的地点在三楼，也就是寺尾玄办公室所在的楼层。有人指出，二楼和三楼的电压是不一样的。这是第三个，也是最后一个柳暗花明的转折时刻。终于，产品开发团队确保所有的变量都得到了最完美的校准，包括面包的类型、面包切片的大小和厚度、工作电压、室内温度和湿度、加热时长等。他们拿出了一台能做出完美吐司的原型机。寺尾玄终于亮了绿灯。他告诉团队，自己一直以来追求的目标是为顾客带来"喜乐"。

寺尾玄介绍说，烤面包机的声音会告诉用户"面包烤好了"；它的小窗子会让用户禁不住看看烤箱里面发生着什么；它配备了小巧可爱的量杯，专门用来为烤箱的加湿器注水；它简约大方的造型，甚至连它的铭牌——巴慕达烤面包机（Balmuda The Toaster）——所有的细节都是精心设计的，目的就是为用户的生活带来喜乐。这个例子说明，只有通过近乎严苛的团队努力，才有可能发现事物的本质[1]。

"体验"事物的本质

身体经验能够使人产生能力，帮助我们抓住事物的本质。在美国密歇根州迪尔伯恩的汽车名人堂里悬挂着这样一幅照片，它生动地捕捉到了什么是"看见事物的本质"。照片的主人公是本田汽车公司的创始人本田宗一郎：他蹲在赛道旁边，蹲得很低，足以让自己的眼睛和赛道上飞驰而过的本田摩托车骑手保持在同一个水平上。在背景里可以看到十几名本田工程师和生产人员，他们是负责这款新型赛车的设计开发人员。

资料记载，本田宗一郎要求车手在赛道上全速绕行 30 圈。每一圈都要尽可能地接近蹲在赛道旁边的本田宗一郎。本田的眼睛会紧紧盯着飞驰而过的摩托车；他的耳朵竖得像天线，捕捉着发动机发出的每一个声音；他的双手紧贴在赛道的地面上，感受摩托车带来的振动。这就是本田宗一郎抓住"本质"的方法，也是他判断一款摩托车是否达到量产标准的方法。

等到 30 圈跑完之后，他要么冲着紧张等待结果的生产团队大喊"可以生产了"，要么会高声宣布"再来一遍"。实际上，在这一过程中产品开发人员的情绪往往是十分紧张的——他们的身体向前倾着，双手扶膝，支撑着上身，好像在等待宣判。

让人感到不可思议的是，本田宗一郎的每次"宣判"几乎都是对的。一位本田公司的高级主管告诉我们："只要他说'再来一遍！'，测试摩托车存在问题的可能性高达 99%。这太令人惊叹了！他是怎样发现问题的呢？答案肯定不是正规的学校教育，本田宗一郎只有高小文化，而我们不是大学本科毕业就是研究生毕业。[2]"

很显然，本田宗一郎在摩托车上看到的东西比普通人多得多。他曾经这样写过："当我观察一辆摩托车时，我能看到很多东西。我能看出，如果它要通过那条弯道，非要这样操作不可。我会由此联想到下一代机器的模样。我会禁不住琢磨，如果由我来做这项工作，我会让它的速度变得更快……接着就会自然而然地进入下一个环节"[3]。与本田宗一郎一样，有些人能循着经验发现普遍性。我们把这种能力称为实践智慧经验（phronetic experience）。实践智慧帮助本田宗一郎看透了事物的表面现象，发现了背后的本质。

身体经验是一种隐性知识。本田宗一郎正是运用隐性知识做出的判断。他把双手贴在地面上，感受摩托车的轰鸣和振动。他聆听擦身而过的摩托车的引擎发出的声音。他能判断出摩托车的各种情况，因为他读得懂那些振动和轰鸣的意义，这些都是他通过感官得来的。本田宗一郎把来自身体的感受综合在一起，构成了判断摩托车整体情况的依据。他通过直觉进行判断，依靠的是几十年积累形成的经验。

感受顾客的感受

在本田宗一郎看来，想要认清事物的本质，必须从自己的内心出发。退休之后，本田宗一郎曾经担任过本田国际技术学校的校长。他在人生的最后几次演讲中提到，发现事物本质就像修好一辆汽车那么简单。实际上，他说的是自己的人生哲学和共情的重要意义[4]。

　　我从十几岁开始修理汽车。那时，我在工作中发现了一个道理：在汽车修理这个行当里，如果只是能把车修好，你根本算不上最棒的。我发现这份工作还涉及心理学的因素。

　　通常情况下，遇到汽车故障的人都没有好心情。在到达修理厂或者打通求援电话之前，他们已经非常生气或者非常沮丧了。机器出了问题，顾客的心里更是一团乱麻……车子修好时，如果只是说一句"车子修好了"，顾客通常是很难满意的……即使车子真的已经完好如初，这句潦草的话也很难修复顾客的心情。最重要的是如何平复顾客的心情，让他们的心情平静如初。说到底，专业的水准和亲善的态度是让顾客信服的关键……

可以说，今天的技师在汽车修理技术上并不存在太大的差别。我们如今需要做的只是把问题零件拆下来，换上新的。可是，为什么有些人赢得了顾客的信任，另一些人却做不到呢？如今，金钱和商品的交易过程不再依赖人们的亲身参与，社会因此变得越来越冷漠。这反而凸显了善解人意的重要价值。

我提醒年轻学生们："希望你们成为善于理解他人感受的人。"这就是我的哲学。哲学并不是艰涩的理论或者纯粹的纸上学问。举个例子，你在一家汽车修理厂工作，如果你既能修好汽车，又能消除人们的焦虑和苦恼，那你就是最棒的。希望你们都能通过亲切友善的方式灵活地用好哲学。

在本田宗一郎看来，区分优秀技师和平庸技师的标准就是，前者拥有感受顾客感受的能力。只要有了共情的能力，抓得住他人的感受，技师们就能真正看到汽车修理以外的东西，赢得顾客的信任。功夫在诗外，汽修也不例外。

专注细节、持之以恒

认清本质也是日航公司原社长稻盛和夫的关键特征。他总是能见他人之未见，这让日航员工叹服不已。比如，稻盛和夫每个月都会和30位分部主管开会，听取他们的汇报，包括工作计划、过往业绩和预计业绩、下月展望等。每次会见之前，稻盛和夫都要阅读 80 到 100 页 A3 大小的文档，上面密密麻麻地写满了数字。日航的工作人员透露，稻盛和夫会聚精会神地读完每一页报告。对于他这个年纪的人来说，这实在是非同一般。更不一般的是，稻盛和夫会根据这些报告提出极为具体的问题，有些问题是高管团队和高级运营经理都没有注意到的。

植木义晴后来成了日航公司总裁，他忍不住向稻盛和夫求教："要读完案牍如山的数字，还能提出具体而微的问题，您是怎么做到的？"稻盛的回答远远超出了植木的想象[5]。

稻盛和夫告诉植木义晴："我根本用不着找它们，有问题的数字会自动跳到我的眼前。"植木立即领会了稻盛的意思。因为植木曾是一名飞行员，拥有 34 年的飞机驾驶经验。成为老牌飞行员之后，他根本不需要有意寻找，就能在驾驶舱密密麻麻的仪表中发现异常数据。但是，作为企业总裁，植木义晴还是一个新手。所以，报告上的数字还不能自动跳到他眼前——暂时还不行。稻盛和夫看数字发现问题的本领给植木义晴上了一课："这就是优秀的管理。"

想抓住管理的本质，离不开对细节的注意。迅销集团首席执行官柳井正认为："如果你想做什么，就要矢志不渝地做好它。要做百分之一百正确的事，专注细微的事物，把最基本的工作做好。如果做不到这一点，你的工作就不可能上台阶。成功的秘诀就是日复一日地做好最基本的工作。"他还补充说，"管理好一家企业，就是日复一日地用最平凡的方式做好最普通的工作，要常常回顾自己做过的工作，调整、巩固、充实、提高。就是这么简单。每家企业都能不断地做到这一点……话虽如此，但它实际上是一个漫长而艰苦的过程。只有那些有能力始终保持前进动力的企业，只有那些不断重复、重复、再重复平凡的日常工作任务、把事情做成的企业，才能持续不断地增长……必须矢志投入，不断地投身于基本工作中。我们这个领域的成功不是能力问题，而是习惯问题。[6]"

关注细节也是苹果原首席执行官史蒂夫·乔布斯的突出特点。乔布斯追求尽善尽美，从不肯做出丝毫的妥协让步。他曾经对产品开发团队抱怨，Mac电脑里面的印刷电路板看起来丑陋无比，有些线路彼此离得太近了。有位工程师反驳他说，没人会注意印刷电路板的模样。乔布斯则有如下回答。

> 就算它被封装在机器里面，我依然希望它能尽量美观。没人会专门留心壁橱背面的模样，每个木匠都明白这一点，但是他们一定不会用质量糟糕的木头来做背板……假如你是一位木匠，制作了一组漂亮的五斗橱，你同样不会用胶合板做背板。就算它紧贴着墙壁，没人能看见它的真面目。可你就是知道它的真面目。你会使用上好的木材——一块漂亮的木头来做它的背板。如果这样做了，你晚上就会睡得格外香甜。美和质量是我们始终追求的目标[7]。

乔布斯几近偏执地坚持细节。他会亲自考察生产Mac电脑的工厂。乔布斯来到一家位于美国加利福尼亚州弗里蒙特市的工厂，他戴着白手套，检查了厂房的每个角落，结果发现到处都是灰尘——机器设备上、货架上、地面上。乔布斯对工厂主管大发雷霆，责令她立即清理，工厂必须干净到可以在地面上吃饭的程度。后来，乔布斯回忆起他在日本"学到的一课"。

她（弗里蒙特工厂主管）根本无法理解其中的原因，我当时也没办法说出其中的原委。现在我明白了，这是日本的见闻带给我的影响。一方面，日本的经历让我钦慕不已；另一方面，我们的工厂确实缺乏团队意识和严明的纪律。如果我们纪律松懈，做不到厂房纤尘不染，那么，我们就无法依靠纪律来保证每一台机器的正常运转[8]。

同样地，柳井正也讲述了一位高管向他诉苦的故事。有一位高管刚刚加入迅销集团不久，他对柳井正大倒苦水："我实在想不通，像我这样的大学优秀毕业生，为什么要去做洗厕所这样的工作？"柳井正说："我当场反驳了他。我的话可能有些尖刻，'如果你连个干净的洗手间都不能提供给顾客，天知道你怎么能成功？如果你连一位顾客都无法取悦，鬼知道你凭什么让整个世界感到满意？'"这位高管听进了柳井正的话，把它牢记在心，从此用严格的纪律要求自己。他后来成了公司的资深管理人员，赢得了公司上下的信赖[9]。

见微知著，洞察事物的本质

智慧型领导者会从细节中发现普遍真理，洞察事物的本质。见微知著离不开主观直觉与客观知识之间不断的相互作用。最了解这种作用的人莫过于乔布斯。他既有苹果公司的工作经验，又在皮克斯（Pixar）公司工作过，最了解直觉和纪律的结合如何带来成功。

直到进入皮克斯之后，我才发现这个巨大的鸿沟。技术型公司……往往忽视直觉思维；在其看来，创意人员就是一群自由散漫、整天窝在沙发里无所事事的人。另外，音乐公司里的人完全不懂技术。

他们觉得，随便出去雇上几个理工男就够了。这就像让苹果公司招兵买马制作音乐一样……我是为数不多的几个既懂得技术开发离不开直觉和创意，又明白从事艺术离不开纪律这一道理的人 [10]。

沃尔特·艾萨克森（Walter Isaacson）是乔布斯权威传记的作者。在他眼中，乔布斯是一位融合了主观直觉和客观知识的天才："他的想象力似乎长着翅膀。它发自本能、不可逆料，有时仿佛带有某种魔力。他其实是数学家马克·卡茨（Mark Kac）[①] 所说的'魔术师般的天才'，带有某种天赐的洞察力。同他的直觉相比，纯粹的智力筹算形同儿戏，完全不值得一提。他是开路者，他能像海绵吸水一样吸收信息。他能听懂风的言语，能预感到前路上有什么。[11]"

简单和聚焦带来深度

乔布斯年轻时曾在日本和印度游历。洞察产品本质的能力是这两段经历带给他的副产品。乔布斯崇尚做减法：剔除无用的部分，显露产品的本来面目。但是，实际上，在乔布斯看来，简单二字非常不简单。

简单并不仅仅是一种视觉风格，也不能把它和极简主义（minimalism）或者避免凌乱混为一谈。它涉及对复杂性的透彻钻研。想做到真正的简单，就必须挖掘得足够深入。比方说，我们不想在某个产品上看见螺丝，很可能因此做出一件极为复杂难解的产品。更好的办法是深挖简单性，理解它的每个组成部分，搞清楚它是怎样被制

---

① 波兰裔美国数学家，曾在康奈尔大学、洛克菲勒大学和南加州大学任教。卡茨提出过著名的数学问题"我们能听出鼓的形状吗？"（Can One Hear the Shape of a Drum?）——译者注

造出来的[12]。

乔布斯把自己对简单的热爱归功于禅修训练和他在日本京都参观过的几家园林。他曾对艾萨克森坦承，他当时一心想去日本京都的永平寺出家，从此遁入空门。虽然乔布斯最后没有真的成为佛教徒，但他接受了禅宗的修炼，拓展了自己的直觉，增强了聚精会神的能力。禅修教会了他如何过滤干扰，进入清净的境界[13]。乔布斯还在印度待过 7 个月，当时他只有19 岁。他在印度接受了"经验般若"（experiential prajna）的概念，即通过专注获得直观经验，进而获得智慧或者认知理解。多年之后，他回忆起印度之行对自己的深远影响。

生活在印度乡下的人们并不像我们一样运用智力，他们更多地依靠直觉。他们的直觉远比世界上任何其他地方的人发达。在我看来，直觉的力量至强至大，远远高于区区智力的力量[14]。

按照乔布斯的理解，专注力是这样发挥作用的。

只要坐下来静观内心，你就会发现自己的心智有多么狂躁不安。但是，如果你急于把内心平定下来，只会让自己变得更浮躁。它会慢慢沉静下来，这需要时间。只有内心真正沉静下来时，才能腾出空间来容纳更细微的事物。而直觉就是在这一刻绽放开来的。于是，你看到的事物更清晰了，你会更多地生活在当下这一刻。你的心智会放慢脚步，眼前出现的是广阔无垠的新境界。你会看到从前视而不见的事物。这是自律的结果，非勤学苦练不可得[15]。

发现利他主义的真谛

对智慧型领导者来说，能否通过实践智慧的经验看到事物的本质，不在于年龄大小。稻盛和夫在 65 岁时获得了毕生难忘的经历，乔布斯 19 岁就做到了这一点。当然，稻盛和夫最终真的皈依佛门，成了京都圆福寺的俗家弟子。这让稻盛和夫洞察了利他主义的真正本质和意义。就在皈依前夕，稻盛和夫被诊断出患有胃癌，这让他的佛门修行推迟了几个月 [16]。他是这样描述自己苦行僧式的修行生活的。

> 当时，我正在从手术中慢慢恢复。我发现修行还是相当艰苦的。然而，正是这段修行为我带来了终生难忘的经历。那时刚入冬没多久，我和同门一起出去化缘，也就是挨家挨户地求人布施。我穿了一件朴素的棉袍，踩着稻草编成的便鞋，刚刚剃度的光头上戴着一顶草帽。我们站在人家的大门口，高诵佛号。对我这样的人来说，化缘是一种强度很高的体力劳动，一时很难适应。我的脚趾钻出了草鞋的边沿，很快就被路面磨出了茧子。刚刚走了半天的路，我就觉得自己的身体像一块被用旧的抹布，充满了不自在的感觉。

> 我咬牙坚持着，一连几小时跟着和尚们从这家走到那家。终于捱到了黄昏，我拖着酸痛的身体返回寺庙。在回去的路上，我们要穿过一个公园。有位上了年纪的妇人，穿着工作服，躲在公园的角落里哭泣。一看见我们，她立刻快步走了过来，手里还拿着扫大街用的扫帚。她飞快地往我的褡裢里塞了 500 日元，就好像这是天底下最自然不过的事一样。

> 在那之前，我从来没感受过那么深刻的感动、那么难以名状的幸

福。她没有表现出片刻的犹豫或丝毫的纡尊降贵。她一定不是个富有的人，但她给了一个不起眼的出家人 500 日元。我活了 65 年，没见过什么能比她的心灵更纯净、更振奋人心的了。通过她发自天然的善举，我被一种神圣的恻隐之心彻底打动了。她做的也许很简单，然而那是人性的终极体现：温暖人心的善良和先人后己的精神。她自发的善行让我领会了利他主义的全部真谛[17]。

迅速抓住事物的本质

我们发现，智慧型领导者能够迅速感受到事情背后的真相。因为快速反应是把握本质的关键一步，所以，我们先来讨论一下"快速"问题。哈耶克（Hayek）[①]认为，重大的经济现象都是由日常微小的变化积累形成的[18]。因此，敏锐地感知日常变化，发现这些变化对于大局的意义，这种能力是实践智慧的一项最关键的特质。

有两位首席执行官堪称这方面的楷模：一位是美国的山姆·沃尔顿，另一位是日本的铃木敏文（Toshifumi Suzuki）。凑巧的是，他们同在一个行业——零售行业。有人开玩笑说，山姆的全名也许应该从"山姆·摩尔·沃尔顿"（Sam Moore Walton）改成"山姆·没准儿·沃尔顿（Sam Change Walton）"。因为他最大的特点就是不断地改弦更张。山姆的一位老朋友回忆，山姆在很多场合被问过同一个问题："成功的秘诀是什么？"结果他每次给出的答案都不一样。那位朋友还说："他是个特别差劲的旅伴。你永远猜不到他下一站要去哪儿。[19]"

[①] 奥地利裔英国经济学家、政治哲学家。哈耶克是奥地利经济学派的代表人物，曾获 1974 年诺贝尔经济学奖。——译者注

山姆的绰号特别多，"大军师"就是其中一个。他的儿子吉姆·沃尔顿（Jim Walton）不同意这个叫法。吉姆表示："我爸爸过去总是说，做人要灵活一点。所以，无论是家庭旅行还是因公出差，我们从没遇见过，甚至从来没听说过，有哪一次行程是他没有更改过的。只要一上路，他准会改变主意。后来，有人叫他'大军师'，我们都乐不可支。真正的大策略家会凭借直觉制订出复杂的计划，然后精确严密地执行这些计划。而爸爸总是渴望变化。在他看来，没有什么决定是神圣不可更改的。[20]"

从彭尼公司（J. C. Penney）的第一份工作开始，山姆·沃尔顿就一直是个行动迅速的人。他说过："我们没有别人那么聪明，但我们懂得变通。我们属于灵活应变的那种人。"他还说过："我们能让巨轮更快地转弯，而且比大多数人想象的速度快得多。因为我们团队一直非常熟悉变化，更懂得适应变化。[21]"山姆发现，成功非常容易滋生惰性。而战胜惰性的唯一办法就是刻意地做出改变。

一旦接受了某种做事方式，人们就会认为，这就是天底下最好的方式，并由此生出一种倾向性，认为事情永远应该按照这样的方式完成。因此，我必须确保一点：让持续不断的变革成为沃尔玛文化最重要的组成部分。我把这项工作当成自己的重要任务来抓。在公司发展的每一个转折时期，我都会刻意地改变——有时干脆为了求变而求变。实际上，我认为，在沃尔玛根深叶茂的企业文化中，最强大的力量在于放下一切，在方寸之间迅速完成转向的能力[22]。

适应变革

和山姆·沃尔顿一样，柒和伊控股集团原首席执行官铃木敏文被广泛视为日本 7-11 便利店名列便利零售行业前茅的幕后推手。日本 7-11 便利店成立于 1974 年，它当时是美国 7-11 连锁零售店在日本的加盟商（美国 7-11 最初叫南方公司，英文名称为 Southland Corporation）。随后，日本 7-11 快速成长为日本最大的便利商店，销售额让当时的母公司伊藤洋华堂（Ito-Yokado）相形见绌。到了 2005 年，日本 7-11 收购了美国 7-11 的控股权，还收购了控股公司柒和伊的控股权，后者成了伊藤洋华堂、日本 7-11 和另外几家商业组织的母公司。

为了推动日本 7-11 的发展，铃木确立了两项原则。第一项是"做好基本工作"，它指的是整洁的店面和友善的服务、产品分类和新鲜程度等。在前文的迅销集团案例中，我们已经讨论过客户服务的重要意义。因此，这里重点讨论铃木提出的第二项原则，灵活应变。铃木认为，"灵活应变"主要是鼓励员工迅速理解顾客行为和市场的种种变化，抓住这些变化背后的关键含义，快速地做出应对。

在日本便利商店行业里，最关键的制胜因素是赢得顾客的忠诚度，也就是获得每天都会进店消费的顾客。在这个需求多样的时代里，顾客的需求灵活多变，不可能存在一成不变的经营方式。铃木敏文认为，万事万物都处在不断的运动变化中。因此，日本 7-11 从不制定长期业务规划，也不想制定长期规划。铃木敏文认为，在频仍的短期变化中，制定和执行长期规划是没有意义的。铃木敏文强调的是灵活的思考。他希望员工不要躺在过去的功劳簿上睡大觉。这样一来，他们可能会由于思想陈旧而错失良机。当然，这并不代表割裂过去。恰恰相反，要把过去的经验当作原材料，为当下建立各种新的假设。

2011 年，我们为哈佛商学院撰写了一份关于日本 7-11 便利店的教学案例《日本 7-11：知识创造与分享》（*Seven-Eleven Japan: Knowledge Creation and Sharing*）[23]。案例总结了铃木敏文实施的一系列变革。按照它们在案例中出现的先后顺序，罗列如下。

从	到
长期规划	短期变革
过去的经验	"此时此地"的变革
深思熟虑的既定战略	见招拆招的应变战略
总部驱动	店面人员的主观能动
担忧"死的"商品	聚焦于"活的"商品
一位魅力型领导	分散式领导
最高领导者的一双眼睛	无数双眼睛
寻求局部真理	追求整体真理
考虑整个社区	考虑具体店面
印刷版手册	人的直觉
为顾客考虑	像顾客一样考虑
预设的判断	从顾客的角度看问题
观察现实	不断地质疑自己的观察
规程和惯例	想象力和深度思考
看见事实	创造故事
间接沟通	面对面沟通

用头脑理解	用心灵感受
层级式沟通	点对点沟通
封闭式知识分享	开放式知识共享
在会议室里召开董事会	董事下基层，观察、触摸、品尝公司的产品
事物	**事情**

列表中绝大多数的变革都是一目了然的，除了从"事物"（Thing）到"事情"（Event）之外。理解这一点非常重要，为了说明二者之间的区别，最好的办法是引用铃木本人讲过的一个例子。有一位日本 7-11 的兼职员工，她工作的店面靠近一个游艇码头。她设想店铺的忠实顾客——每天往返码头的人们——是需要购买午餐的。这些垂钓者可能会一边钓鱼一边吃饭，所以，他们可能需要一些比较好拿的食物，比如饭团。在炎热的天气里，塞着盐渍梅子的饭团是最理想的选择。因为盐渍梅子可以防止饭团变馊。在展开假设之前，饭团本身就是随便购买的、再简单不过的"事物"；当有人为它加上了情境和意义，也就是说，在"事"上加了"情"，它就变成了"事情"。在这个例子里，"事情"指的是"制造和销售饭团，让出海钓鱼的人们在炎热的天气里吃上安全的食物"。就这样，"事物"变成了"事情"。

这个例子说明，知识是由个人通过实践创造出来的。他通过与所在环境的互动，完成价值判断和知识创造。在哈佛商学院日本 7-11 案例的结尾，我们提出了这样的问题：美国 7-11 的店主和员工能不能同样抓住"适应变化"这个原则的本质？更重要的是，能否把它应用到实践中？

在我们看来，这个案例的本质可以这样总结：只有心中装着顾客的店员才能为一个店面的具体需求创造出关键的知识，并在此时此地为这些需求做出恰如其分的改变。这里的重点在于"具体"的情境，它同"具体"的环境和"具体"的店面一样重要。务必切记的一点是，我们对周遭世界的感知会随着情况的变化而变化。不只是环境，我们自己同样处于一刻不停的运动变化中。

多谈些艺术，少谈些科学

为了确凿地证明管理学是一门科学，西方的理论学家堪称苦心孤诣，他们试图通过分析企业的资源和经营环境奠定某些普适性原理。企业在具体环境中面对的问题被认定为"初始条件"（Initial Conditions）。这些条件成了管理者的必需品，它们是输入战略规划方程式的必要参数。在这些理论家看来，正确的"原理"必将带来正确的答案，最终带来最优的经营业绩。

但是，很可惜的是，企业管理人员每天面对的具体情况远远不是简单的初始条件所能概括的；它们是日新月异的真实问题，是必须在此时此地解决的任务。想要生存下来，企业就必须学会适应：适应现实、适应不断涌现的变化，而不是用精心编织的周详计划把自己的手脚捆起来，作茧自缚。管理更多地是一门艺术，而不是一门科学，因为它更多地立足于直觉、眼光和经验——我们自己的经验[24]。

谈到作为艺术的管理和作为科学的管理之间的区别，日本公文教育研究会（Kumon Educational Japan）是个绝佳的例子。这家企业开发的自主式学习方法闻名全球。公文式教学法的特别之处在于，它没有统一的教学方法，而是关注每一位学生的个体情况，量身打造定制化教学方案，真正做到因材施教。

这家企业是高中数学老师公文公（Toru Kumon）创办的。他自己动手制作了一套习题集，帮助自己的儿子公文毅提高数学成绩。每天放学之后，公文毅都要完成这些习题，再交给爸爸检查。过了一段时间，好奇的妈妈也做起了这些习题并对这种学习方法着了迷。1956年，公文一家创办了第一家公文式补习班。两年之后，公文公成立了"大阪数学研究会"（Osaka Mathematics Institute），它是日本公文教育研究会的前身。

公文式数学学习法，包括后来加入的其他科目的学习法，实施的是个性化教学，而不是集体教学。每个学生的习题集都会被循序渐进地提高难度，直到实现预定的学习目标为止。这样做的最终目标是帮助学生们熟练掌握高中阶段的数学知识。每位学生达到目标的路径各不相同，他们会用适合自己的时间、通过适合自己的节奏实现目标。

公文公最喜欢的比喻是"以履适足"。他提出，"学校会向所有的孩子传授同样的知识，唯一的区别是年级。这样的教育手段无异于'削足适履'。公文式学习法是一种更恰当的方法，我们针对每个孩子的情况因材施教。我们的教育手段真正做到了'以履适足'[25]"。

关注个性，这同样反映在公文式的使命宣言和"公文式方法"（The Kumon Way）上。这套方法是公文公的继承者在20世纪90年代后期建立的。这家公司的使命宣言是"我们要发现并最大限度地开发每个人潜在的能力，培养健全而有能力的人才，为人类社会做出贡献"。"公文式方法"只有1页纸，开篇第一句话是"我们所珍视的，首先是'每一个孩子'"[26]。

公文公曾是一名高中数学老师。直觉告诉他，教员是公司最重要的资产。因为公文培训的学生会进行自主学习，所以，加盟学校成功与否，很大程度上取决于教员对每位学生学习习惯的观察能力、教员与学生的沟通能力，以及及时调整教学方案的能力。公文式的教员必须不断演练自己的直觉和判断力。实际上，公文教育研究会并没有为教员提供具体的教案。每个人只有一本小册子，名叫《教学要点手册》（*Points to Note for Instruction*）[27]。小册子会提供一些最基础的要义，更多地为教员留出了发挥空间。他们可以充分发挥自身经验，针对每位学生的独特个性和具体需求做出灵活的安排。量体裁衣地教育每一个孩子，这更多地是一门艺术，而不是一门科学；同样的道理，公文教育研究会对教员的管理也采用了同样的方法。

60 年前，公文公对教育本质和意义提出了洞察；如今，公文式教育法传遍了全球 50 多个国家和地区的 24 700 个教学中心；学生和教员们身体力行地把创始人的理念变成了现实。无论规模发展到多大，公文教育研究会始终坚持为每个孩子"穿上最合脚的鞋子"。

实践技能培养：抓住事物的本质

下面阐述 3 项常规实践操作。勤加练习其中的某一项或某几项，可以扩展心智、培养抓住问题或情况本质的能力。第 1 项是打破砂锅问到底，要不断地追问问题或情况的根源。第 2 项是学会既见"树木"又见"森林"。第 3 项是建立和验证假设。我们会在下文详细解释这 3 项常规实践。紧随其后，我们会描述一种身体上的操练。它能帮助人们感知具体情况背后隐藏着什么、快速地应对变动的环境，让人感觉自己站在世界之巅。

打破砂锅问到底

本田员工会通过"A，A0，A00"的提问方式深入研究具体问题，理解问题的本质。第一个"A"通常与产品的技术规格有关。例如，应该为这款发动机匹配多大的马力？而"A0"问题关注的是概念。例如，这款发动机的设计理念是什么？到了"A00"问题，其焦点就转移到了项目目标上面。例如，这款发动机是用来做什么的？这种反复追问是本田公司的一项重要特征，对负责新产品开发的工程师来说尤其如此。它会推动产品开发团队的每一位成员深入问题，不懈追求"真、善、美"。它意味着毫不迁就，即便为此与创始人本田宗一郎针锋相对也在所不惜。前面章节提到过这则轶事。实际上，善于提出问题也是本田宗一郎的一大特点，它早已融入了本田宗一郎和本田公司的基因。

1959 年 5 月，本田宗一郎在本田公司新闻通讯月刊上发表了一篇题为"我的坦荡人生"（*My Frank Life*）的文章，解释了是什么推动着他不断地提出问题。

> 我认为，能够坦诚地向他人提出问题，这说到底算是我的一大优势。换句话说，我坦承自己从没上过学，我真的没读过几天书。所以，如果我对什么东西不明白，大家不会觉得奇怪。我可以无所顾忌地向任何人请教。如果上过学，我可能会犹豫——这也不懂，那也不会，大家会不会笑话我？我就不能这么自由地提问了，因为那样会暴露我的无知。

与此类似，丰田公司也建立了一套标准规程：连续提出 5 个"为什么"，找出问题的根本原因。只要遇到问题，无论它是关于销售的，还是关于生产的，丰田公司都会训练员工用自己的双眼去发现问题，不停地追问"为什么"，直到挖出问题的根本原因为止。大野耐一是著名的"丰田生产方式"之父和"5个为什么"分析法的提出者。他敦促生产部门的员工留心观察厂房里发生的一切。要时刻保持思想的开放，不带有丝毫的先入之见。发现问题之后，要刨根问底地提出5个"为什么"。以焊接机器人为例，大野耐一说明了如何通过5个"为什么"找出问题的根源：假设有一台焊接机器人在生产过程中突然发生了故障，标准的提问规程如下。

1. "为什么机器人会停止工作？"

   因为电路超负荷，引发了保险丝熔断。

2. "为什么线路会超出负荷？"

   因为轴承的润滑油不足。

3. "为什么轴承的润滑油不足？"

   因为机器人的油泵没有输送足够的润滑油。

4. "为什么油泵没有输送足够的润滑油？"

   因为有金属碎屑堵住了油泵的进口。

5. "为什么会有金属碎屑堵住油泵的进口？"

   因为油泵没有安装过滤网。

连绵不断的、逐步升级的规程，比如"A，A0，A00"和"5个为什么"，能帮助一线员工和高管抓住问题的本质。日复一日地提出同样深刻问题，也能帮助人们抓住意外情况的本质。

迅销集团的柳井正也是这一提问规程的不懈实践者，他把这样的做法称为"聚焦式反思的漫长过程"。柳井正提出，有人能通过直觉洞悉人、事、物的意义，他们会无尽无休地使用"提问与回答"的方法。

有些人拥有令人难以置信的直觉力。他们因此获得了极佳的创意，或者能够通过令人惊叹的视角看待问题。他们是如何做到这一点的？他们真的是天才吗？领导企业这些年，我遇到过颇多这样的人，他们都拥有这种了不起的本领和思想。而且他们都是坚持不懈地提出和回答问题的人。我们总会习惯性地假设：伟大的思想和了不起的直觉会在灵光一闪中显现，就像头脑中有个灯泡"叮"地亮起来一样。那并不是事实的真面目。真正重要的是引发灵光一闪的原因。换句话说，关键不在于你是不是某种天赋异禀的天才，而是你花了多少时间思考和尝试各种事物、与形形色色的人交谈、有意识地反思自己学到的一切。这才是最重要的。

有人能想出好的创意，有人拥有惊人的直觉。这是因为他们一刻不停地为此做着准备。在漫不经心的观察者看来，天才似乎是在灵光一闪间做到了这一切。其实不然，那实际上是一个漫长的聚焦式反思过程的结果。大家都听说过爱迪生那句名言："天才是1%的灵感和99%的汗水。"他说的对。看似神秘的灵感火花和伟大的思想只能产生在这样的人身上：他们投入了大量的时间和精力，广泛地涉猎、艰苦地思考[28]。

既见"树木"，又见"森林"

学会既见"树木"又见"森林"是把握事物本质的第二种方法。魔鬼藏在细节中，但是领导者永远不能忽略全局。以日本 7-11 便利店为例，这家公司开发和实施了著名的"单品管理"（Tanpin Kanri）方法，它可以被理解为"对库存单品的管理"或者"针对每种单项商品的管理"。

望文生义地理解"单品管理"很容易掩盖其过程的复杂性。日本 7-11 便利店的平均规模只有美国同类型便利店的一半。无论何时，日本便利店最多只能容纳 3 000 种商品。因此，在特定时点保证所售商品是顾客最需要购买的，这是每家 7-11 便利店最重要的工作。问题的本质是时机，它让单品级别的库存管理成为关键中的关键。日本 7-11 把这个过程正式定义为"发挥店面人员的知识和产品信息共享的作用，更好地理解具体情况对每种产品需求的影响，确立产品采购、生产、开发和配送的完整周期，使之适应顾客需求。每家店面独立实施货架管理，以满足以顾客需求为中心的零售管理实践"[29]。

虽然这一定义的关注点落在实践的"树木"部分，但是全局具有同样重要的意义。铃木敏文指出，很多专家错误地认为，单品管理就是针对单一类型商品的管理，这忽略了每种单品都是陈列在整体店面里的事实。也就是说，无论是哪一棵单独的"树"，它只能是生机盎然的整片"森林"的一部分。店员可以自行决定种植哪一种"树木"；但是，创造哪一种"森林"的决定，也就是关乎全局的决定，必须由公司层面的高级管理者做出。

本田宗一郎喜欢用年轻农夫和画家的故事说明"见树木"与"见森林"之间的区别。他在公司 1966 年 4 月的新闻通讯月刊中发表了一篇题为"正确的销售方法"（*The Right Way to Seeing Things*）的文章。这篇文章来自他此前的一次演讲。

在一个小村庄里，我问一个年轻人："你知道牛的耳朵长在哪里吗？"他回答不上来。"谁能告诉我牛耳朵的准确位置？"没人答得上来。其实这个问题很简单。牛的耳朵就长在牛角后面，牛角可以保护耳朵。年轻人说："现在如果有人问起，我就知道答案了。"

回到东京之后，我问了一位画家朋友同样的问题。他给出了正确的回答。他说："牛耳朵就长在牛角后面。"这位生活在东京的画家每年难得见到一次活牛。他居然能不假思索地答出我的问题。而养牛的农夫反而说不上来。这是为什么呢？

因为对农夫来说，只要牛儿肯卖力干活，只要牛奶能卖上个好价钱，他们根本不关心牛的耳朵长在哪里。也许他们觉得牛不长耳朵才好呢。而画家早就养成了时刻仔细观察事物的习惯。他们观察的远远不止事物的表面现象。恰恰相反，他们观察的是生物的本质。

放眼全局的方法有很多，最好的方法莫过于树立远大的目标。这句话也可以这样理解。我们还记得，在 20 世纪 70 年代末、80 年代初，美国联合技术公司（United Technologies）曾经在每星期的《华尔街日报》末版上连载一套管理工作的"宜"与"忌"（dos and don'ts）。执笔者是该公司的首席执行官哈里·格雷（Harry Gray）。这些文章后来被集结成书，名叫《格雷说得对》（Gray Matter）。选集中的第 65 首管理诗歌名叫"立大志，得大趣味"（Aim So High You'll Never Be Bored）。它劝诫企业管理者，要发现自己做不到的事，然后想方设法地做到这些事。它的结论是，无志者一落千丈，有志者一飞冲天。

立志高远、打破常规、获得成功，这样的故事几乎俯拾皆是。柳井正曾在他的《经营者养成笔记》中讲述了电影白雪公主的故事。沃尔特和他的迪士尼公司为这部电影树立了远大的目标，创造了一个全新的行业。

1934年，迪斯尼为自己制定了一个难于上青天的大目标：制作历史上第一部动画长片。在那个年代，与其说这是一个"高难度的目标"，倒不如说它是个荒唐透顶的想法。人们都在说："谁会去看一部卡通长片？"但是迪斯尼并没有理会这一切。这家公司的员工一直奋勇向前。我听说，沃尔特·迪斯尼本人倾尽了全部身家，投入这部电影的制作中。每个人都觉得他得失心疯了，这个人肯定完蛋了。结果，迪士尼公司默默承受了几年的批评和奚落，终于在1939年推出了电影《白雪公主》。这部电影一炮而红，成了轰动一时的大热门。

沃尔特·迪斯尼并不是简单地制作了一部大片，他还推出了一整套新产品，大大扩展了娱乐行业的边界。可以想象一下，在从那时至今的几十年间，这部电影为迪士尼公司带来了多少客户和利润？在创作这部电影的几年时间里，它的创意激发了多少创新？包括新的技术、新的推广方式、公司的内部变革等。它为我们上了非常重要的一课：直面挑战、敢谋大事、敢为天下先[30]。

还有一种认清大局的方法是放眼未来。今日的商业世界正处在危险的短期思维的重重包围中，所幸智慧型企业拥有眼量长远的思想者。在2016年的一次采访中，丰田公司的现任首席执行官丰田章男被问道："在考虑管理问题时，你心中的时间跨度是多久？"他的回答是30年。丰田章男这样解释其中的道理[31]。

丰田公司的创始人是（丰田）喜一郎。当时没人把他看作富有前瞻力的远见者。恰恰相反，他被人们看作半瓶子醋的公子哥（他的父亲丰田佐吉是丰田自动织布机工厂的创始人）。其实错了，假如他当年没有对公司进行全面改革，如今这座城市是何模样？如今的丰田集团又是何等模样？因此，我们至今仍然对他的猝然离世充满了遗憾之情（1949年，在开除了1/4的员工之后，丰田喜一郎猝然离世）。因此，如果大家认为我（作为丰田喜一郎的孙子）有资格出来讲话的话，我要清除这个恼人的说法。对我来说，这件事还有另外一面：我不希望未来有一天，我自己的孙子说，"爷爷给我们留下了一个烂摊子"。我这样说，并不是因为血缘的联系。这就是我心中对时间跨度的概念——大概就是30年。

我经常谈到这样一个比喻：用花瓶中的一枝花对比泥土里的一枝花。如果我想要一枝花，把它插在花瓶里，只需要考虑一个星期的时间跨度就够了。但是，如果我想看到一枝扎根在泥土里的花盛开，势必要等上更长的时间。感谢前人70年前的努力，我能成为这家公司的第好多代总裁。他们把一家健康的企业交到了我的手上。我想以同样的方式把火炬传到下一代领导者的手上。这也许就是我用30年的时间跨度思考问题的原因吧。

说到全局，丰田章男勾画了一个这样的未来：未来的汽车会自动变形，它们会从"交通工具"变成用户的"好伙伴"。考虑到丰田公司近年来对机器人技术、人工智能和社交媒体等领域的投入，也许30年后的汽车真的会取代宠物狗，成为新的"人类之友"。

截至目前，我们引用的例子全部来自企业的首席执行官。请不要误解我们的意思。看到"森林"是组织里人人应该努力做到的。只有这样，SECI 螺旋才能螺旋上升。由于日复一日的基层工作，靠近一线的员工可能更习惯看见"树木"，忽略了"森林"。因此，他们需要更加富有创造力的规程，帮助他们看见"森林"。丰田把这种规程称为"套路"。这家公司通过"套路"鼓励每一名员工认清大局——对身在基层的员工尤其如此。他们要在现有职级上"提高两级想问题"（Thinking Two Levels Above）。对新员工来说，这意味着像部门经理一样想问题；对部门经理来说，这意味着像总经理一样想问题，依此类推。

这样可以迫使人们走出自我的孤岛、采用更宽广的视角。就像爬山一样，我们总是站得越高、望得越远。丰田的"套路"鼓励员工假设自己身在山腰，想象自己在山腰看到的世界。丰田公司里的每个人都很熟悉"提高两级想问题"的套路。更重要的是，他们把套路变成了自己的习惯[32]。我们将在第九章中详细讨论套路问题。

提出假设、测试假设、验证假设

无论在什么情况下、无论面对什么问题，想要抓住本质，第三种训练方法是建立、测试和验证假设。以日本 7-11 便利店为例，每位店员，包括在店里做兼职工作的高中生和家庭主妇，都有权决定订购什么样的商品。因为每个店面服务的顾客人群各不相同，而且每个店面每个月、每个星期和每一天的不同时段面对的情况不尽相同，所以，工作人员不可能依靠总部统一制定的规则行事，也不能机械地每天订购同样数量的同样货物来填满货架。

尽管如此，在每位店员订购货物之前，店方都会建议他先假设顾客需要什么。例如，在订购饮料商品时，他的假设必须立足于自己对本地顾客需求的了解，还要考虑到其他因素，比如天气、附近学校上学放学的安排、本地节假日、电力供应情况等。日本 7-11 便利店鼓励店员在建立假设时像顾客一样考虑问题，而不是代替顾客考虑问题。这是前文提到的日本 7-11 "从 X 到 Y" 转变中的一项。

实际上，日本 7-11 要求员工从 3 种不同类型顾客的视角展开思考：首先是普通顾客，其次是顾客的家人，最后是顾客的亲密朋友。这种管理方法可以迫使员工暂时抛开先入为主的成见和过往经验带来的预判。为了更好地建立假设，公司鼓励员工不断地拷问自己的观察，质疑他们在解释问题时背后的基本前提和根本情境。公司还鼓励员工多和其他员工对话，包括和定期走访店面的场地顾问对话。如此形成的假设会通过商品订购的方式进行测试，随后通过日本 7-11 的 POS 系统给出的销售数据完成验证。

桥兜町的一家 7-11 店铺位于东京商务区的中心地带，让我们以这家店铺的沙拉销售为例，分析和说明建立、测试和验证假设的完整过程。一位店员注意到，在午餐时段里，女性顾客进店购买沙拉的频率明显提高。她通过 POS 系统确认了自己的观察。日本 7-11 的 POS 系统能够基于购买时间提供关于购买行为的数据。她还注意到另一个趋势：夜间时段的销售额略有增加，上午时段增长得更明显。

她提出了有效假设：职业女性不喜欢加班工作，也不喜欢太早离开家去上班。因此，她们只将购买的沙拉当作午餐，而不是晚餐或者早餐；但夜间和早上时段销售额的增长让她重新思考了自己的假设。她决定通过改变订购模式的办法验证自己的新假设：她在前一天晚上订购了更多的沙拉，让这些沙拉在第二天上午时送到店里。

她与店长以及总部的市场负责人员沟通了自己的想法,获得了大批量增加沙拉订购的批准。她还得到了总部特别推出的广告支持。结果,沙拉的销量迅猛飙升。这验证了她修正之后的假设:沙拉产品的主要顾客群体——职业女性们通常会在上午购买沙拉。这也许是为了避开午餐时段的购买高峰。经验告诉她,东京中央商务区的午餐时段非常短。店铺附近的大公司都是如此,午餐时段只有 12 点到下午 1 点这短短的 1 小时。

作为学者,我们对建立、测试和验证假设也不陌生。在发表学术论文之前,我们会完成类似的流程:提出假设、运用数据测试这些假设、验证假设。同样的流程也常常被用在咨询行业中。早年间,我们曾在麦肯锡公司东京办公室做过实习生。当时,我学到的第一件事就是假设分析(What-if Analysis)。它的逻辑大概是这样的:假设我们给客户的建议为甲,如果发生了乙情况怎么办?这就需要建立新的假设丙、为此开展数字分析、解释结果的含义。

无论是学术领域还是咨询领域,同样离不开智力的发挥。而日本 7-11 的过程有两点不同。第一点,它测试和验证假设的过程并不是一种智力训练,而是现实生活,它就发生在"现场",也就是行动发生的实际场合。第二点,这些假设不是总部高管用"脑袋"想出来,再测试和验证的,而是来自一线员工的"脑袋"和"双手"。千万不要小看这两点差别,它们直接决定了结果的成败。

本章提要

我们在本书第二部分的一开始提醒过读者,成为拥有实践智慧的领导者实非易事。截至目前，我们讲了如何为企业和社会的福祉做出正确的判断，如何训练判断能力。希望读者能同时兼顾 AB 两面，这样才能抓住事物的本质；为善之大者，要有发现企业利益与社会利益重合之处的能力。抓住事物的本质离不开同时做好两件——甚至多件——根本不同的工作的能力。

- 既要"动脑"又要"动手"。
- 既要重视"对细节的专注"，又要关照"整体"。
- 既要坚定不移，又要灵活、敏捷。
- 既要追求"普遍性"又要找到"特殊性"。
- 要把"主观直觉"同"客观知识"结合起来。
- 处理好"简单性"和"复杂局面"之间的关系。
- 既要咬住"根本"，又要"适应变化"。
- 既要发挥"灵感"，又要抛洒"汗水"。
- 既要解决"已知的未知"，又要厘清"未知的未知"。
- 既要见"树木"，又要见"森林"。

实际上，这并没有看上去那么复杂。它的真谛在于，智慧型领导者既要深入问题，还要树立远大的目标。只有这样才能抓住事物的本质。为了让 SECI 螺旋向上发展，要深入组织，和每个人打交道（见图 3-5）。

在本章末尾，我们提出了兼顾 AB 两面的建议。这是为了抓住事物的本质，告别笛卡儿式的二分法。我们中有一位狂热的滑雪运动爱好者。他在自己的滑雪经历和本章内容之间发现了惊人的相似性。亚历山大·赫蒙

（Aleksandar Hemon）①曾在《财富》杂志上发表过一篇名为"滑雪"（Skiiing）的文章，雄辩地说明了这种相似性，节选如下[33]。

> 我最爱滑雪的一点在于：假如拿掉了那一瞬间的即兴发挥，它就会变得一无是处。在高速运动中（50 英里②/ 小时）、在飞速变换的环境里（雪地地形和雪质、扑面而来的树木、冰碴、光线角度的切换等），你要在电光火石的一瞬间做出正确的决策。这些决策一旦做出，就不会有任何撤销的可能……你最多能提前想好一到两个决定，但必须永远做好瞬间调整的准备。因为你身边的所有事物都在飞速不停地变化着。在这个连续不断的过程中，你没时间反思什么，也没时间分析什么。唯一的选择就是身随心动，你的身心必须达到绝对的、无条件的一致。好了，现在你可以和笛卡儿式的二分法说拜拜了。

---

① 美国小说家、散文家、评论家。1964 年出生于萨拉热窝，经常为《纽约时报》《纽约客》撰稿。知名作品有小说《无处之人》（*Nowhere Man*，2002 年）和《拉萨鲁斯计划》（*The Lazarus Project*，2008 年）。——编者注

② 1 英里 =1.609 3 千米。——编者注

第六章

The Wise Company

创建"场"

智慧型领导者通过人际互动构建新的意义

:
:

智慧型领导者会不断地创造机会，帮助管理人员和基层员工彼此了解，共同创造新知识[1]。他们明白，组织成员的想法、经验、悟性和思考方式各不相同，这种百花齐放的知识多样性正是创新的源头活水。只要把这些异彩纷呈的背景和能力融汇起来，就能激发出新的想法，促成创新。学习知识和技艺的传统机会主要来自学校、父母、书籍和互联网，而智慧型企业走得更远，它们把"干中学"置于核心地位。在日本企业里，"干中学"通常发生在"场"的知识创造和知识实践中。

日语的"场"字直译为"场所""空间"或"场地"。它指的是赖以形成人际关系、发生人际互动的情境。组成"场"的成员之间彼此分享信息，建立"此时此地"式的关系，通过相互之间的作用创造出新的意义。

例如，酒吧或小酒馆可以成为一种非正式的"场"。素昧平生的人们在这里聊聊自己一天的经历，说说自己的忧虑和问题，分享彼此的看法。有时这能带来有用的观点和办法。企业"场"较为正式，它在管理者之间形成共同的使命感，帮助他们彼此紧密呼应。"场"的每一位成员都能看到自己与其他成员之间的关系。他们从主观出发，理解彼此的看法和价值观。"场"的成员之间的关系永远是自发自愿的。从这个意义上说，"场"是一种不断运动变化的共享式场景，是一场流动的盛筵，不断有人加入、有人离开。成员关系不断变化，你方唱罢我登场。整个场景同样随着时间不停地变换着模样[2]。

人们在"场"里创造知识，同时，知识也可以被嵌入"场"中[3]。知识的创造是由"场"的形式（真实的、虚拟的、认知的）、时机和参与者的投入程度共同促成的。"场"的本质在于人们把自身已有的知识与他人的知识综合起来的努力。"场"的类型取决于成员的类型、投入程度、成员在何时何地彼此接触等因素。卫材公司研究失智症的案例突出说明了这一点：只有走进医院，多花时间和患者待在一起，才能获得关于失智症患者的隐性知识。从这个意义上说，"场"不仅是知识的孵化器，也是知识的储存器。

如何创建"场"

实际上，我们在前面的章节中描述过多个组织层面的正式的"场"，只不过我们当时没有指明而已。每隔半年，迅销集团会在东京近郊举办一次为期2天的全球大会，来自多个国家的4 000多位与会者相聚在这里。这就是典型的、大规模的"场"。首席执行官柳井正会在每次大会上发表开场演讲，主题是一段时间以来的所思所想。例如，2016年春季的演讲主题是"实现服装的民主化"。那次演讲结束后，他还特别安排了2小时的对话环节，欢迎在场的所有人向他提问。为此，现场配备了8种语言的交传翻译，包括英语、汉语、法语、西班牙语、泰语、俄语、越南语和印度尼西亚语等。为了更好地从主观上理解提问者的观点和价值观，柳井正会频繁地询问她们的背景情况，现场互动极为热烈[4]。

巴慕达的烧烤聚会可以成为小规模"场"的代表。上一章提到过，巴慕达的50名员工在一家公园里聚餐。首席执行官寺尾玄吃到了一块烤面包。他被烤面包美妙的口感和滋味深深打动了。他立即宣布：我们要"做出最棒的吐司，而不是最棒的吐司烤炉"。员工们同声附和，传奇烤面包机的故事就这样开始了。在那一刻，烧烤聚会变成了一个"场"。员工们开始思考如何再现那块口味绝佳的吐司，并下意识地开始不停地尝试。就这样，这场烧烤聚会通过共同的目标把这些知识拥有者连接在了一起。

日本航空的"场"

日本航空公司成功逆转的案例说明了在知识创造的一个完整周期中，即从社会化到外显化，再从组合化到内隐化的一个完整过程中[5]，个人、团队和组织等各个层面的交互作用是如何实现的。在回顾这个案例时，我们发现，SECI过程在每个阶段发生的交互实质上都是一个"场"。

例如，在社会化阶段中，首席执行官稻盛和夫亲身参与了多个"场"。他走访了公司在日本的每个机场、机库和销售网点，会见那里的日航员工，并和他们谈话。他和100家分支机构的总经理谈话；他在月度业务报告会上和30位分部经理交流，向他们抛出了如炮火般密集的问题。每次散会之后，稻盛还会在高管会议室里组织空巴，和包括公司高管在内的每个人喝酒谈天。他出现在这些"场"里，并通过这种方式熟悉了公司的一线经营情况、各分支机构的经营情况以及中层和最高层管理团队的情况。

在外显化阶段中，稻盛和夫把公司的30 000人分成了多个"阿米巴"小组，每组大约10人。这些小组的每次会议都形成了一个"场"。它让员工们吐出了如鲠在喉的心里话："公司里根本没人对盈亏负责。"在这种自负盈亏的新型核算系统的支持下，每个小组终于找到了利润的来源和亏损的原因。

在组合化阶段中，1个10人工作组牵头起草了"日航哲学"，它由40条原则组成。每位日航员工都要参加"日航哲学"学习班，分享自己的成功经验。每个学习班都是一个"场"，它见证了公司的种种变化，为员工带来了信心——日本航空一定能再站起来，重振雄风。

内隐化阶段也不例外。日本航空当时面临的整体环境构成了一个"场"，帮助员工做到了公司破产之前没有做到的事。例如，飞行员不再使用一次性纸杯喝水、飞机技师会重复使用可抛型手套等。日航当时面临的是生死攸关的重大挑战。它迫使空乘人员完成了心智模式的蜕变。她们会在飞机满员时面带微笑，而不是像过去那样，因为要付出额外的劳动而心生怨怼。如此一来，身临绝地的情境成了每位日航员工共有共享的宏大场景。它也是一种"场"。

禧玛诺的"场"

"场"不仅在 SECI 的水平周期运动中促进知识的创造与实践，它还在 SECI 进入更高一级本体论维度的纵向运动中发挥着同样的作用。随着社区中和社会上越来越多的人参与其中，本体论层面的向上运动（SECI 螺旋）会扩大知识库的规模。每一轮的知识创造和实践都会影响后一轮，这也是本书最关键的要点之一。

为了扩大知识库，禧玛诺建立了多种类型的"场"（见图 6-1）。它的 SECI 过程盘旋而上，从个体层面进入组织层面，又进一步上升到组织间层面，最终进入社区层面。伴随着这个过程，越来越多的人参与到知识创造和知识实践的过程中来。通过"场"的建立，禧玛诺拥有了属于自己的知识实践者社区。社区成员因为对自行车和自行车竞赛运动的共同热爱彼此相连。

禧玛诺绝大部分的"场"处于公司以外。它们帮助禧玛诺员工获得了自行车运动的共同知识，理解了在国际赛场上成功完赛的必要条件。

前文提到过，禧玛诺在德国慕尼黑理工大学建立了自己的第一个"场"。一位禧玛诺的年轻工程师在那里学习了两个半月，通过与奥托·金茨勒的交流掌握了冷锻技术。

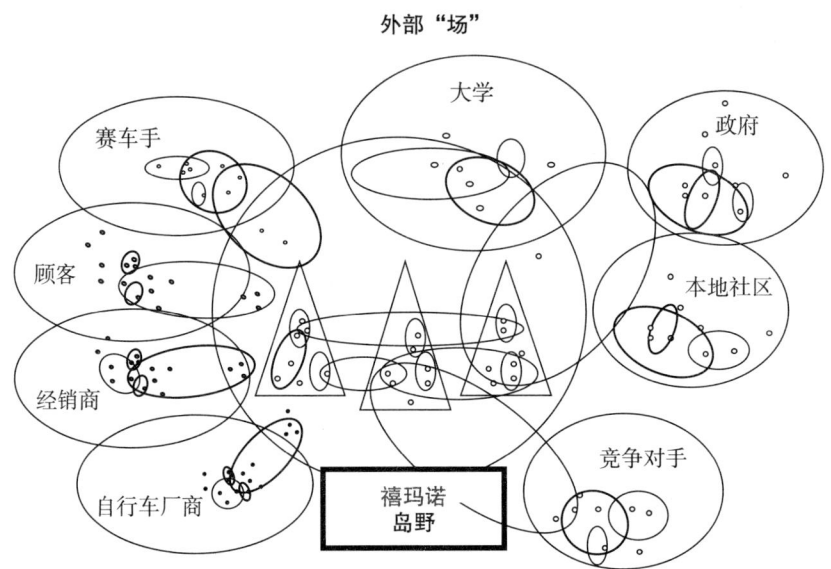

图 6-1   禧玛诺建立的不同类型的外部"场"

资料来源：竹内弘高（Hirotaka Takeuchi）。

美国的自行车店主群体构成了禧玛诺的第二个"场"。6名中层经理被禧玛诺派到美国，通过"展示讲解"的方式推广和销售自行车零部件。他们组成了3个双人小组，从一座城市奔向下一座城市，和当地自行车商店的店主和伙计们打成一片，教他们怎样拆卸和组装禧玛诺的零部件。

Flandria车队是禧玛诺建立的第三个"场"。它是禧玛诺赞助的一支比利时（自行）车队。一位禧玛诺的中层经理加入了这支车队，随队转战欧洲各大赛场。他亲眼见证了公路赛场上发生的一切，查明了比赛会对自行车带来怎样的损坏。他被自己看到的情况惊呆了。这位经理每个月提交1份报告，通过慢如蜗牛的邮局寄回日本。他在一份报告中这样写道："……1支曲柄变形，另有3支曲柄断裂；后拨链器飞轮磨损变小；前拨链器链条导板破损，与链条分离；刹车损毁；快速释放装置完全失灵……"[6]

实际上，旅欧的经理每发来一份报告，都相当于在禧玛诺的日本总部创造了一个内部的"场"。当时，禧玛诺所有部门在同一个楼层办公。报告会被传遍产品开发团队的每个人。接下来，大家会围坐在一起，讨论各种可行的解决方案。这样一来，总部就变成了一个理想的"场"。人们在这里分享信息、商讨办法。

塔玛珮斯山是禧玛诺的第四个"场"。它位于（美国）旧金山市以北，是山地自行车的诞生地。禧玛诺美国分公司的一位中层经理来到这里试骑了测试用车。陪伴他的是大名鼎鼎的山地自行车之父——加里·费希尔、乔·布雷兹。这位经理还请来了公司的两代领导者——岛野喜三和岛野容三。他们来到了塔玛珮斯山。年轻的容三骑上了一辆山地自行车，沿着崎岖、湿滑的山路一路骑了下来。尽管他的西裤沾满了泥浆，但这个特别的"场"为岛野容三带来了全新的认识。他预感到一种"惊险刺激"的山地自行车概念将会红遍全球。就在那一刻，就在塔玛珮斯山脚下，岛野容三决定：立即开始山地自行车零配件的研发工作。

禧玛诺的第五个"场"稍有不同，它不是物理性的，而是认识性的。它出现在 1996 年亚特兰大奥运会上。使用禧玛诺 Dura-Ace 7700 变速系统的车手们包揽了那一届奥运会每一项男子自行车比赛的奖牌；使用禧玛诺配件的车手们在 1999 年环法自行车赛上大获全胜。这些佳绩帮助禧玛诺员工建立了共同的信念和认识：公司终将成为全球自行车运动行业的重量级企业。这个"场"让公司里的每个人意识到：奋起直追的阶段已经胜利结束了。新的使命感在员工心中油然而生——要成为全球自行车零配件行业的领军企业。

禧玛诺建立的第六个"场"是一种合作关系。禧玛诺公司和高端自行车厂商——例如梅赛德斯 – 奔驰（Mercedes-Benz）和路易加诺（Louis Garneau）等合作开发了一种自动变速技术，即 SMOVER（智能运动方式）。开发这一技术的初衷是推动发展舒适型自行车市场。虽然这个目标没有实现，但它带来了禧玛诺和欧洲自行车厂商之间的共识：制造这种产品的时机和环境尚未成熟。与高端自行车厂商的合作可谓喜忧参半，但它为禧玛诺带来了新认识：无论是山地自行车还是公路自行车，渴望胜利的职业车手都需要 Di2 系统。它本来是专为 SMOVER 开发的一种智能数字集成系统。

卫材公司的"场"

随着 SECI 过程的螺旋上升，知识创造和知识实践的规模会逐渐扩大，质量会逐渐提高。它会带来更多的行动，让组织内外更多的人参与到知识社区中来，成为社区的一分子。"场"能激励人们追求更高的目标、推动企业与社会的交融、促进知识创造和实践过程沿着本体论维度向上运动。举例来说，1983 年，卫材公司樱冈研究实验室的 12 名科研人员组成了一个"场"；到了 2016 年，这个"场"带动了公司的 10 000 名员工、几百万名患者，数以百计的医院、药店、家庭护理机构、社区，还有 50 多家日本地方政府。

失智症夺走了杉本八郎博士的母亲，也为新药安理申的开发工作建立了第一个"场"。杉本八郎发誓，要用自己的一生开发出战胜失智症的药物。他和科研小组的 12 位同事夜以继日地工作。他们所在的实验室因此被称为"不眠的城堡"。机缘巧合之间，杉本得到了当时的实验室主任，后来成为卫材首席执行官的内藤晴夫的支持。杉本和内藤的"风云际会"带来了安理申项目的正式启动。

第二个"场"出现在内藤晴夫 1989 年担任公司首席执行官之后。他重新调整了卫材公司的市场定位，把它变成了一家"关心人类健康"的企业。它把患者和他们的家属——而不是医生或医院——放在了医疗过程的核心地位。这极大地激励了安理申团队，他们开始花时间与失智症患者和他们的家属待在一起。

卫材公司委派了 42 位经理，专门负责安理申产品在日本的宣传推广。这些经理和医药代表见面开会，集思广益，形成了第三个"场"。通过头脑风暴会议，他们发现，很多医生并没有能力准确地诊断失智症。很多患者遭到了误诊，错过了宝贵的早期治疗机会。

卫材加强了和社区的联系，提高了人们对失智症的认识。这就形成了公司的第四个"场"。它体现在多种形式上，包括举办公共论坛和医疗工作者临床研讨会等。截至 2016 年，卫材公司成功地与 527 个社区达成了合作，还与 53 个日本地方政府签订了协议，专门用来支持失智症患者和他们的家属。我们在前文提到过这一点。

除了实体的"场"之外，卫材公司还建立了两种虚拟的"场"。它们帮助公司快速扩大了知识实践社区的规模。首先是建立了某网站。按照这个网站提供的地图，就能找到专门的医疗支持机构和区域内的救助机构。另一个虚拟"场"是"hhc 热线电话"。自 1999 年安理申在日本上市以来，"hhc 热线电话"累计答复了 13 万通以上的来电咨询。

到此为止，我们谈论的都是日本企业是如何建立"场"的。部分原因在于这个概念诞生于日本。的确如此，"场"的思想来源于"场所"（basho）的概念。它最早是由日本哲学家西田几多郎（1926 年）提出的，后来被清水博①加以完善（1995 年）。尽管"场"在日本的管理界被频繁使用，但是我们不能误以为它是一种日本独有的思维方式。很多西方哲学家同样认识到了"地点"（place）在人类认知和行为中的重要作用。对于这一点，我们可以远溯到柏拉图的"chora"，它指的是最初的起源地；亚里士多德的"topos"，它指的是物理存在的处所；以及更加近代的海德格尔的"ori"，它指的是人类存在的场所。

沃尔玛的"场"

谈到"场"在西方的建立和应用，最好的例子莫过于沃尔玛公司。这家公司把"场"的概念应用在很多场景中。沃尔玛的创始人山姆·沃尔顿的亲身经历说明，"场"可以产生于公司与顾客、员工、媒体、供应商和竞争对手的互动之中；"场"也可以通过会面和竞争出现在超市店面里。沃尔顿建立过很多个"场"，以 20 世纪 80 年代最为集中，主要包括以下内容。

- 每个沃尔玛店面会专设一位迎宾员——通常由一位退休的老大爷担任。他们会用灿烂的笑脸欢迎每一位进店的顾客，和他们握手致意。这创造了一种店面与顾客之间的交际"场"。

- 每个星期六早上 7:30 召开全员大会。员工们在会上高举右手宣誓："我庄严承诺，从今天起，我会对每位距离我 10 英尺以内的顾客微笑，欢迎他们；我会正视他们的双眼，问候他们。愿山姆保佑我！"这种"场"保证了员工与顾客之间的密切联系。

- 在每个星期六的全员大会上，或者每次山姆·沃尔顿走进一家沃

---

① 日本学者、东京大学药学博士，"场的研究所"所长。1932 年出生于爱知县濑户市。——译者注

尔玛卖场时，都会响起"沃尔玛欢呼"（Wal-Mart Cheer）。这同样形成了一种"场"。它向沃尔玛员工重申了"我们为什么而存在"这个问题的关键，那就是"为顾客服务"。

○ 来一个 W！

○ 来一个 A！

○ 来一个 L！

○ 我们一起扭一扭！（每个人扭扭身体）

○ 来一个 M！

○ 来一个 A！

○ 来一个 T！

○ 我们就是？大家一起高喊："沃尔玛！"

○ 我们就是？大家一起更高声地喊："沃尔玛！"

○ 谁是第一？大家一起高喊："顾客！顾客永远是第一！"

· 沃尔玛经常为星期六大会安排惊喜环节，比如唱歌，跳健美操，邀请一位首席执行官、喜剧演员或者体育明星演讲，与舒格·雷·伦纳德（Sugar Ray Leonard）①打一场搞笑拳击赛，逗大家开心，举办吐柿子种大赛②等。这些多姿多彩的活动形成各种各样的"场"，培育了诙谐风趣的组织文化。

· 在山姆·沃尔顿的表率下，诙谐风趣早已融入了沃尔玛的公司文化。有一次，因为输掉了和大卫·格拉斯的"赌局"，沃尔顿跑

---

① 绰号蜜糖（Sugar），1956 年出生于美国北卡罗来纳州，前职业拳击手，曾获得 1976 年蒙特利尔奥运会轻中量级拳击金牌，1990 年退役。——译者注

② 即 Persimmon-seed-spitting Contest，一种趣味运动项目。参加比赛的选手口含柿子种，用力向指定方向吐出，距离最远者获胜。——译者注

到华尔街美林银行的台阶上大跳草裙舞。新闻里都是他身穿草裙、不太协调地起舞的照片和视频，形成了一种宣传"场"。

- 山姆·沃尔顿还会鼓励别人类似的诙谐举动（又一个宣传"场"）："对一位公司副总裁来说，穿上粉红色的紧身衣、戴上长长的金色假发、骑上一匹白马在本顿维尔中心广场绕圈，这是不是很滑稽？这正是查尔斯·塞尔夫（Charles Self）1987 年的'英雄事迹'。他在星期六大会上打赌，预测 12 月的销售额不会达到 13 亿美元，结果他输了……想给总裁惊喜的人有很多，但是送一头活猪给他，这就算是惊吓了。山姆会员店的员工真的对格拉斯做出了这样的事，就在一场销售竞赛的启动会上……[7]"

- 沃尔顿还把录音变成激励员工的"场"。在沃尔顿去世的前一年，《财富》杂志的一位记者跟随他走访了一家位于（美国）孟菲斯市的沃尔玛卖场，并记录下了他和一名员工的对话。

  "你好，乔吉。我非常喜欢这款伊维宝婴儿润肤油。它只卖 1.54 美元，我觉得它一定会成为爆款商品。"

  乔吉回答："当然，它可是我的单项商品促销（Volume Producing Item，VPI）！"

  沃尔顿掏出了他的录音机，对着它说："我在孟菲斯的 950 号店。乔吉在货架端头陈列了伊维宝婴儿润肤油，他的表现太棒了！我号召所有门店向乔吉学习。"自豪的乔吉涨红了脸[8]。

- 沃尔顿还经常去竞争对手的门店寻找灵感。因为一边开车一边数对手停车场里的汽车，沃尔顿至少撞烂过一辆车。20 世纪 70 年代早期，他最喜欢盯着的竞争对手是凯马特（Kmart）（把"场"

扩展到竞争对手的门店里）。沃尔顿说："我老是往凯马特跑，因为它比我们干得好。凯马特就是我的实验室。我花了好多时间在它的门店里游荡，和店里的工作人员交谈。我想搞清楚他们是怎样做事的。我可能是全美逛凯马特的冠军。[9]"

- 大卫·格拉斯说过，沃尔顿一直不太喜欢电脑，他把电脑看作一项开支。但是，有人告诉他，为了有效地管理沃尔玛的爆炸式增长，必须借助技术的力量。沃尔顿采纳了这些建议。结果，沃尔玛早在20世纪80年代就安装了当时最先进的电脑系统。它通过卫星系统把所有的门店连接在一起。沃尔玛公司通过这个网络从本顿维尔市发布电视消息，并通过主机收集所有门店的数据；它处理信用卡授权的平均用时不到5秒；它还能追踪公司复杂的配送网络，与公司里的每个人分享促销信息。它成了一个包罗万象的虚拟"场"，让所有员工置身于同一个情境中[10]。卫星系统本身并不能成为"场"；所有员工心怀同一个目标，身处同一个平台并彼此互动的工作场所构成了"场"。

- 为了和供应商有效沟通，沃尔玛还在20世纪80年代建立了电子数据交互（Electronic Data Interchange，EDI）系统。90年代早期，沃尔玛进一步加强了EDI系统，加入了预报、计划、补货和配送等功能。差不多与此同时，沃尔玛的零售链（Retail Link）专用交换系统开始为供应商开放权限。他们可以通过这个系统获得2年之内每家门店的销售趋势和产品库存情况。它是一种与供应商共享情境的虚拟"场"[11]。

需要特别提醒的是，只有当人们专心投入，朝着明确的目标共同努力时，在线数据分享平台才能真正成为虚拟的"场"。一旦少了相互之间的作用，在线平台充其量只是一种信息来源，不能成为"场"。同样的道理，企业内部为了加强员工使命意识的会议，或者加强员工个人关系的社交活动，都是"场"。这些互动能够推动创造新的知识和意义，这就是"场"的全部意义所在。

究其本质，除了沃尔玛和卫材公司的少数几个虚拟"场"之外，本章谈到的所有"场"都是物理性或认知性的。然而，在如今的网络时代里，各式线上社区极大繁荣、数不胜数，因此，建立线上虚拟"场"是非常有用的。这种"场"与真实世界里的"场"同样强大。我们接下来描述一个最杰出的虚拟"场"的例子。它是紧随 2011 年日本"3·11 日本地震"之后建立起来的。

建立虚拟"场"

2011 年，当摧毁性的地震和海啸突袭日本东半部地区，造成福岛第一核电站熔毁时，麻省理工学院媒体实验室^①主任伊藤穰一（Joi Ito）^②正在（美国）马萨诸塞州的小镇剑桥面试这份工作。他立即与两位好友取得了联系。一位是肖恩·邦纳（Sean Bonner），他是生活在洛杉矶的创业者。肖恩和伊藤在东京的数字车库（Digital Garage）会议上合作过。另一位是皮耶特·弗兰肯（Pieter Franken），他是东京莫尼克斯证券（Monex Securities）

---

① 麻省理工学院媒体实验室（MIT Media Lab）成立于 1985 年，是一家隶属于美国麻省理工学院建筑与设计学院的研究机构，主要从事设计与科技、多媒体等领域的技术转化研究。主要研究成果包括无线网络、网页浏览器、无线传感器和应用于电子阅读设备上的电子墨水屏等。——译者注

② 伊藤穰一已于 2019 年 9 月 7 日辞去麻省理工学院媒体实验室主任一职。——译者注

的执行总监。

3 人立即想方设法在线上购买、借用甚至乞讨盖革计数器（Geiger Counter），多多益善，以便准确地测量日本受影响地区的辐射水平。海啸发生后不到 24 小时，全球的盖革计数器销售一空。一部分原因是生活在美国加利福尼亚州和华盛顿州的人们担心，日本的辐射可能会波及美国西海岸 [12]。

3 人到处搜寻辐射数据，结果一无所获。这时，他们意识到，找不到数据的原因是数据根本不存在。他们发现，日本国内没人关心辐射数据的收集工作。邦纳后来说："那一刻，我们下定决心，要汇聚各自能够动用的全部资源，征集人们手上的设备，自己动手收集和发布数据。[13]"一个星期之内，"三驾马车"建立的聊天室里聚集了 20~25 个小组。大家集思广益，商讨解决办法，最终得出结论：想要精确的辐射数据，唯一的办法就是自己动手组装精确、廉价的盖革计数器。

还有一位志愿者是雷·奥兹（Ray Ozzie）。他是微软前任首席软件架构师、著名的协同办公平台 Lotus Notes 的创造者。奥兹建议把盖革计数器固定在汽车上，这样比手持计数器进行步行测量更快，可以收集到更多的数据。但是，志愿者团体没有这样的固定设备，唯一的办法是到东京去。那里有合适的人选，能把各项细务统合起来。

抵达东京之后，这个小组只用了不到 6 天的时间就拿出了可以运行的系统。这时，日本政府下令，距离核反应堆 20 千米半径范围之内的所有人必须疏散。而美国政府一边反复强调，20 千米的距离是足够安全的，一边建议美国公民最好把安全半径扩大到 80 千米。由于数据的匮乏和政府建议的错位，整个东日本地区充满了高度的焦虑和挫败感，并且随即蔓延到了整个日本。"3·11 日本地震"之后的一个星期，日本的机场挤满了将近 4

万名急于逃离的外国人，创下了历史纪录[14]。

就在一片混乱之中，Safecast 成员抵达福岛，开始了核辐射水平的测量工作。Safecast 是伊藤这个民间组织的正式名称，它一马当先地开启了核辐射水平的精确测量。很快地，他们发现，即使在同一条街道上，一侧和另一侧的测量读数也可能差别极大。他们发现，必须通过更细粒度的方式进行测量——逐条街道地测量，每隔 5 秒测量一次——数据必须覆盖每一栋房屋。而不是像官方数据那样，整座城市只有一个平均读数。

几个月之后，Safecast 团队发现，盖革计数器做得越紧凑，效果就越精准。于是，他们制作了便当型盖革计数器（bGeigie），把它放进了一个便当盒大小的容器里，还加上了 GPS 接收器。截至 2016 年 3 月，Safecast 项目一共测量了超过 5 000 万个数据点，并在公共领域公布了这些数据。伊藤穰一在他的著作《爆裂》中这样总结他的收获。

> Safecast 项目告诉我们，在开源软件和硬件运动思想的感召下，专门的志愿者团体完全可以制造出更精确、有用的工具。在这个飞速变化的世界里，如此得到的工具有可能远远胜过政府提供的官方工具。它们能为受到影响的社区居民提供行动的参考数据，帮助人们照顾好自己和邻里，启发他们如何为帮助自己和他人打好基础。为什么 Safecast 团队能够如此迅速地调动起来？其中一个原因在于社交网络等在线工具的巨大力量。它帮助志同道合的创新者迅速建立起自己的社区，这些社区会带来知识、支持和很多其他的无形资源[15]。

在伊藤看来，成功的关键在于开放性。在当时的福岛，官方专家并没有起到太大的作用，反而是民间科学力量发挥了更好的作用，伊藤将之称为"公众科学"（Citizen Science）。因为缺乏一个反应迅速、灵活敏捷的系统，所以，日本政府之前未雨绸缪的所有准备，以及为此投入的所有资金，都没能带来令人满意的核辐射水平数据。伊藤认为，一切应该归功于互联网、团队的敏捷性和开放性。是它们在短短几个星期里把全世界最顶尖的专家聚集在一起，找到了解决问题的办法。伊藤相信："它真正说明的是，有了正确的人、正确的资源，加上足够的灵活性，我们有能力胜过……任何一个政府、任何事先的绸缪、任何一种组织体系。[16]"这就是今日世界虚拟"场"的强大力量。

实践技能培养："场"的创造

可以这样说，任何地方的任何企业，都可以通过多种多样的方式建立"场"：吸烟室、食堂、咖啡厅、游艺室、公司组织的家庭活动或者运动会、项目会议室、培训项目、特别研究小组、非正式的兴趣小组、虚拟会议、内网系统、博客等，不胜枚举。尽管如此，并不是企业里开展的每一项活动或者互动都能成为"场"。在被我们称为"场"的情境中，人们必须以某种类型的互动来创造知识。与此同时，人们还必须为此建立起共同的目标和情境。除此之外，"场"内的互动要为参与其中的人们带来新的认识或者构建新的意义。"场"还要成为一种驱动力量，推动知识实践者社区随着时间不断地发展壮大。

我们的研究表明，为了让建立"场"的实践在组织里扎下根来，智慧型领导者要重点做到以下几点：

- 敞开大门；

- 善于把握时机；

- 设计机缘；

- 近乎残酷的诚实；

- 建立共同的使命感；

- 表现出自己的投入。

敞开大门

检测环境安全性的 Safecast 网站创始人伊藤着重强调了开放性的重要意义。福岛核灾难发生之后，这个组织在极短的时间内开发出了便携式辐射测量仪，其成功的关键就在于开放性。短短几天之内，立志解决辐射测量难题的人数就从 3 人增加到了 25 人。他们使用开源软件做出了一套工具。在快速变化的环境中，这套工具远比日本政府提供的工具精确得多。任何人都可以访问和使用 Safecast 收集的数据。它因此成了当时最重要的辐射问题信息来源。不仅在日本如此，在全世界都是如此。

再举一例，在申请破产之后，日本航空公司迎来了新任社长稻盛和夫。稻盛常常在公司里组织空巴。这同样说明了开放性可以帮助企业实现自我变革。一开始，很多日航高管谢绝了社长的酒会邀请。他们不想成为这个"场"的一分子。但是，稻盛和夫并没有因此而"关上大门"。等到最后一堂培训课上完时，在川崎市的一家快捷酒店里，52 名总监和主管全部出席了稻盛和夫的空巴，有的人直到凌晨 4 点才尽兴而归。慢慢地，稻盛的教导渗入了这些高管的心里。他们开始虚心接受稻盛的思想，反思自己过去工作中的失误。

同样的道理，2002 年，刚刚履任 5 个月的三井社长枪田松莹（Shoei Utsuda）启动了环坐（kurumaza）会谈制度。三井公司每个月都会举办 1 到 2 次环坐会谈，时间通常安排在午餐时段或者下班之后。它对所有员工开放，只要在公司的内网上提前预约即可。讨论的话题必须是"好"工作的含义。它既可以是对员工的"好"，也可以是对公司或者社会的"好"。这家公司在 6 年间召开了 117 场环坐会谈，超过 2 000 名员工参与其中。人们在会上对三井的全球经营实践畅所欲言，也可以谈一些颇有争议的做法，还会讨论公司的未来。

善于把握时机

时机在"场"的建立中发挥着关键的作用。无论是 Safecast 还是日本航空公司，当时都是在危机模式下运行的。2011 年 3 月 12 日，日本东京电力公司（Tokyo Electric Power Company，TEPCO）福岛核电站的 1 号反应堆爆炸。在不到一个星期的时间里，伊藤穰一、肖恩·邦纳和皮耶特·弗兰肯迅速组织成立了 Safecast 团队，开发了特制的盖革计数器，提供给需要测量本地核辐射水平的人们使用。Safecast 团队迅速抵达日本东京，因为那里有很多人了解如何组装盖革计数器。他们在 6 天时间里设计出了运行良好的系统。短短几个月之后，Safecast 团队又开发出了更加高效的便当型盖革系统。这支团队之所以能在这么短的时间里取得如此令人惊叹的成绩，完全因为其在正确的地点、同正确的人一道、在正确的时机下建立了"场"。Safecast 及时建立"场"的能力帮助人们得到了比以往任何时候都要精确的核辐射数据。

同样地，2010 年，日本航空公司申请破产。稻盛和夫临危受命，担任日航新社长。甫一履任，稻盛立即建立了"场"，帮助员工团结一心，改掉过去的坏习惯，确保没人重蹈覆辙。他的办法是"阿米巴管理"和"日航哲学"。早在刚刚接手社长时，稻盛和夫就知道，想把公司的复兴大计落到实处，说到底还是要看员工。

与稻盛和夫对待日航员工的做法如出一辙，智慧型领导者会感受他人的感受。他们会想象他人的感受，有效地通过"场"来开展工作。共情和想象力是有效管理变革场景的重要工具。智慧型领导者必须读懂形势，理解环境的必然要求，然后适应它们——极为快速地适应它们。本田宗一郎说过："能讲出好笑话的人很不简单，因为他抓得住稍纵即逝的氛围和时机。时机只会出现在那一刻，别无他处可寻。讲笑话要找对节骨眼，错过节骨眼就不好笑了……会讲笑话的人都是善于理解他人情绪的人。[17]"拙于把握时机的人不但讲不好笑话，也创造不出"场"。

设计机缘

机缘（serendipity）这个词是英国贵族霍勒斯·沃波尔（Horace Walpole）① 创造出来的，它第一次出现在沃波尔 1754 年的一封信里。机缘常常被用来指幸运的意外发现 [18]。到了今天，"机缘"几乎成了"创意"的近义词——新想法问世的那个神秘的过程。以谷歌为代表的硅谷企业不断地尝试对机缘进行人为的设计。为此，谷歌在加利福尼亚建造了一个新园区，确保最大化的"随机碰撞"（Casual Collisions）。实际上，谷歌的物产

---

① 英国文学家、艺术史学家、政治家。霍勒斯是第四代奥福德伯爵（4th Earl of Orford），他的父亲是英国第一任首相罗伯特·沃波尔（Sir Robert Walpole）。霍勒斯是著名的草莓山庄（Strawberry Hill House）的主人。他以草莓山庄为背景创作并匿名发表了文学史上第一部哥特小说《奥特兰托堡》（The Castle of Otranto）（1764 年）。——译者注

负责人[①]表示，谷歌做到了在整片办公区域范围内，任意两人之间的步行距离不超过两分半钟。

很多企业发现，机缘可以催生工作中的创意、激发创新。麻省理工学院的一项研究表明，人们与 60 英尺（相当于 18.29 米）范围内的人沟通交流的概率是该范围之外概率的 4 倍；不仅如此，人们几乎不会与其他楼层或者建筑里的同事沟通或交流。麻省理工学院的另一项研究表明，在员工食堂里，坐在 12 人大桌旁用餐的人比坐 4 人小桌的人更有生产力。这是因为在大桌旁用餐的人更有可能与他人交谈，拥有更大的社交圈子[19]。

这些发现促使迅销集团在东京市的有明区设计、建造了新的办公大楼，它就坐落在东京湾的另一边。迅销这一举措同样是为了“机缘”二字。2017 年 2 月，这片占地 16 500 平方米的办公区域正式开放，所有的办公人员在同一个楼层里工作。这片巨大的楼层被分为三大区域（上城区、中城区和下城区），从办公区一边到另一边的长度足有 240 米[20]。这座大楼被称为迅销“东京有明总部”（UNIQLO City Tokyo）。它创造了一个庞大的“场”：①人们可以在“主干道”和它放射出来的过道上随意交谈；②可以在“每日特色”餐厅里一边吃午餐/晚餐一边谈话，或者在有明咖啡厅里一边喝咖啡一边聊天；③也可以在阅览室里享受安静的时光；④或者在配备了多媒体设备的“答案实验室”里开展头脑风暴；⑤部门间的非正式会议或者谈话可以在遍布整个楼层的多个游廊或者休息区里进行；⑥大型公司活动或者社区活动通常被放在“东京有明总部”大礼堂里举行。

---

① 大卫·拉德克利夫（David Radcliffe），谷歌公司主管房地产和办公场所服务的副总裁。——译者注

近乎残酷的诚实

诚实也许是世上最自然不过的事了。尽管如此，让组织里的人彼此做到近乎残酷的诚实并不容易。大多数员工认为，直言相告是划不来的。他们因此得到的太少，失去的却太多。的确如此，在全球多数组织里，政治正确是变革的最大敌人。这就是为什么一些智慧型企业（例如本田）建立了一种名叫"畅言会"（Waigaya）的特别的"场"，鼓励人们畅所欲言：知无不言，言无不尽。

Waigaya 是拟声词"waiwai-gayagaya"的缩略形式，用来模仿会议中人声喧嚣的嗡嗡声。畅言会的终极目的是解决问题。但是，要实现这个目标，绕不开无法预料的迂回曲折。畅言会通常要开上三天三夜，大约 30 名项目小组成员聚在一家酒店或者带温泉的日式小旅馆里。每天晚上，他们会相聚在公共浴池里，一边泡温泉，一边喝清酒。

畅言会不设日程，但是员工们一般会从说老板的坏话和倾吐挫败感开始。几杯清酒下肚，人们开始吐露真言，发生吵架拌嘴甚至肢体冲突都不算少见。到了第二天，前嫌尽释，人们开始理解彼此的出发点和感受。他们会越来越愿意倾听，更多地站在对方的角度感受问题。第三天，人们通常会在归纳方面实现飞跃，克服个人因素的影响，做到从团队的角度思考解决问题的办法。

畅言会是藤泽武夫 ①（Takeo Fujisawa）的创意。藤泽是公司创始人本田宗一郎的左右手，曾在本田身边工作了几十年。一提到畅言会，藤泽武夫说："本田宗一郎是个天才，常人无法效仿他。对于像我这样的平常人

---

① 本田公司共同创始人、本田宗一郎的副手。他于 1949 年加入本田公司，1973 年退休。——译者注

来说，与他抗衡的唯一办法就是和一群人联合起来，聚众研究和讨论：我们——包括我们自己和公司在内——为什么而存在？抓住这个问题的本质就是畅言会这个'场'的意义所在。"有人半开玩笑地说："只要参加 20 次畅言会（并且活下来），人人都能拿到柔道白带；如果参加 40 次，拿个黑带也不成问题。[21]"这句话生动说明了参加畅言会需要怎样的勇气。

建立共同的使命感

"场"要求参与者拥有共同的目标和使命感。前文提到过，为了创造一个这样的"场"，迅销集团的首席执行官柳井正向 4 000 名听众宣布了他"实现服装民主化"的强烈渴望。他与听众分享了自己的信念：现代日本不存在贵族阶层，也没有鲜明的阶层意识。日本的企业生逢其时，有机会改变长久以来关于什么场合穿什么服装的西方标准。于是，一个崭新的品牌在日本诞生了。它提出的口号是"造服于人"和"服适人生"。柳井正认为，这样可以在全世界实现服装民主化。散会之后，第一次听到柳井正演讲的员工带着全新的、关于优衣库使命的共同感受和意义回到各自的工作岗位上。

卫材公司把所有的研究人员派出去照顾患者，通过这样的形式建立起共同的使命感。前文提到过，员工们因此理解了患者的行为：他们是怎样服药的、怎样洗澡的、怎样与看护人员沟通交流的。研究人员因此更加深入地理解了患者和家属的需求，进一步领会了"关心人类健康"这一公司使命。卫材社长内藤晴夫指出："我把全部身心投入到了药物开发工作中。然而，医院里的人关心的远不止药物，它只在个别情况下有用。这为我带来了关于药物开发目的和药物开发方式的新认识。[22]"

表现出你的投入

"场"离不开参与者的投入。伊藤穰一能在几个星期之内通过互联网集结全世界最优秀的人才、收集到本不存在的数据、公布他们的发现、把辐射数据与医疗数据关联起来、更好地理解辐射带来的影响，关键在于参与者为实现"场"的目标全心全力的投入。为了让社会受益，他们甘愿付出自己的时间和精力。短短一年之内，Safecast 团队收集的辐射数据超过了历史数据的总和。它成了辐射监测领域的领路人。

要表现出投入，管理者的投入非常重要。以禧玛诺为例，它的中层经理在欧洲建立了一个自行车竞技的"场"。早在 20 世纪 70 年代初，这些中层经理启程赴欧之前，禧玛诺的领导者告诉他们："到欧洲去，并在那里落地生根""和 Flandria 车队一同征战欧洲，如果你不能用自己的双眼看懂赛场上的一切，就不要回来"。在此之前，禧玛诺选择先在美国市场站稳了脚跟。尽管如此，大家心里都清楚，如果不能在欧洲赛场上占据一席之地，公司就不可能真正拥有未来。对从未到过欧洲甚至连欧洲国家的语言都不会说的中层经理们来说，这真不是一份好干的差事。禧玛诺为他们提供了成功必备的情境，那就是相互的理解、共同的感受、积极的共情，当然，还有信任。

丰田公司同样把欧洲赛场当作一个"场"，为自己创造出了不一样的未来。身先士卒地带领这次冲锋的人正是公司的首席执行官、丰田家族的后人——丰田章男。他投入了大量的时间和精力，切实地把德国纽博格林 24 小时耐力赛（The 24 Hours of Nürburgring Race）变成了改变丰田公司和他本人的"场"。

2002 年，时任丰田北美公司副总裁的丰田章男访问丰田市，并在那里结识了成濑弘（Hiromu Naruse）。成濑弘当时是丰田公司的首席试车手，也是测试车队 GAZOO Racing 的主管。当时代表丰田公司参加大联盟的车队是丰田 F-1 车队；而 GAZOO 只能参加小联盟的比赛。这是因为它主要使用开发阶段的常规轿车和运动型多用途汽车（SUV）来比赛。成濑弘告诉丰田章男："丰田公司有不少和我一样的人；为了造出更好的汽车，他们每天都在拿自己的性命赌博。如果你想学习开赛车，可以每个月来这里一次，我来教你。"丰田章男接受了成濑弘的邀请。他和其他人一起，在日本的试车场和测试赛道上接受了成濑弘的培训。他至今还清楚地记得成濑弘的第一课："要和你的汽车对话。要知道，汽车是有生命的。没人能准确计算出它是怎样工作的。为什么如今汽车沦落成了商品，就像电子产品那样的商品？因为人们过于依赖计算了，而不是真正地和汽车对话。[23]"

丰田公司很快就把纽博格林变成了自己的新车测试场和新人训练营。

在这里，人们是无法伪装的，更不能撒谎。如果你这样做了，纽博格林众神就会狠狠地惩罚你。如果你只是有一点点喜欢汽车，或者开得马马虎虎，纽博格林众神是不肯接受你的。对汽车的基本性能来说也是一样的。这就是我们非要来纽博格林不可的原因。只要来到这里，我们的汽车就会被打回原形。正因为如此，纽博格林成了我们训练员工的好地方。从零开始，造好一辆汽车。这个过程会帮助年轻的技师学会用自己的身体去"感知"，他们负责的一点一滴的工作都会传递给和影响到后面的人，以及更后面的人，并一直延续下去。通过纽博格林的比赛，他们学会了用身体去感受和领悟制造一辆汽车的真正含义[24]。

纽博格林同样成了丰田章男的个人训练场。2016 年 5 月 26 日，丰田章男驾驶雷克萨斯 RC 跑完了两圈的比赛。他说：

> "我常常在想，我到底算不算这家公司总裁的合格人选？到了纽博格林，我发现，人在这里是无法伪装自己的。它就像一块试金石，帮我发现了这个挥之不去的问题的答案。（连续来到这里 10 年之后）我今天终于做到了内心波澜不惊地开上赛道。我昨天开了第 1 圈，一边开一边和我的赛车对话，等到第 2 圈时，我终于找到了一直想要的那种感觉。[25]"

2010 年 6 月 23 日，在纽博格林附近赛道测试丰田新车时，成濑弘在一场灾难性的车祸中不幸离世。这不禁让人扼腕叹息。丰田章男跪在地上，十指紧扣，默默地向成濑弘的英灵祷告。尽管花了 10 年的时间，但是，丰田公司终于在 2016 年同意以"丰田 GAZOO 车队"（TOYOTA GAZOO Racing）的名义参加了纽博格林 24 小时耐力赛。丰田章男吐露心声："我的梦想是在纽博格林开着丰田的赛车比赛，这用了我 10 年的时间。事实上，这是丰田公司第一次允许 GAZOO Racing 车队冠以'丰田'的名字。一想到这里，我就禁不住浑身发抖……几乎哭出声来。[26]"为了让 GAZOO 车队成为丰田公司认可的大联盟竞赛队伍，丰田章男投入了整整 10 年的努力。丰田章男和整个试车团队对 GAZOO 车队坚定不移的投入正是纽赛（Nür，成濑弘对纽博格林 24 小时耐力赛的简称）的精神。它也因此成了丰田公司的"场"。

本章提要

本章定义了几种不同类型的"场"，剖析了每种"场"包含的彼此相对的两种子类型：

- 非正式的"场"（例如酒吧）与公司中的正式"场"；
- 大型"场"与小型"场"；
- 内部"场"与外部"场"；
- 实体性的"场"与认知性的"场"；
- 面对面的"场"与虚拟"场"。

所有这些"场"的共同点在于，参与者拥有共同的情境、建立起"此时此地"式的关系、通过彼此间的交互获得新的意义和看法。为了获得新的意义和看法，人们必须通过适当的情境、在恰当的时机里和适宜的环境下完成彼此之间的交互。

无论是知识创造还是知识实践，"场"在知识等式的两侧都发挥着同样重要的作用。先说知识创造的一侧。知识毕竟无法在真空里创造出来。它需要情境（也就是"场"）来帮助完成知识信息的解释、意义的构建，最终实现知识的创造。知识创造的过程因场景而异，它涉及时间、地点和人们之间的关系等许多方面。从这个意义上来说，"场"是一种共享的情境。人们在其中理解彼此的主观看法和价值观，建立起"此时此地"式的关系，通过彼此的交互创造出新的意义。此外，"场"也是流动的共享场景，它总是不停地运动变化的。其中的人们来了又走，进进出出，把他们自己的情境带入"场"中，与环境和"场"内的其他人发生交互作用。这不仅让他们自己的情境发生了变化，还改变了"场"的情境，改变了整体环境，也改变了他们与"场"内其他人之间的关系。

再说知识等式的知识实践一侧。"场"是推动知识实践者社区随时间不断扩展的作用力。随着 SECI 螺旋的向上运动，来自企业内部、其他企业以及社区内的人们越来越多地参与到这一过程中来。前文提到的禧玛诺和卫材的案例都说明了这一点。SECI 螺旋就是这样推动知识实践发展的。无论对个人或组织来说，还是对社会而言，知识实践都是至关重要的。

第七章

The Wise Company

传达本质

智慧型领导者会打比方、
讲故事、发挥历史想象力

···

即使领导者能够迅速抓住事物的本质，即使他们能够快速了解具体的情况、事物或者现象背后隐藏的真相，如果不懂得如何向他人传达，那么这些宝贵的本质就只能烂在他们的心里，无法令他人受益。因此，领导者必须懂得如何运用人人都听得懂的通用语言传达这些本质。然而，本质通常是难以言表的，所以，智慧型领导者会运用打比方、讲故事等形式进行广泛而有效的沟通[1]，从而帮助身处不同情境、经验各不相同的个人和团体快速且直观地把握事物的本质。

领导者还要懂得驾驭修辞工具。通过启示或者愿景的形式表现出来的修辞能起到鼓舞人心的作用。传统上，修辞一般限于政治学的范畴；实际上，它涉及人类沟通的方方面面，包括有目的的、策略性的操纵在内。在我们讨论的范围内，修辞是指在特定环境中有效告知、说服和鼓动听众的手段。因为修辞有动员人们行动起来的作用，所以，它是知识实践须臾不可分割的组成部分。

为了有效地发挥修辞的作用，人们必须明白对方会做何感想。感觉可以帮助我们从情绪层面深入理解各种反应[2]。如果言者能够预知听者的接收和反馈方式，他就可以据此确定与听者说话的方式[3]。因此，在组织语言的时候，言者不仅要从自身的角度出发，还要站在听者的角度上思考。如果抓住本质关系到一个人感受事物、现象或者体验本质的能力，那么传达本质主要关系到一个人抓住他人的基本动态关系的能力。

修辞的力量

要想说明修辞的力量，最好的例子莫过于欧内斯特·沙克尔顿①在1913年12月为南极远征船"坚忍号"（Endurance）招募船员的启事。这份启事非常简短⁴。

招募船员

旅程艰险，薪水微薄；

极地苦寒，数月不见天日；

险象环伺，凶多吉少。

如能成功，可获荣誉和赞赏。

这份启事吸引了 5 000 多名申请者。沙克尔顿亲自从中选出了近30人。他的选择大部分出自对候选人性格的本能判断。受到启事吸引的船员非常清楚自己从一开始就要面对什么。这也是他们能在弃船②之后，在与世隔绝的浮冰和救生艇上坚忍不拔地熬过两年的部分原因。最后，沙克尔顿的船员们经受住了严酷的考验，走出了黑暗无边的绝望之地，一个都不少地回到了家乡。

---

① 欧内斯特·沙克尔顿（Ernest Shackleton，1874—1922年），爱尔兰裔南极探险家。沙克尔顿领导才能卓越，他被探险队队员称为"世间最伟大的领导者"。——译者注

② 1914 年 8 月 8 日，在时任英国第一海军大臣温斯顿·丘吉尔的指令下，沙克尔顿的探险队从伦敦出发。1915 年 1 月 19 日，"坚忍号"被浮冰完全包围；2 月 24 日，沙克尔顿下令弃船。1915 年 11 月 21 日，"坚忍号"完全沉入海底。沙克尔顿等 28 人在一块浮冰上漂浮数日，后来登上了 557 千米以外的象岛。沙克尔顿带领 5 名身体最强壮的船员，乘坐一艘救生艇寻求救援。经过 16 天的长途跋涉，他们在 1 300 千米之外的南乔治亚岛上找到了一艘挪威捕鲸船。经过 4 次尝试，他们终于返回了象岛，找到并解救了苦守待援的 22 位同伴。1917 年春天，沙克尔顿带领所有队员安全地返回了英国。——译者注

逻辑诉求、情感诉求、人格诉求

公元前 4 年，亚里士多德完成了一本关于说服他人的艺术的专著——《修辞学》（*Rhetoric*）。他在这部书中把修辞称为一种在特定环境下找到恰当的方式说服他人的能力。他描述了 3 种说服他人的方式，分别是逻辑诉求（logos）、情感诉求（pathos）和人格诉求（ethos）[5]。有趣的是，沙克尔顿刊登在报纸上的那则启事一个不少地包括了这 3 种诉求，即逻辑诉求、情感诉求、道德或人格诉求。

逻辑诉求主要借助逻辑论证和支持性证据说服听众。沙克尔顿的启事虽然言简意赅，但措辞有力、质朴坦诚。它明白地说明了这次南极探险之旅充满千难万险，很有可能壮士一去不复还。5 000 名应征者都很清楚，伴随着极地远征而来的是巨大的冒险。因为在 1914 年 7 月[①]，也就是"坚忍号"从伦敦扬帆起航的那一天之前，瑞典、澳大利亚和加拿大等国的多支极地探险队已经为此付出过惨痛的代价。

情感诉求是诉诸情绪的感召力。它突出表现在沙克尔顿启事的最后一句："如能成功，可获荣誉和赞赏。"在当时的英国，这句话吸引了很多人。因为英国当时正处于与瑞典、澳大利亚和加拿大等国的激烈角逐之中：谁先到达南极，谁就可以宣布对那片处女地的所有权。除了这些国家，德国、比利时、法国等一些国家的探险家也决意出征南极，这些人的兴趣主要来自科考目的和激发民族自豪感的需要。除此之外，当时的政治气候也加强了启事的情绪感召力。当时的英国政府即将对德国宣战。用沙克尔顿的话来说，他和他的船员们即将"对这片冰封大陆的冰雪和严寒宣战"[6]。

---

① "坚忍号"启航的日期是 1914 年 8 月 8 日，当时第一次世界大战已经爆发。作者此处提到的时间疑有误。

人格诉求会激发信任感、建立可信性，并以此说服他人。它是由言者或作者的道德品质和个人历史塑造而成的；也就是说，早在言者发言或者启事张贴之前，人们是如何看待他的。仍以沙克尔顿为例。他从 16 岁开始航海生涯，从擦洗甲板和黄铜栏杆做起，24 岁就当上了船长。很显然，沙克尔顿在这 8 年的时间里形成了极强的人格魅力。除了飞速晋升，沙克尔顿还为自己赢得了一个好名声，他从不以船长身份自居。沙克尔顿的一位船员曾经充满敬意地描述他："（沙克尔顿）和别的少年得志的船长截然不同……他从来不会高高在上，反而乐意和大家攀谈。他像个普通水手一样喜欢抬杠……他是一个感觉敏锐的、充满人情味的人。[7]"最重要的是，当时的人们都知道，"坚忍号"的远征将是沙克尔顿的第 3 次南极探险，也是第 2 次由他担任总指挥的极地远征。

本田宗一郎的宣言

如果说沙克尔顿是西方的修辞大师，那么，与他相映生辉的东方修辞大师非本田宗一郎莫属。在本田公司成立短短 5 年之后，本田宗一郎曾在公司的内部通讯上刊登过一篇名为"宣言"（Declaration）的短文[8]。通过这篇文章，本田宗一郎宣布了参加英国曼岛 TT 摩托车大赛的决心。这项比赛也被称为"旅行者杯大奖赛"（Tourist Trophy），相当于摩托车比赛中的奥运会。最重要的是，这篇短文清晰地传达了本田宗一郎决心背后的本质。他要通过比赛实现把本田公司建设成为世界一流企业的梦想，同时实现他的个人梦想——点亮日本工业的未来。为了说明本田宗一郎如何通过逻辑诉求、情感诉求和人格诉求发挥修辞的力量，我们在这里全文引用了这篇文章。

宣言

本田公司成立至今已有 5 年。在这 5 年里，公司取得了划时代的发展和成绩，这是诸君努力奋斗的结果。本人始终对此怀着最深的敬意和欣喜之情。

从孩童时代起，我就有一个梦想，那就是骑上自己制造的摩托车参加世界级的比赛，并且在这些比赛中获得冠军。然而，在成为世界冠军之前，我首先要保证我们企业的稳定运营，获得必备的精密仪器设备，推出最好的工业设计。就这样，我把自己的一生毫无保留地投入这些工作之中，把最上乘、最实用的摩托车奉献给广大用户。岁月倥偬，直到今天我都没能在摩托车比赛中一试身手。

我最近详细阅读了关于巴西圣保罗国际摩托车大赛的报道，了解了欧美赛车运动的近况。我曾经以为，自己看待世界的眼光还是比较现实的，不会把自己限定在一成不变的思想牢笼里。但是，直到现在，我终于意识到，我对日本现状的感受过度充盈，这蒙蔽了我的双眼。如今的世界正在以极快的速度向前发展。但是，话说回来，我现在依然充满不可撼动的信心。就算现在登场，我一样能拿到冠军，我一直是这样认为的。战斗精神是我的本性，它不会允许我一直避而不战。现在，我们已经拥有了自己的生产系统，我对它充满了绝对的信心，属于我们的机会到了。因此，我下定决心，公司要在明年参加英国曼岛 TT 摩托车大赛。

在此之前，从未有过日本企业使用日本制造的摩托车参加过这项比赛。无须多言，这项比赛的冠军一定会闻名世界；同样无须多言的是，安全完赛的摩托车同样会得到全世界的关注。冠军的名声会确保我们的产品具有相当水平的出口数量。这也是德国、英国、意大利和法国的主流厂商纷纷蓄势待发、想尽一切办法地准备这项比赛的原因。我会为这项比赛设计一款 250 cc（中级）的赛车。我会把它做成本田公司的代表产品，让它成为全世界的焦点。这款赛车的速度将会超过 180 千米 / 小时，我对这一点有着十足的把握。

即便是质量上乘的飞机引擎，它的输出功率也就是 55 马力 / 升，而我们这款赛车的动力将会高出它将近一倍，达到 100 马力 / 升。毫不夸张地说，这样一款引擎，再加上我们公司的独特创意，一定能达到世界最高的工程水平。

这样一款摩托车堪称一个国家现代重工业的明星。它必定是一项综合事业，不仅需要最高工程水平的发动机，还需要最好的轮胎、链条、化油器和其他零部件。为了实现这个目标，我们必须做到对细节一丝不苟的专注和坚持不懈的努力。

在此，我向所有员工发出呼吁！让我们凝聚本田公司全部的力量，胜利地完成这一辉煌的成就。本田公司的未来在此一搏，千斤重担就落在你我的肩上。希望每一位同人都能为此付出澎湃的激情，经受住每一次考验，尽心竭力地做好一点一滴的工作和研究，把这项事业当作自己选定的道路。本田公司的每一点进步都将成为诸位的个人成就；诸位取得的每一点成就都是对本田公司未来最好的保障。拧好每一颗螺丝钉都需要一丝不苟的认真，不浪费每一张白纸都离不开足够的责任心。这就是我们开辟前路最需要的，也是帮助本田公司扬帆远航的准备工作所必需的。

值得庆幸的是，我们的外部合作伙伴，包括代理商和银行在内，与我们展开了极为慷慨的合作。更加令人欣慰的是我们的用户，是他们帮助我们把全部力量凝聚在这项任务上。

德国和日本同为第二次世界大战战败国。我看到，德国的很多行业正在走向复兴。本田公司当前的首要任务是加入这项赛事、取得优异的成绩。我从未有过如此时不我待的迫切感觉。

我们必须准确地衡量日本机械工业的真实价值，并把它提升到足以自豪地向全世界展示的水平。我们要做日本工业的开路者，这便是本田公司的使命。

特此宣告我的决心，并向诸位保证，我将投入全部身心，把我的创造力和技能投入英国曼岛 TT 摩托车大赛中，并且赢得比赛。

特此申明。

1954 年 3 月 20 日

本田宗一郎

本田公司社长

本田宗一郎的宣言用到了前文提及的全部 3 种说服类型。本田公司有能力生产比飞机引擎功率高出 1 倍的汽车引擎，这属于逻辑诉求；一家名不见经传的日本企业力争成为世界舞台的焦点，这既是面向全体员工的情感诉求，也是对日本同胞的情感诉求，因为作为战败国的日本将要向全世界展示自身的工业实力；本田宗一郎儿时的梦想是征战全世界的摩托车比赛，他的战斗精神集中体现在赢得冠军的渴望上，这是本田宗一郎的人格诉求。尽管本田宗一郎决心在第二年加入曼岛 TT 摩托车大赛，实际上，本田公司用了好几年的时间才做到这一点。即使如此，在加入曼岛 TT 摩托车大赛短短 3 年之后，本田公司就在 1961 年一举囊括了该项赛事的前 5 名[9]。

借助比喻传达本质

前文说到，为了清晰地描述具体环境的本质，必须借助通用语言的力量，即大家都听得懂的语言。为了在一般和具体之间自由穿梭，智慧型领导者必须把主观的直觉思想概念化，并通过清晰的、能够做到的语言表达出来；必须有效地借助打比方、讲故事等各种形象化语言的力量。

比喻是指通过想象彼物来理解此物的方法[10]。本田宗一郎特别喜欢运用比喻阐述自己的想法。我们在第五章中提到，本田宗一郎通过用年轻农夫和画家的故事打比方，分辨了"看见树木"和"看见森林"之间的区别。1954 年，就在《宣言》发表后不久，本田宗一郎还通过另一个比喻描述了他在本田公司里的作用。他把自己比作"交响乐队的指挥"。后来，很多领导者也用过这个比喻。

> 我的岗位类似于交响乐队里的指挥。大家都知道，交响乐队最重要的是和谐一致。如果做不到这一点，就无法演奏出美妙的旋律。这个道理同样适用于企业。假如一个人的工作效率非常低下，其他人就不得不与他保持同样的节奏[11]。

"菲拉格慕"和"跑到下一根电线杆前"的比喻

本田飞机公司的藤野道格继承了本田宗一郎喜欢比喻的嗜好。当时，这家公司正在美国北卡罗来纳州的格林斯博罗开发本田公务机，项目进入了关键期。藤野在此期间打过很多比方，其中有两个特别突出。第一个比喻，藤野用意大利鞋履品牌菲拉格慕（Ferragamo）的高跟鞋来比喻设计之美和高效的运行 [12]。

当时，我正在思考机头（设计）的解决方案：怎样能同时兼顾它的美观性和航空动力的高效率？我正好在夏威夷出差，顺路逛了那里的一家免税商店。我在店里看到了一双菲拉格慕的女式高跟鞋。那双高跟鞋的鞋跟给了我极大的灵感。我立刻想出了机头的理想模样，并画下了一幅草图。

年轻的时候，我总是先从理论出发，再确定想要设计的形体。后来，随着经验的逐渐积累，我会越来越多地从灵感出发（从原始设计草图出发），然后反观理论，比如什么样的角度或者气流设计才能支持我最初设计的形象。

为什么是菲拉格慕？它是一家历史悠久的高端鞋履品牌。这家企业积累了极为丰富的经验，它生产的很多款式得到了众多好莱坞大牌明星的追捧。我认为它一定对设计与功能的结合、美感与效用的兼顾造诣颇深。

藤野道格的另一个比喻通常被用在事情没有按照预定计划顺利发展的情况中。在藤野为本田飞机公司工作的 29 年时间里，这样的情况可谓屡见不鲜。这个比喻就是"跑到下一根电线杆前"。藤野偶遇过一位前马拉松运动员，这位运动员告诉他 [13]。

当我开始感到疲劳时，半途而废的想法就会慢慢浮现。这时，我会暂时忘掉自己要跑完 42.195 千米的漫漫长路，忘掉我要冲过的那条终点线。我会告诉自己，先跑到前面的那根电线杆前再说。就这样，一根电线杆，又一根电线杆，我最终跑完了马拉松全程。

迫使自己"跑到下一根电线杆前"，这帮助藤野道格克服了数不清的困难和重重阻碍，包括科学论证、新技术开发、美国的民航许可、成本效益分析、维持人际关系等。他提醒自己，一直跑，不要停下来，跑到下一根电线杆前就可以了。接下来，他会告诉自己再跑到下一根电线杆前，就这样一根一根地跑下去，直到最终实现目标。

丰田章男关于"森藏"和棒球的比喻

和本田飞机公司的藤野道格一样，丰田公司首席执行官丰田章男同样从公司前辈身上继承了打比方的习惯。他深谙通过比喻抓住他人想象力、有效传达信息的方法。比如，丰田的老一辈企业家经常把包括丰田公司在内的汽车行业比作"青番茄"——永远不够完善，永远处于成长过程中。丰田汽车北美公司的一位前负责人说过："青番茄知道，它的未来还在前方，而红番茄早已停止生长。[14]"

丰田公司的元老们曾经用羽化成蝶的一刻来形容公司和整个行业面临的机会。他们还把这个比喻用在个人层面，防止没能得到升迁的管理者心灰意冷、失去工作的动力。一位丰田前人力资源总监说："在和未能获得升迁的经理谈话时，我们会真心诚意地告诉他们，那完全不是因为他们的品格问题，而是公司不得不限制升迁的人数。[15]"这位总监还强调了共情的重要性，尤其在带给员工坏消息的时候。共情让人觉得自己还有机会。另外，喜获升迁的经理们会听到这样的比喻——"您和落选者之间只隔着一根头发丝的距离"，这个比喻有利于培养他们谦逊的品格 [16]。

丰田公司首席执行官丰田章男正是在这样的环境里成长起来的。因此，他非常喜欢运用比喻讲道理，牢牢抓住他人的想象力。他最常用的比喻有两个。第一个是"森藏"（Morizou），这是他刚成为丰田 GAZOO 车队赛车手时为自己取的化名。2007 年，丰田章男开通了博客，名叫"车手森藏的博客"。两年之前，他的家乡名古屋市举办了爱知世博会（Aichi World Exposition）。这届世博会的吉祥物之一名叫"森林爷爷"（Morizo）[①]。丰田章男把这个名字稍加修改，变成了自己的化名。实际上，这个化名是一种比喻。丰田章男希望身边的人更多地认识他作为普通人的一面，而不是他的家庭出身或者现任职位造成的形象。他是这样解释的 [17]。

> 我别无选择。我生下来就姓丰田。你要知道，我一出生就是个"真命宝贝"。因为这个，我从小就有许多"小伙伴式的朋友"，在我的整个童年，这些人始终守护着我，寸步不离。加入丰田之后，我几乎成了"不可触碰的人"[②]——如果有人和我走得太近，可能会被人说成逢迎者、马屁精；如果有人顶撞了我，那可不得了！他可能会被告发到我爸爸那里，我爸爸可是堂堂首席执行官大人！
>
> 事实上，我一度想要离开公司，改头换面，开始新的人生。但是我太热爱汽车了，我太热爱丰田公司了，所以我留了下来。我用了"森藏"这个化名。一开始，它只是我的一条隐秘的跳脱之路。慢

---

① 2005 年爱知世博会的吉祥物有两个：森林小子（Kiccoro）和森林爷爷（Morizo）。作者在英文原文中把"森林爷爷"写成了"Morizoh"，疑似笔误。——译者注

② 即 Untouchable，其字面意义为"不可批评的、不可触犯的、触摸不到的"。在印度种姓制度中，这个词代表处于社会最底层的贱民。丰田章男用这个词来形容自己，多少有些自嘲的意味。——译者注

慢地，我开始发现它的种种好处。比如，在东京或者名古屋的车展上，经常有人索要我的签名。我就会问他们："我应该签哪个名字呢？"他们就会说："当然是森藏啦！必须的！"因为很多生活在爱知县的人都与丰田公司渊源颇深，人们可能会认为，我的大名、我作为丰田公司首席执行官的身份，可能在这里价值更高。实则不然，人们明显更喜欢作为"森藏"的我。

还有一点，在成为丰田社长之后，尤其是在担任日本汽车协会（Japan Automobile Association）会长两年后，经常有人问我对某款车型的看法。我会回答："森藏很喜欢这款车。"我根本不会感到丝毫拘谨。因为森藏根本不是一个所谓的"公众人物"，而是一个喜欢摆弄汽车的普通人，他只是单纯地热爱汽车而已。

当丰田章男用"森藏"这个化名取代他作为社长的正式名称时，他为自己树立了一种完全不同的形象。他是森藏，他穿着赛车服，他不是西装笔挺的丰田章男社长。当以森藏的身份出现在公众面前时，他甚至会摘掉社长的商务眼镜，换上一副更运动、更炫酷的新眼镜。当他在 2007 年以森藏的身份开通博客时，丰田公司里没人感到忧虑。但是，假如在 2009 年他担任社长之后，如果他想以丰田章男的身份开通博客，恐怕先要取得丰田公司的许可才行。

森藏是丰田章男的另一重人生。采访过他的记者说，赛车场上的丰田章男，也就是森藏，显然放松得多，他的行为举止更加外向，逢人喜欢开玩笑，常常放声大笑。人们会对他的直爽豁达大感吃惊，因为在提到自己的经历时，他会使用"真命宝贝"和"不可触碰者"这样的词语来形容自己 [18]。他还会直截了当地承认自己是个半路出家的丰田人——丰田章男先是在美国波士顿市的巴布森学院（Babson College）取得了 MBA 学位，又在美国的投资银行贝克（A. G. Becker）工作了两年，然后才加入丰田公司的。很显然，丰田章男希望身边的人，包括员工、顾客、供应商、普通公众和媒体在内，能把这家日本最大汽车厂商掌门人个人的一面看作赛车手森藏，他不过是个"喜欢摆弄汽车的家伙"；他加入丰田公司只是因为他单纯地热爱汽车 [19]。

丰田章男还喜欢用棒球来打比方——"击球员请准备"。他曾经邀请效力于美国职业棒球大联盟（Major League Baseball，MLB）的日本棒球明星铃木一郎（Ichiro Suzuki）出席东京车展，并与这位棒球界的传奇人物开展了一场"生动"的对话。人们现在还能在丰田的官方网站上观看这场对话 [20]。"击球员请准备"的比喻第一次出现在这次对话中。它强调了韧性和持久性的重要意义，而铃木一郎堪称这两项特征的化身。2017 年美国职棒大联盟赛季结束时，43 岁的铃木一郎结束了职业生涯的第 26 个赛季。在此期间，他一共打出了 4 358 支安打，其中 1 278 支发生在日本，3 080 支发生在美国。同样令人惊叹的是，他的挥棒次数总计达到 1.3 万多次，包括9 000 多次击球不中 [21]。

这个比喻强调了进入击球区之前必要的准备工作。虽然铃木在 2017 年赛季曾经兼任过一段时间的外场手，但他每天都会完成一整套的热身动作，这一惯例已经变成一种传奇。他独创的惯例通常要花上几小时的时间，通过持续不断的、即兴的练习做到身心的完美合一。铃木一郎把它称为"套路"。我们会在第九章中详细讨论"套路"问题。丰田章男非常喜欢这个比喻，因为他把铃木一郎每天都要完成的这种准备工作看作一种必要条件。这些准备工作能够帮助企业的高级管理者在此时此地开展行动，无须花时间思考。他想表达的意思是：要想像铃木一郎一样取得长久的成功，就要在走上击球区之前通过深思熟虑的套路做好必要的准备工作[22]。

还有很多首席执行官喜欢用棒球的比喻表达他们想说的道理。早在丰田章男之前几十年，通用电气的杰克·韦尔奇就这样说过："拿起球棒来，挥舞你的球棒，成为球队的强棒。"他通过这个比喻强调了此时此地采取行动的重要性。迅销集团的柳井正也非常喜欢用棒球来打比方。他最喜欢的一条是："在棒球比赛中，试图盗垒[①]次数较多的球队往往拥有较高的盗垒成功率。如果只是想着不要被触杀出局，你根本无法跑到下一个垒包。这个道理同样适用于管理。[23]"

运动的比喻

柳井正还喜欢用其他运动来说明他的经营原则，比如游泳、高尔夫球、奥运会、足球、田径比赛等。经过多年的积累，柳井正总结了"23 条经营理念"，见本章结尾的附录 7A。

柳井正从 27 岁开始总结这些经营原则，当时他刚刚加入父亲的公司。那家企业当时的年销售额从未达到 100 万美元。柳井正的经营原则反映了他多年以来最重要的人生经验。他把这 23 条经营原则称为公司的"灵魂"。下面是柳井正在公司内部会议上用过的几个与运动有关的比喻。它们的作用是确保公司高管理解每一条经营原则背后的本质[24]。

> 管理就像运动。如果你的心里不想做成一件事，你的身体就不肯

---

① 盗垒（Stealing）：跑垒者在比赛进行中的状况，利用各种时机（比如投手投球的动作），提前离开原垒包起跑并成功进占垒包的动作。如果成功即为盗垒成功（Stolen Bases, SB），失败即为盗垒失败（Caught Stealing, CS）。——译者注

动弹。但是，只凭空想也是没有用的。这就好比游泳，如果只是在垫子上练习划水动作，你永远也学不会游泳。非得把自己浸到水里才行。

（用来说明**理念 4：要正视现实，与时俱进，积极主动。**）

在高尔夫球这项运动中，业余选手只会记住自己打过的好球。而职业选手不一样，他们会记住自己的失误……他们准确地记得，某年某月的某一天，在哪一片球场的哪一个球洞，自己曾经在哪一次挥杆中出现过怎样的失误。

（用来说明**理念 12：经营要对以往的成功和失败进行彻底的分析与记忆，作为下一次成功的参考教材。**）

职业运动员要拿成绩说话。成绩就是比赛的结果。拿棒球来说，如果能达到 0.3 的安打率（作为击球员），每个赛季胜投 15 场（作为投手），那么你就是一流球员。

（用来说明**理念 14：经营要强调通过实际业绩取胜的专家意识。**）

孩子的比喻

除了运动，智慧型领导者还喜欢在讲话中用孩子打比方，以更好地阐明自己的观点、启发听众的想象力。孩子的比喻每每可以打动人心、启发人的心智。其中最经典的例子是马丁·路德·金于 1963 年在华盛顿林肯纪念堂发表的著名演讲《我有一个梦想》。金激发了人们心中和头脑中的希望，他希望美国成为一个更好的社会，让所有美国人更好地生活在其中——无论他们的肤色是黑色的还是白色的，无论他们是新教徒还是天主教徒、是犹太人还是非犹太人。在这篇激昂澎湃的演讲中，金多次使用了孩子的比喻。试举几处如下。

> 我有一个梦想，我的 4 个孩子将在一个不是以他们的肤色，而是以他们的品格优劣来评价他们的国度里生活。
>
> 我有一个梦想……① 昔日奴隶的儿子将能够和昔日奴隶主的儿子坐在一起，共叙兄弟情谊。
>
> 我有一个梦想……② 非洲裔美国男孩和女孩将能与欧洲裔美国男孩和女孩情同骨肉，携手并进。

为什么智慧型领导者喜欢用运动和孩子打比方？首先，它们都是日常生活的一部分——绝大多数人都有运动或者抚养孩子的经历。所以，它们非常容易激发人们的想象力；运动的场面或者孩子的形象会异常生动地浮现在他们的脑海里。除此之外，这两种比喻容易触动人们的情绪，因为运动是人们比较喜欢的消遣方式，孩子代表我们的希望。这关系到情感诉求：听众能对这种比喻感同身受、能够和它们融为一体。因为这些原因，它们成了最理想的比喻对象。

通过讲故事传达本质

故事能把一个人带入另一个人的身份中，通过换位感受和思考更好地

---

① 作者在此处省去的文字是"在佐治亚的红山上……"（on the red hills of Georgia）。——译者注

② 作者在此处省去了"亚拉巴马州能够有所转变，尽管该州州长现在仍然满口异议，反对联邦法令，但有朝一日……"——译者注

理解对方；它能帮助企业高管透过他人的经验获得自知之明。比喻也好、故事也罢，它们赖以沟通事物本质的做法非常相似，那就是通过他物或他人的视角看世界。加里·莫森（Gary Morson）和莫顿·夏皮罗（Morton Schapiro）①指出，故事能帮助我们抓住他人或者其他团体种种做法的本质，这是演绎式逻辑力所不及的："人类的生活并不像火星围绕太阳运行的轨道那样精确，它并不是纯粹可以预测的。偶发事件、个人性格和选择都会带来变数。它们都发挥着不可分割的作用。[25]"

乔布斯讲了 3 个故事

斯坦福大学 2005 届毕业生何其幸运！他们当面聆听了一位智慧型领导者的发言。这也让他们认识到，讲故事是一种不可或缺的学习方式。2005 年 6 月 12 日，时任苹果公司首席执行官、皮克斯动画工作室首席执行官的史蒂夫·乔布斯为他们带来了 3 个人生故事。乔布斯的故事里充满了偶发事件以及个人性格和个人选择的影响。乔布斯说："今天，我同诸位分享人生中的 3 个故事，仅此而已。就是平淡无奇的 3 个故事。[26]"这 3 个故事讲出了人生的真谛，鼓励学生们追随自己的内心和直觉，"求知若饥，虚心若愚"（Stay Hungry, Stay Foolish）。

首先是乔布斯从里德学院②退学的故事。他在那里只上了一个学期就退学了。他实在想不通，身为工薪阶层的养父母为什么要把毕生的积蓄花在他的学费上。退学之后，乔布斯并没有离开，他在校园附近游荡了一年半

① 加里·莫森，美国文学评论家、斯拉夫文化专家、美国西北大学艺术人文讲席教授。莫顿·夏皮罗，美国西北大学第 16 任校长、经济学家。——译者注

② 美国私立文理学院，成立于 1908 年，位于美国俄勒冈州波特兰市西南。里德学院是全美学费最贵的学院之一。——译者注

的时间，旁听一些感兴趣的课，其中的一门就是书法课。假如乔布斯没有退学，假如他没有旁听里德学院的书法课，也许我们的个人计算机上就不会有这么多好看的字体。乔布斯对学生们说：

> "……人生中有很多个'点'，往前看的时候，你无法把这些'点'连起来，但是你回过头来就可以了。所以，你必须坚信，在将来，这些'点'是会被连起来的。人总要相信一些事情，比如你的直觉、命运、生命等。这种办法从来没有让我失望过，正是这些'点'让我的生活变得与众不同。[27]"

接下来，乔布斯讲了自己被其亲手创建的苹果公司解雇的故事。乔布斯坦承，那真是一剂"奇苦无比的良药"。这对乔布斯不啻一记沉重的打击，他觉得自己辜负了前几代创业者的努力，甚至想过逃离硅谷。几个月过去了，他发现自己仍然深爱着自己的工作。于是，他决定从头再来。在接下来的 5 年里，他先后创办了 NeXT[①] 公司和皮克斯动画工作室。乔布斯最终以胜利者的姿态回归苹果公司，并担任首席执行官一职。通过这个故事，他鼓励年轻的毕业生们一定要找到自己钟爱的事业，要不断地上下求索，直到找到它为止。

> 有时，生活会朝你的脸上狠狠地拍上一板砖。这时千万不要失去信心。我发现，唯一支持我走下去的是我对自己事业的热爱。每个人都要找到自己真正热爱的事业……如果你还没有找到，请继续找下去，

---

① 1985 年，离开苹果公司的乔布斯在旧金山湾区创办了 NeXT 公司，主营工作站计算机。1996 年 12 月 20 日，苹果公司董事会决定以 3.775 亿美元现金加上苹果公司 150 万股股票收购 NeXT。——译者注

不要打退堂鼓。和所有与心灵有关的事物一样，当你真的找到它时，你自然会知道，就是它[28]！

在第 3 个故事中，乔布斯提到自己被诊断患有一种非常罕见的胰腺癌，他当时认为这是可以通过手术治愈的。乔布斯说，没有人会一心求死。他同时提到，死亡也许是生命最好的发明。它是生命的促变者，带来生命的新陈代谢。通过这个故事，毕业生们听到了这样一种观点：

> 现在，你们是新的，是后浪；但是，从现在开始，用不了多久，你们就会慢慢变成旧的，变成前浪……所以，你们的时间是有限的，不要浪费宝贵的时间活成别人的样子。不要被条条框框捆住手脚，否则就是在按照别人思考的结果过自己的生活。不要让别人看法的音量淹没你内心的声音。最重要的是，要有足够的勇气追随自己的内心和直觉。

本田宗一郎故事集

故事能帮助我们更好地了解他人。借用莫森和夏皮罗的说法，我们能通过故事"获得智慧，透过全部的复杂性理解活生生的人"[29]。说到人类性格的复杂性，本田宗一郎的形象仍然生动地活在他的故事里，被一代又一代的人们传颂着。作为本田公司的创始人，本田宗一郎既是一位发明天才，也是一个对于细节极尽挑剔的人。传闻，他曾经把一名艺伎从二楼的窗户扔了出去；他曾经大闹意大利航空公司去往罗马的登机柜台：他拒绝为超重的行李支付额外费用，还理直气壮地声称，他的体重和他超重的行李（里面塞满了摩托车零件，它们是用来参加曼岛 TT 摩托车大赛的）加在一起的重量根本到不了一位大胖子乘客加上他不超重行李的总重量；他用扳手打过一位员工的头；他还在一群工程师面前脱光了衣服，赤身裸体地组装摩托车引擎[30]。

本田宗一郎的一生充满了多姿多彩的故事，其中最能显露他性格的故事来自他多年的老同事——藤泽武夫的讲述。故事说的是本田宗一郎下到化粪池里，帮一位来访的供应商找回假牙，还把它放到了自己的嘴里。这个传奇的故事已经在本田公司里流传了几代人，让每一位员工理解了本田宗一郎这个人的全部复杂性[31]。

那时公司刚成立没多久，有一位海外买家来到滨松洽谈业务。本田宗一郎请他下榻一家传统的日式旅馆。他们在那里吃了晚饭，还享用了清酒。客户不胜酒力，早早地回房间睡觉了。到了半夜，他从睡梦中醒来，觉得很不舒服。他在一个盆里呕吐了半天。那是旅馆的服务员早就为他准备好的。这位服务员不知道客户把假牙掉在了盆里，她把整盆秽物连同假牙一起倒进了化粪池。等到客户酒醒之后，服务员得知了发生的一切，立刻惊慌失措起来。

有人把这件事告诉了本田宗一郎。虽然当时还是三更半夜，他立刻说："我去把假牙捞出来。"他先让服务员为他准备了一大澡盆的热水。接下来，他脱了个精光，手里拿着棍子，走进了化粪池。他蹚着池底的粪便，找到了那副假牙，探身把它捞了出来。接下来，他跳出化粪池，飞身跃进了澡盆，用肥皂把自己和假牙洗了个干干净净。为了给假牙消毒，他把那副假牙放进了自己的嘴里，跳起了一种模仿狮子的滑稽舞蹈，逗得旁观的人们捧腹大笑。

第二天早上，旅馆服务员把这件事讲给了藤泽武夫。她一边讲一边禁不住大笑，直笑得泪流满面。藤泽武夫简直不敢相信自己的耳朵。他把这个故事讲给身边的每个人。藤泽还说，自己绝对做不到本田宗一郎这个地步——当机立断，奋身进入满是粪便、污秽不堪的化粪池。他说："本田完全可以花钱雇人打捞那副假牙，但他没那么干。"就在那一刻，就在那家小旅馆，藤泽武夫读懂了自己选择与之共事的这个人的真性情。他被自己听到的故事打动和启发了，不由得颤抖起来。

藤泽武夫在公司的新闻通讯中记录了这则故事，让它永久地保存在本田公司的档案里。这样一来，未来的本田员工同样有机会由此得到启发，见字如面地了解本田宗一郎究竟是个怎样的人。

在三井公司讲故事

故事既能解释过去的历史情境（"这是怎么来的"），也能说明未来的场景（"它将是怎样一番景象"），还能帮助人们更好地理解他人。自从枪田松莹（Shoei Utsuda）在 2002 年成为三井物产株式会社会长之后，讲故事就成了这家公司审核流程中的重要部分。枪田松莹是在公司两大丑闻的余波中走马上任的。第一个丑闻发生在 2000 年 3 月，两名三井的员工伙同一名外务省官员，在北海道岛东北部的某个子岛柴油发电厂建筑招标项目中以不正当手段排挤竞标对手。这两名三井员工因此遭到了起诉。紧随其后，又有两名三井员工和一名高管因为编造测试数据被判有罪。他们在 2002 年 2 月向东京都厅提交了假数据，以此骗取一项过滤器的许可。他们声称这种过滤器可以去除柴油机排放中的某些微粒物质。

枪田松莹把这些事件的起因归结为对营业收入和利润的过度追求。为了确保三井公司不再遭到这类事件的伤害，枪田松莹改变了业绩考核的标准，把更大的考核权重（80%）放在了定性指标上，而不再是定量指标上。也就是说，实现目标的过程变得比收入和利润更重要了。

枪田松莹鼓励每位员工在年度考核时讲出自己的故事：为什么某个目标对他和公司来说如此重要；他是怎样把自己的价值观和公司的价值观统一起来的；这将如何使自己和公司受益等。组织故事、讲述故事和分享故事的过程对改造三井公司的文化发挥了重要作用。它让员工的想法变得越来越富有说服力，促使他们先思考自身的工作质量，再去核算利润。

柳井正的故事

故事还能帮助人们感受理论无法触及的细节。绝佳的判断永远无法被简化为理论或要领，它远没有那么简单。我们在第四章中讨论过这一点。莫森和夏皮罗说过："……好的道德判断无关理论推演（亚里士多德把它称为理论知识），它只与实际推理有关（亚里士多德的实践智慧），来自对大量经验的敏锐反思，来自对众多无可预见、无法复制的具体细节的悉心体会。[32]"

迅销集团的柳井正敏锐地觉察到了细节的重要意义。因此，每当他为一年两度的 FR 大会做开场致辞时，总是会把 45 分钟的演讲缀满故事。柳井正选择用讲故事这种人人都能理解的方式与听众沟通，他讲述了自己出生在穷乡僻壤的宇部市[①]，从父亲手里继承了一间男装店的故事；讲了他拜

---

① 日本山口县西部城市，人口约 17 万。1992 年与山东省威海市缔结为友好城市。——译者注

访皮克斯公司的约翰·拉塞特（John A. Lasseter）^①的故事；讲了他最近参观伦敦泰特美术馆（Tate Museum）^②的故事；还讲了西方社会着装规范的历史。在 2017 年秋季大会的开场演讲中，柳井正一共讲了两个故事。他在一开场讲了"三位石匠"的故事，这个故事出现在彼得·德鲁克的一本书中[33]。他把另一个故事放在了演讲的结尾，说的是一位年轻的日本女士征服七大洲所有高峰的故事。

先来讲个故事，我是在德鲁克的一本书里读到它的。从前，有三个石匠在凿石头。有人问他们："你们在做什么？"第一个石匠回答："我在做我的营生。"第二个石匠一边奋力挥锤，一边朗声答道："我在做全国一流的石匠活儿。"第三个石匠抬起头，眼里满是梦想的光芒。他说："我在建造一座教堂。"

我当然希望在座的诸位都能成为第三个石匠那样的人——成为心怀理想的奋斗者。我们必须一再重申公司初建的原则。我们为什么要从事商业？我们追求的目标是什么？社会的进步是每个企业的责任。我们要通过自己的事业把社会引向更好的方向。这就是我们存在的意义，这就是我们想要实现的个人理想。

再来讲讲南谷真铃^①的故事，她是日本早稻田大学的一名学生。今

---

① 美国动画师、导演、皮克斯工作室创始人之一，曾担任皮克斯的创意总监、迪士尼公司创意总监等职。因为执导《玩具总动员》，拉塞特获得了奥斯卡最佳动画片奖和特别成就奖。2018 年，拉塞特离开了迪士尼公司。——译者注

② 泰特美术馆集团共有 4 家博物馆：泰特不列颠（Tate Britain）、泰特利物浦（Tate Liverpool）、泰特圣艾富思（St Ives）和泰特现代艺术馆（Tate Modern），另有泰特线上美术馆（Tate Online）。其中的泰特不列颠和泰特现代艺术馆都位于伦敦。柳井正走访的应该是这两家中的一家。——译者注

① 日本女性登山者，1996 年出生于日本神奈川县川崎市。她是最年轻的登顶七大洲最高峰的日本人。2016 年 12 月，南谷真铃成为优衣库的首位女性全球形象大使。

年（2016年）5月，19岁的南谷真铃成功登顶世界最高峰——珠穆朗玛峰。她打破了登顶世界七大洲最高峰的日本人最低年龄纪录。南谷真铃从小在中国香港长大，那是她父亲工作的地方。从上小学时起，她就迷上了登山。在父亲的带领下，南谷真铃遍访了全世界的名山。进入高中之后，她立志成为年龄最小的珠峰登顶者。也是从那时起，我们公司开始为她提供支持。南谷真铃每天要负重20千克慢跑6千米。这样的训练漫长而艰辛，但她坚持下来了，并在19岁时成功登上了珠穆朗玛峰。

我希望诸位能像南谷真铃一样，志向远大、行动果敢。我同样很想听到你们的梦想。热情是万事的起点。只要你拥有这份热情，你身边的人一样也会支持你。

通过柳井正分享的两则故事，在场的4 000名员工真切地感受到了第三位石匠的感受——他的目标是为社区建一座教堂；他们同样感受到了年轻的南谷真铃的感受——不动摇的决心和艰苦的训练帮助她实现了梦想。当我们真正用自己的内心去感受另一个人时，就会懂得共情的力量。柳井正说："在我们生活的这个时代，共情的力量足以改变世界。[34]"他始终坚信：只要不懈地练习，把共情变成习惯，任何人都能改变世界。

实际技能培养：传达事物的本质

为了有效地使用比喻、讲好故事，领导者要学会把握一个事物与另一个事物之间的关系，认清自身同他人之间的关系，懂得现在与过去以及未来之间的关系。这一部分谈到了 4 种演练方法，它们能帮助领导者更好地练就传达事物本质的能力。第一种是尽可能多地阅读小说（包括各种类型的小说），既要读风花雪月，也要看匕首投枪，喜剧和悲剧一个都不能少。第二种方法是尽可能多地聆听或者观看演讲——那些直击人心灵和头脑的优秀演讲。第三种是进行开诚布公、直截了当的对话，对象的背景越多样化越好。三教九流，最好都能触及。第四种方法是发挥自身的想象力，为未来创造新的概念。

多读些小说

我们曾经拜访过彼得·德鲁克在加利福尼亚克莱蒙特市的故居。当时彼得已经作古数年，他的夫人多丽丝也已年届九旬。一见面，多丽丝告诉我，她刚刚打完网球回来，而且是自己开车回来的。这让我惊羡不已。

更令人惊讶的是，我在德鲁克宽敞的起居室里发现了他的藏书——整整一面墙的藏书。我知道，他的专业藏书都在德鲁克管理学院[35]的那间图书馆里，所以，这里是德鲁克的私人藏书。我惊喜地发现，德鲁克私人藏书涉猎的范围极广，从哲学到日本艺术再到战争，可谓包罗万象。经过仔细地查找对比，我们发现其中简·奥斯汀（Jane Austen）的书最多。

为什么是简·奥斯汀？德鲁克记者出身，日后成为管理大师、修辞和讲故事的大家；而简·奥斯汀是第一位把感受人物的技法作为指导原则的小说家。由此推断，德鲁克对奥斯汀的喜爱应该是出于这一原因。奥斯汀"运用第三人称解释第一人称身上发生的事"[36]。我们可以这样形容简·奥斯汀和她之后的现实主义作家们开辟的技法。

　　……它能帮助读者偷听到人物思考和感受的全过程，就像他们亲身经历的一样。作者从人物的内心出发，通过人物自身的叙述，解释了人物思想的前因后果。我们听得见人物的自言自语、所思所虑，甚至听得见她做出判断时内心的自圆其说。我们还能听见她是如何说服自己明知故犯的。同时，我们仿佛目睹了她情绪起伏的先后过程，而不仅仅是看到这些情绪变化产生的结果。如果我们要理解人类是如何做出道德判断的，如果我们想知道怎样做出更好的道德判断，还有比这更重要的参考吗[37]？

阅读一部优秀的小说时，我们会把自己等同于小说中的人物。我们会设想自己就站在他们的位置上，会从内心感受他们面对的困难，会对他们做出的糟糕选择懊丧不已。在那片刻之间，我们感到那些糟糕的选择仿佛是我们自己做出的一样[38]。

想吃透一部小说，并把学到的知识运用到生活中，最关键的是体会书中人物的感受，品味他人道德问题中包含的复杂性，并把这些道德问题当作自己的问题加以体会。绝对不能用理论来分析道德问题，把种种复杂性和特殊性抽象掉，就像哲学家和社会科学家做的那样；相反，应该设身处地地体会道德问题。我们要明白一点，一个人的道德判断是无法被简化为理论的[39]。

无怪乎简·奥斯汀成为彼得·德鲁克最钟爱的作家；德鲁克之所以成为管理学大师，原因在于他强调实践的意义大于理论。从内心出发体会他人的感受，这样能教会我们如何做到共情，这也是德鲁克书中反复强调的概念。想必德鲁克一定能认同莫森和夏皮罗的这一观察——经济学和其他学科只是告诉我们，要对他人抱以同情心；"只有文学教会了我们怎样持续不断地做到这一点"[40]。小说是这样教会人们共情的。

　　简·奥斯汀最伟大的两部小说是《傲慢与偏见》（*Pride and Prejud-ice*）和《爱玛》（*Emma*）。它们会吸引读者做出和女主人公同样的错误判断，并像女主人公一样领悟：到底是怎样的思想习惯导致了这样的错误。如果能在犯错的过程中抓自己一个现行，我们就很难向自己抵赖：人是多么容易犯下这些错误。我们走进的是小说主人公的内心世界，看到的是我们自己的傲慢与偏见[41]。

　　再次强调，发自内心地感受一个人，并把这种做法培养成习惯，这能教会我们做到共情。这是小说教给我们的一堂最好的思想品德课。它不是一种需要搞懂的事实，而是一种技巧、一种习惯，得来全不费功夫，用起来不费吹灰之力[42]。

　　想他人之所想，感受他人之感受，这种习惯能帮助读者从他人的视角审视世界。这里提到的他人可能在文化、时代、阶层、性别、宗教、性格类型、性征、道德理解和难以计数的其他因素方面有所不同。如果像莫森和夏皮罗说的那样，共情是小说为我们上过的最重要的一堂品德课，那么简·奥斯汀和其他伟大的小说家就是通过案例教会我们思考能力的良师。与此形成鲜明对比的是，大多数哲学家都是从道德原则出发、以逻辑推理的方式完成思考的。从这一点来说，亚里士多德更接近简·奥斯汀，因为他是从具体事件出发、向上推理的哲学家，而不是从一般原则出发、向下推理的哲学家。

　　本书反复强调，在这个变动不居、支离破碎的世界里，我们要明白万事万物都是依据情境而存在的，并据此做出判断；我们要知道万事万物都是运动变化的，并据此完成决策；我们要懂得世间万物都是依赖时机的，并及时地采取行动。因为整个世界正在变得越来越全球化、越来越复杂难解，所以，一定要把握细节，尤其要吃透那些值得注意的细节[43]，这在当今世界变得越来越重要。在这样一个世界里，小说有着独特的重要性，它能帮助我们把传达本质变成习惯。

从难忘的演讲中学习修辞

通过阅读、聆听或者观看难忘的演讲掌握修辞的力量，这是传达本质能力培养的第二种方法。修辞是非常重要的；有效的沟通既能启发人们的理智，又能触动人们的情感。本章提到的两篇演讲都做到了这两点。它们都是从个人经历出发的，同样有效地运用了打比方和讲故事的手法，同样有开头、中间和结尾，并且多次重复了关键信息。其中，马丁·路德·金的演讲时长 17 分钟，他在演讲的最后 5 分钟里重复使用了 8 次"我有一个梦想"、10 次"让自由的声音响起"；乔布斯的演讲时长 15 分钟，他在最后 20 秒里重复了 3 次"求知若饥，虚心若愚"。

回望过去，我们遇见过许许多多打动心灵和理智的难忘演讲。它们会让我们想起自己曾在怎样的年华里以怎样的方式生活在怎样的场所，也折射出了我们的背景和受过的教育。我们鼓励读者列出自己最难忘的 10 篇演讲，分享给他人。下面是我们最难忘的 10 篇演讲。

1. 温斯顿·丘吉尔：《我们将战斗到底》(*We Shall Fight on the Beaches*)，1940 年 6 月 4 日。

2. 阿尔伯特·爱因斯坦：《我们赢得了战争，但没有赢得和平》(*The*

War Is Won, but the Peace Is Not）[①]，1945 年 12 月 10 日。

3. 约翰·肯尼迪：总统就职演讲，1961 年 1 月 20 日。

4. 马丁·路德·金：《我有一个梦想》（*I Have a Dream*），1963 年 8 月 28 日。

5. 纳尔逊·曼德拉：《我愿为理想赴死》（*I Am Prepared to Die*），1964 年 4 月 20 日。

6. 罗纳德·里根：《勃兰登堡门前的演讲》（*Remarks at the Brandenburg Gate*），1987 年 6 月 12 日。

7. 昂山素季：《免于恐惧的自由》（*Freedom from Fear*），1990 年 1 月 1 日。

8. 史蒂夫·乔布斯：《求知若饥，虚心若愚》，2005 年 6 月 12 日。

9. 巴拉克·奥巴马：《我们能行》（*Yes, We Can*），2008 年 11 月 5 日。

10. 马拉拉·优素福·扎伊：诺贝尔和平奖获奖致辞，2014 年 10 月 12 日。

难忘的演讲必定是发生在从前的事。比如说，对美国早期历史的共同兴趣为我们带来了一系列的著名演讲，包括帕特里克·亨利[②]在 1775 年发表的《不自由，毋宁死》；林肯总统在 1863 年发表的著名的《葛底斯堡演

---

① 这是爱因斯坦在 1945 年 12 月 10 日第五届诺贝尔奖年会晚宴上的发言，地点在美国纽约市的阿斯特酒店。——译者注

② 帕特里克·亨利（Patrick Henry, 1736—1799 年），美国政治家。1775 年 3 月 23 日，帕特里克在里士满的圣约翰教堂发表了著名的《不自由，毋宁死》（*Give Me Liberty or Give Me Death*）的演讲。——译者注

说》①，它只有短短的272个英文单词。在当代演讲中，由于对科学和文化实践的浓厚兴趣，我们比较关注时长不超过18分钟的TED②系列演讲。下面是TED历史上最优秀的5篇演讲。

1. 肯·罗宾逊（Ken Robinson）：《如何扼杀创造力》（*How to Kill Creativity*）。

2. 《肢体语言塑造你自己》（*Your Body Language Shapes Who You Are*），艾米·科蒂（Amy Cuddy）。

3. 《伟大的领导者如何激励行动》（*Great Leaders Inspire Action*），西蒙·斯涅克（Simon Sinek）。

4. 《脆弱的力量》（*The Power of Vulnerability*），布琳·布朗（Brené Brown）。

5. 《你脑内的两个世界》（*My Strike of Insight*），吉尔·伯特·泰勒（Jill Bolte Taylor）。

除此之外，我们还在剧院里观赏过精彩绝伦的演讲［例如，蜷川幸雄（Yukio Ninagawa）执导的莎士比亚名剧《麦克白》等］；欣赏过电影中的精彩演讲（例如，卓别林的《大独裁者》）；达沃斯世界经济论坛年会上的精彩演讲［例如，纳尔逊·曼德拉的《谁是我的英雄》（*Who Are My Heroes*）］等。互联网的迅猛发展让观看演讲变得轻松很多，无论过去的演

---

① 《葛底斯堡演说》（*Gettysburg Address*）被发表于1863年11月19日葛底斯堡国家公墓（Gettysburg National Cemetery）揭幕式上。当时，美国内战中葛底斯堡战役结束已4个半月，林肯通过这次演说哀悼在绵延将近半年的葛底斯堡战役中阵亡的将士。——译者注

② "TED"是由"技术"（Technology）、"娱乐"（Entertainment）和"设计"（Design）3个英文单词的首字母组成的。——译者注

讲还是新近的演讲，都可以一览无余；领导者应该更好地发挥技术带来的便利条件，把学习演讲变成自己的习惯。

开诚布公的对话

传达事物本质的第三种实践培养方法是和尽可能多的人开诚布公地对话，展现出对这些沟通的高度投入[44]。2009年1月1日，迅销集团的柳井正提出，他的梦想是在2020年之前超过盖璞（Gap）、Zara和H&M，成为销量和盈利能力排名世界第一的服装零售商。对于一家1984年刚刚在广岛开出第一家优衣库店面（它最初的名字叫"独一无二的服装仓库"，即Unique Clothing Warehouse）、直到1998年才在东京开店的公司来说，这看上去像是一个虚无缥缈的梦。在接下来的3个月里，柳井正每个星期在东京和6位高管进行一次对话，每次90分钟，主要商讨实现这一梦想必备的人力、组织和系统保障。他还花了同样多的时间与来自上海、首尔、巴黎、伦敦和纽约的公司高管开展了同样的对话。

2009年年初，柳井正成立了"迅销零售管理及创新中心"（Fast Retailing Management and Innovation Center，FRMIC），并担任中心主任。2010年年初，柳井挑选了100位公司的未来全球领导者，作为FRMIC的首批学员。他们的目标如下。

为了在2020年成为服装行业的世界第一。我们需要200位具备全球管理能力的干部。他们既可以来自公司内部（迅销集团当时在全球拥有4.3万名员工），也可以从外部招聘，大概是1:1的比例，即他们将有一半来自日本本土，另一半来自其他国家和地区。他们一半是天才，一半是平常人。FRMIC不会为他们中的任何一人设置固定席位，因为我们会定期淘汰和补充，无论他们的职位高低、年龄长幼，无论他们的国籍、性别如何，也无论他们拥有怎样的关系[45]。

FRMIC 学员要和他们的教师兼导师柳井正共度一天半的时间。第一天主要讲解"23 条经营理念"，柳井正会逐条讲解：他在制定每一条理念时的内心想法是什么、如何把这些理念应用到日常工作中等。他还会时常引用过去的经历，确保在座的每一位学员都能理解每一条经营理念形成的背景。柳井正还会大量地运用比喻，这样既能帮助学员理解他的意思，又能启发他们的想象力。

剩下的半天时间主要用来讨论一个管理概念。在柳井正看来，这一概念是实现目标的关键。他称之为"全球第一（Global One）的全员经营（Zen-in Keiei）"，其中 Zen-in Keiei 的含义是"人人在管理中发挥主人翁意识"。对此柳井正这样解释道。

"全球第一"就是被全球市场的顾客认可，成为他们心中"独一无二的那一个"（One and Only）。它意味着在全球范围内打造用户，扩大品牌拥护者的阵营。我们希望顾客都能这样想："我们应该更多地支持优衣库和迅销集团。这家公司也许真的能改变世界。""全员经营"意味着所有集团成员企业[46]要像独体企业那样自我经营，落实全球最先进的管理实践。这需要全体员工在日常经营中发挥主人翁意识，提高自身的业绩表现[47]。

为了帮助迅销集团实现柳井正的梦想，除了课堂学习，每位 FRMIC 学员还要向柳井正提交一个实际问题，并且给出这个问题的解决方案和预期成果，它在培训班里被称为"项目"。柳井正认为，这些项目可以带来"解决问题和业务拓展"的良机。它们是完美的试验场，能够帮助柳井正一手挑选的高管学员真正做到像主人翁和首席执行官一样思考与行动。这个实践作业还能促使每位学员把"23 条经营理念"运用到实际工作中。除此之外，柳井正每年还会拿出 4 个半天的时间，专门向"未来全球领导者"（Future Global Leaders）提供项目反馈意见，这组学员是由职位较高的经理组成的；他还会拿出同样多的时间为"未来组"（Mirai Group）学员反馈意见，它由比较初级的经理组成。

从 2017 年开始，每当 FR 大会在东京或者纽约召开时，柳井正都会专门拿出时间，就如何把这个远大理想变成现实直接向员工征集意见。截至目前，迅销集团已经成功超越了 GAP，但尚未超越 Zara 和 H&M。柳井正认为，每年两次与 4 000 名员工相聚东京，或者和 300 名员工在纽约见面，似乎不太够。他计划在其他城市开展类似的对话，和全球各地更多的员工面对面对话。很显然，想要梦想成真，沟通发挥着关键的作用。

有效发挥历史想象力

很多领导者没有意识到这一点，但是，要传达事物的本质、运用启发或者愿景的形式把它表达出来、激励他人，这一切离不开生动的想象力，尤其是历史想象力，以及建立和表达未来愿景的能力。

历史是由人类活动组成的长篇故事，它包含着某一事物与其他事物之间的关系、现在与过去之间的关系，以及未来与过去之间的关系[48]。智慧型领导者立足现在，回顾曾经的事件，解释和重构过去，并为未来创造新的概念。在发挥历史想象力、为未来建立新概念的同时，智慧型领导者还会极力发挥机缘（妙手偶得的机会）和洞察力（明察秋毫的能力）的作用。

作为故事，历史既能解释"为什么"（它会通过描述过去和现在之间的因果关系做到这一点），又能解释"怎么样"（就像解释"这是怎样发生的"一样）。历史想象力在危急关头尤为有效，为领导者带来宽广深邃的洞察力，帮助他们找到特定时间和地点发生的种种现象背后的真相，帮助他们的判断超越表面现象的诸多难题，成功地创造未来。

2011 年 3 月 11 日发生在日本东半部地区的大地震，以及由此引发的危机就是历史想象力发挥作用最生动的例子。地震引发了史无前例的大海啸，最高的浪头达到了创纪录的 38.9 米。10 米高的巨浪横行肆虐，方圆 530 千米以内的广大区域惨遭蹂躏[49]。整个日本东半部地区受灾最严重的是宫城县的女川町①。当地有 70% 的房屋被冲毁，9% 的人口死亡或失联。

从那时起，年轻的女川町町长须田善明（Yoshiaki Suda）就开始和志愿者以及来自私营部门的人们一起努力重建这座小镇。女川町是须田善明的故乡。他在灾后当选为这里的町长[50]。须田充分发挥历史想象力，为未来建立愿景。女川町成了日本东半部地区其他立志重建的城镇学习的好榜样。

> 据历史记载，这里曾经多次遭受海啸的袭击。因此，当地人形成了一种"永不言弃"的信念。我们过去建造海堤，但是这一次它没帮上忙。这次海啸的滔天巨浪刷新了我们对浪高的认识，所以我们把陆地整体垫高了 10 米。这必然让灾后重建的进程变得更漫长，但是，为了保证后世子孙的安全，我们必须现在就勇敢地挑起这副重担。

---

① 町：日本行政区划名称，是都道府县的下一级，与市村同级，合称"市村町"。町还用作城市中的区划单位，是区的下一级，相当于街道，比如东京都涩谷区代官山町。此处的"女川町"使用的是第一种含义。——译者注

在过去，灾后重建的工作主要由年长者完成，而这次的情况大不相同，主要因为这次的重建估计需要 20 年左右的时间。因此，我决定，这次重建主要由我和我的同龄人，也就是三四十岁的人们，来挑大梁。这样，20 年之后，我们还都是各行各业的中坚力量，无论是私营企业、公有事业还是第三产业，都是如此。这一次，我们吸收了私营企业、公共部门和服务业的年轻企业家与志愿者，大家一起投身于重建工作。这也是对老一辈做法的"破"与"立"[51]。

须田町长和他的团队还为女川町拉动就业和招商想出了新办法。

我们想出的新办法是建立一个新城，吸引全国各地的人。他们不仅来此观光旅游，还在这里做生意。我们已经吸引了来自东京和全国各地的创业者，他们主要经营女川的特产，也就是只能在这里生产或者只有在这里买得到的特色商品，包括彩色肥皂、生啤酒和高端吉他等。我们的新概念似乎正在发挥作用。特产工厂就在新建的海滨步道那边，出了火车站就是。这条新海滨步道是 2016 年 12 月开放的，它已经成了女川人同心协力建设未来的象征[52]。

关于历史想象力的第二个例子发生在 1944 年 6 月 5 日的诺曼底，盟军登陆作战[53]的前一天。盟军远征军最高指挥官艾森豪威尔将军想到了林肯总统：面对可能失败的 1864 年大选，林肯给自己写了一篇短札。艾森豪威尔效仿林肯的做法，他找来一张白纸，写了一封短信，塞到自己的钱包里。如果登陆作战失败，这封短信将被公之于众。在责任心的促使下，艾森豪威尔探望了即将投入作战的每一个师，然后写下了那篇短信。

此前，我们在瑟堡（Cherbourg）和勒阿弗尔（Le Havre）地区的登陆作战未能夺取令人满意的立足点，我已经下令撤回了部队。这一次，关于进攻时间和地点的决定是基于目前可用情报所能做出的最佳方案。在使命的召唤下，海陆空三军将士必将付出绝对的勇毅与牺牲。如若出师不利，所有过错都是我一身之咎[54]。

艾森豪威尔是一个平凡人，只不过，他被最不可思议的时势赋予了最不平凡的使命。在 2004 年上映的电视纪录片《艾克①：D 日倒计时》（*Ike: Countdown to D-Day*）中，演员汤姆·塞立克（Tom Selleck）饰演艾森豪威尔将军。为了演好这个角色，塞立克专门请教了艾森豪威尔的儿子——约翰·艾森豪威尔（John Eisenhower）。约翰说："对演员来说，要演好一位如此平淡的人物，想必非常困难。[55]"

人们喜爱艾森豪威尔——喜欢他的开怀大笑、喜欢他对每个人亲切友善的说话方式、喜欢他从不摆架子、喜欢他发自内心的真诚、喜欢他勇于挑起令人难以置信的千斤重担。他的下属心甘情愿地听他指挥、信赖他、甘愿为他赴死。艾森豪威尔之所以赢得了下属如此的信任，是因为他体恤他人、站在对方的角度去体会和感受。塞在他钱包里的那张纸条告诉我们：同理心是历史想象力的关键特质。

本章提要

很显然，实践智慧能够帮助智慧型领导者看到平常以外的世界。为了

---

① 艾克是艾森豪威尔母亲对他的爱称，也是军中将士对他的昵称。——译者注

看清事物的本质，领导者要在细节中找到普遍适用的"真理"。为了在普遍和具体之间自由穿行，就必须把主观的、直觉性的想法加以概念化，通过人人都听得懂的、清晰的语言表达出来，把它们变成一种启发或者关于未来的愿景。只有这样，才能鼓舞他人。

传达事物本质的能力离不开比喻和故事的力量。离不开比喻，尤其是关于运动和孩子的比喻，是因为它们最能打动人们的情绪（满足情感诉求）。离不开故事，是因为它们能帮助我们发自内心地体会他人的感受，给我们一颗同理之心。传达本质还需要丰富的想象力，尤其是历史想象力，因为它能帮助我们在具体的时间、地点中看透现象背后的本质。获得这种能力的培养方式有很多。例如，可以尽可能广泛地阅读各种类型的小说；向那些打动人们理智和情感的、难忘的演讲学习修辞；和尽可能多的人开诚布公、直截了当地对话——他们的背景越多样化越好。

最关键的一点，为了具备这项技能，一定要把它变成自己的习惯。

附录 7A

柳井正的"23 条经营理念"

1. 经营要顺应顾客的需求，创造顾客的需求。

2. 经营要不断地实施好的想法，发挥企业的社会影响力，为社会变革做贡献。

3. 经营要独立自主，不能落入任何企业的旗下。

4. 经营要正视现实，与时俱进，积极主动。

5. 经营要营造让员工自我管理、自我反省的柔性组织环境，让每个人都能重视团队合作并相互尊重。

6. 经营要活用国际智慧，确立公司独特的身份，开发年轻人最为推崇的商品和事业，实现真正的国际化。

7. 经营必须以唯一与顾客直接接触的商品和商场为中心。

8. 经营要建立对公司效益最大化的全员齐心协力、各部门联动的机制。

9. 经营要强调速度、干劲、革新、执行力。

10. 经营要光明正大，赏罚分明，提倡彻底的实力主义。

11. 经营要提高管理的品质，杜绝浪费，经常考虑损益，执行高效率、高分配。

12. 经营要对以往的成功和失败进行彻底的分析与记忆，作为下一次成功的参考教材。

13. 经营要积极挑战，不能逃避困难，回避竞争。

14. 经营要强调通过实际业绩取胜的专家意识。

15. 经营要坚持一贯的经营理念，从小事做起，从基础做起，沿着正确的方向，坚忍不拔，不达目的，誓不罢休。

16. 经营是出售企业的经营文化，要培养敏锐的市场嗅觉，由表及里地看问题。

17. 经营要始终保持积极思维，先行投资，对未来寄予希望，使企业充满活力。

18. 经营要让全员认同公司的目标、目的和构想。

19. 经营必须要求公司的事业、自己的工作达到最高道德标准。

20. 经营要倡导自我批评、自我变革。

21. 经营要消除人种、国别、年龄、男女等的所有差别。

22. 经营要不断开发具有倍增效果的新型事业，并要成为该新型事业中的龙头。

23. 经营要建立因事设人的组织，彻底认清满足顾客需求前提下的员工和业务单位之间的关系，建立无障碍的项目主义[56]。

第八章

The Wise Company

善用"政治"的力量

智慧型领导者借助"政治"的力量把人们团结起来，

鞭策人们行动起来

⋮

只是抓住和表达本质远远不够。智慧型领导者还要懂得如何把人们团结起来，鞭策人们行动起来，督促人们梳理和综合自身的知识与力量、全心全意地追求领导者树立的目标。人们的目标总是免不了相互冲突，为了有效调动群体中的每个人，领导者要运用一切可用的办法，甚至在必要时、迫于形势的压力，运用马基雅维利式的手段。

尼科洛·马基雅维利的名字每每会唤起"狡诈、操纵、冷酷、决绝，和它们孕育出来的典型政治领导者"的形象，但它同时体现了"创造力、随机应变、机会主义，以及它们与各种资源的结合"，后一点正是分辨变革型领导者的鲜明特征[1]。在理查德·塞缪尔斯[①]看来，马基雅维利著作中的睿智君主是灵活多变、顺势而为的。马基雅维利的君主很清楚条条大路通罗马的道理；他同样明白，在不同的季节里，有些路更安全，另一些则比较危险；马基雅维利的君主懂得在什么样的季节选择什么样的道路。塞缪尔斯还指出，马基雅维利并不是"对更高层次的大义漠不关心。即便他为人熟知的'为达目的可以不择手段'的提法也是有道德基础作为保障的"[2]。

与此同时，为了发挥"政治"的力量，领导者还必须读懂他人、理解人们赖以行动的环境。只有清楚地把握他人与环境，领导者才能推断出每个人可能会如何行动和反应，才能判断形势可能会发生怎样的变化。这种预期来自从过去的经历中总结出来的知识，而过去总是与现在紧密相连的。过去影响着人们对当下的认识和对未来的展望。这种领导技能涉及对现在做出时间延展的感觉能力——人类的记忆、对当前的感知和对未来的期许在这一延展中交错缠绕。

---

① 理查德·塞缪尔斯（Richard J. Samuels），美国学者、作家、政治学家、日本学学者、美国麻省理工学院福特国际政治学讲席教授、麻省理工学院国际问题研究中心主任。——译者注

我们为"政治"二字加上了引号，是为了让读者正确地理解我们的用意。希望读者不要简单地把它与典型政客的权术手段联系起来，而是把它同管理和组织人、与人打交道时必要的精明和策略联系起来。想要创造任何一种全新的、有用的事物，"精明"二字通常是不可或缺的。因此，本书提到的"政治"二字的正确含义是"足智多谋"。从这个意义上讲，智慧型领导者先要读懂他人的看法和情绪，据此做出政治判断，才能鞭策人们行动起来。他们有时会通过"幕后的手"（Hidden Hands）或者扭曲现实的办法来领导人。智慧型领导者还会致力于理解人性固有的种种矛盾，本章的前半部分会谈到这一点。我们在本章的后半部分中提出了3种方法，只要勤加操练，它们就能帮助智慧型领导者恰如其分地运用好"政治"的力量。

鞭策人们行动起来

本田公司创始人本田宗一郎团结员工、激励员工行动的秘诀是"倾听员工的心声、理解员工的感受"。1973年，本田宗一郎在一场告别演讲中总结了自己的观察："只有听得进去员工的意见，才会有好的（企业）管理。"从社长岗位上退休之后，本田宗一郎曾担任本田国际技术学院（Honda International Technical School）的院长。每当送走一批进修结业的年轻工程师时，他总会对他们说："我希望你们懂得理解他人的感受。[3]"

本田宗一郎做的远不止这些。刚刚退休时，他独自驾车走遍了日本的700多个本田机构，和每位工作人员握手道别。这用去了他一年半的时间。接下来，他又花了半年的时间拜访海外员工，和他们一一握手话别。本田宗一郎回忆说："我请他们挂上了自己的名牌，这样我就可以一边握手，一边叫出他们的名字，一边说'某某你好，非常感谢你！'每当这时，我都会禁不住老泪纵横；年轻的海外员工也很激动。其实，我这样做，并不是为了鼓舞士气……而是因为这让我感到幸福。[4]"

本田宗一郎用这番非比寻常的功夫把员工紧紧地团结在了一起，激励他们热火朝天地行动起来。本田员工对本田宗一郎的回报让我们想起上一章里艾森豪威尔的故事，人们对这两位领导者的反应如出一辙。在日文中，对本田员工这种反应最贴切的描述是："人们愿意为他（本田宗一郎）上刀山下火海。"这就像士兵们甘愿为艾森豪威尔慷慨赴死一样。

智慧型领导者会把人们团结起来，梳理和整合每个人的知识与力量；智慧型领导者会激励人们行动起来，同心协力追求领导者树立的目标。前面的章节提到过许多这样的例子，具体如下。

- 本田飞机公司的藤野道格成功地开发和销售了本田公务机，把公司创始人本田宗一郎的梦想变成现实。藤野在美国北卡罗来纳州的格林斯博罗市组建了一支人才济济的开发团队，其主要成员是美国工程师。与此同时，藤野负责的这个项目一直对日本总部保密，保密时间长达20年。
- 一履任日本航空公司社长，稻盛和夫就走访了公司在日本境内的每个办事处和机构，会见了子公司的100位总经理。他不仅每个月与30位部门经理开会，还专门开设了为期5周的干部培训班，为他亲手挑选的52名干部和负责人授课。稻盛和夫还为3万多名员工举办了"阿米巴管理"和"日航哲学"学习班。他的目标是尽快让申请破产的日本航空公司重整旗鼓。
- 禧玛诺公司的岛野容三派遣公司的中层经理远赴世界各地：到德

国汉诺威学习冷锻技术；组成"大篷车队"走遍美国，拜访每一家自行车商店；在比利时加入自行车赛车队；在旧金山郊区同两位山地自行车的先驱者交流；开发集成变速系统，一举囊括亚特兰大奥运会和环法自行车赛冠军；与梅赛德斯－奔驰等企业合作，开发自行车自动变速系统，为自行车行业开辟了新市场。

- 卫材公司的内藤晴夫和杉本八郎博士及其团队紧密合作。为了开发新药安理申，这支团队在樱冈研究实验室夜以继日地埋头苦干。他们走访了医院，同失智症患者和他们的家属以及医护人员交流；组建了一个由 42 位安理申区域经理组成的特别任务小组，这个小组与几百位医药代表合作，提高了人们对阿尔茨海默病的认识；与地方社区和政府合作，矢志不渝地追求治愈失智症这一目标——是彻底治愈，而不只是延缓病情的发展。

- "3·11 日本地震"发生时，雅玛多的木川真对日本东半部地区的 1 万名员工宣布："大灾当前，尽施援手。毋以利益为念。"这让公司的运营司机们备受鼓舞。他们在灾难发生之后连续奋战 10 天，把救援物资送到了每一个疏散中心。除此之外，全日本的雅玛多公司的司机参与了每单捐助 10 日元的救灾计划，在短短一年里募集了 140 亿日元的善款。

- "3·11 日本地震"刚一发生，麻省理工学院媒体实验室的伊藤穰一就联系了他的朋友肖恩·邦纳和皮耶特·弗兰肯。一个星期之内，他们聚集了 20~25 个小组。大家在线上聊天室里集思广益，想方设法地解决福岛第一核电站熔毁造成的辐射测量难题。他们很快得出结论，保证精确可信数据的唯一途径是自己动手组装盖革计数器。他们通过连通全球的互联网找到了懂得设备组装的合适人选，并在到达东京之后的 6 天里成功地完成了组装。

做精明的领导者

在必要时，为了动员人们行动起来，智慧型领导者有时必须运用一切可用的手段。即使艾森豪威尔将军也有马基雅维利式的一面。美国记者埃文·托马斯（Evan Thomas）曾经指出："上天眷顾美国，赐给了她一个深谙战争本质的将领。艾森豪威尔比任何人都懂得战争。为了维护和平，他既耐心睿智，又狡黠多谋。[5]"艾森豪威尔还一度被赋予"精明、灵活"的形象[6]。这个形象和他作为扑克牌与桥牌高手的名声密不可分。艾森豪威尔能预判出对手的下几步，同时，他能让对手看不出自己的后着。他喜欢面对面交流；对艾森豪威尔来说，有机会阅读对手是非常重要的。这样，他就能驾轻就熟地分析出对手的想法和自己的选择，确定可能的行动方案，最大限度地利用各种可能性[7]。

像马基雅维利那样救助日本

2012 年，我们曾为哈佛商学院创作过 4 个教学案例。这些案例写的是"3·11 日本地震"发生之后，一些日本企业是如何在一片混乱中迅速反应的[8]。截至 3 月 14 日（星期一），迅销集团捐助了现金（1.2 亿日元）和衣物（价值 7 亿日元），并从那个周末开始运送捐助的衣物。在地震发生后的 10 天里，雅玛多公司照常开展送货服务（宅急便）。不仅如此，这家公司还从 2011 年 3 月 23 日实施了一项志愿项目，它集中了 200 辆卡车和 500 名工作人员，义务为灾区运送救援物资。

还有两家企业的反应极为迅速。一家是健育会医疗集团（Ken-iku Kai Medical Group），这家集团运营着包括石卷健育会医院在内的 6 家医院。另一家是罗森（Lawson），它是日本第二大便利店连锁企业。"3·11 日本地震"发生后刚刚 20 小时，石卷健育会就从 300 千米以外的东京总部派出了汽车，满载清水、食物、医疗物资和其他必需品，送往石卷健育会在各地的医院。"3·11 日本地震"刚刚过去一个月，这家医院已经重新开放门诊了。在"3·11 日本地震"之后的第一个星期里，罗森和日本自卫队合作，共计为灾民送去了 50 000 份面包和饭团。由于地震和海啸的影响，该地区的罗森店铺一度完全关闭。然而，短短 15 天之后，第一家罗森便利店就克服困难，恢复营业了。

这 4 家企业一心为日本东半部地区提供救援。在这个过程中，它们无一例外地展现了精明和才智。它们结合具体情况运用马基雅维利式的手段，发挥了政治的力量。下文将分别详细描述。

"3·11 日本地震"后的第 4 天，石卷健育会医院的食物储备即将告罄。医院员工必须开车穿过首尾相接的车河，到 60 千米外的地方为患者寻找食物。当时，几乎所有的加油站都关闭了，医院的燃油储备也已经消耗殆尽。有一次，这家医院的一位司机做出了一个"机智"的决定。他从一辆被遗弃的汽车的油箱里吸出了汽油，顺利地带着物资返回了医院。这位司机知道他的做法是违法的，所以他在那辆车里留下一张纸条，解释了自己的做法，留下了医院的电话号码，并且承诺如数偿还这位车主的汽油钱。

在"3·11 日本地震"之后的两个星期里，罗森便利店共计为地震和海啸灾民送去了 18 万件食品。但是，其中很多食品上面没有法律强制规定的标签。日本的食品卫生标准极其严格。按照规定，面包和饭团等食品上必须直接贴注产品标签。一开始，这项规定拖住了罗森的脚步，为灾民安置点送食物的工作不得不暂停了下来。在当时的情况下，打印食品标签是不可能的。罗森日本东半部区域负责人决定分发不带标签的食物给灾民。他告诉我们："急事从权，我们不得不把灾民的福利放在法律规定的前面。"他还说，他相信总部一定会支持这个决定；因为他清楚地记得，罗森时任总裁新浪刚史（Takeshi[①] Niinami）在"3·11日本地震"之后立即宣布："7天之内，必须把食物送到日本灾民手里，不计成本、不惜代价。"海啸的幸存者也许应该感到庆幸，因为这位区域经理进一步发挥了新浪刚史的指示精神，在指示上加上了一条"不问法规"。

再说迅销集团。这家公司收到了日本经济产业省的一条法令。法令要求迅销集团在夜间关闭日本东半部地区所有店铺的户外灯光。因为福岛核电站的熔毁，该地区正面临电力奇缺的情况。从节约能源的角度来看，这当然是合理的要求。但是，这让首席执行官柳井正想起了自己的老家——宇部市。在这个位于山口县的曾经繁华一时的矿城里，只有一条主要的商业街。一到晚上，它就会变得漆黑一片，所有的店铺都关上大门，放下百叶窗。他因此把这条马路称为"禁闭街"[②]。那诡异的景象让柳井正久久难忘。柳井正发挥了历史想象力，他把决定权交给了每一位店长。是开，还是关？全凭店长做主。结果，日本东半部地区大多数优衣库门店选择了开灯。他们把政府的要求放在了一边。这和罗森的做法如出一辙。在门店负

---

① 原文有笔误：将新浪刚史（Takeshi Niinami）姓名的罗马字写成了"Takashi"。——译者注

② 原文为"Shutter Street"，指街道两旁户户的大门紧闭，放眼望去，只能看见卷帘门和百叶窗。这个词常用来形容因为经济衰退后破败的、曾经繁华一时的商业街道。美国作家丹尼斯·勒翰（Dennis Lehane）曾创作小说《禁闭岛》（*Shutter Island*）。2010 年，该小说改编为同名黑色心理惊悚电影，由马丁·斯科塞斯（Martin Scorsese）执导，莱昂纳多·迪卡普里奥（Leonardo DiCaprio）主演。此处取电影（及小说）的惊悚忧惧的意味，将"Shutter Street"翻译为"禁闭街"。——译者注

责人看来，当地民众的福祉高于法律法规的要求。

前文提到过，地震和海啸发生时，雅玛多石卷健育会的分部经理苦苦等待外出送货的 20 名司机返回公司。有一位司机迟迟没有返回，这位经理在他的车里等待。这时，狂怒的海浪卷走了他。他奋力游到了安全地带。几天之后，幸存的司机们纷纷向这位经理提出请求：他们要求继续搜寻那位失联的同伴，同时继续为石卷市的居民送货。他们认为，只要一直在路上跑着，找到同伴的机会就会大得多；他们还发现自己已经成了灾民的生命线。因为他们能把最要紧的物资送到灾民的手中，比如食物和衣物等。这位经理清楚地知道，有些道路已经汪洋一片，送货是极其危险的。但他没有拒绝司机们的请求。他也认为应该把给养送到灾民的手中，这是他们的目标。于是，他决定实施两人一车的方法，这样既能保证送货，又能防范意外情况的发生。

像马基雅维利一样在南极生存

危机常常显露出人类最美好的一面。100 多年前，欧内斯特·沙克尔顿征战南极的故事就是最好的例子。南极探险家、地质学家雷蒙德·普利斯特里（Raymond Priestley）曾经如此改述阿普斯利·彻里 – 加勒德（Apsley Cherry-Garrard）的话："如果需要一位科考探险队队长，应该聘请（罗伯特·福尔肯·）斯科特；如果需要组织一次高效的极地探险，一定要请（罗尔德·）阿蒙森；如果灾难突然袭来、所有的希望都已破灭，那就跪下来向上天祈祷，请他派沙克尔顿来吧[9]。"

灾难发生在 1915 年 1 月，南极洲威德尔海上的浮冰撕裂了沙克尔顿"坚忍号"的船体。沙克尔顿和他的船员们被迫决定弃船，登上浮冰避难。

当天晚上，沙克尔顿在自己的日记里写下了自己的新使命："当原来的目标不可挽回地破灭时，人必须按照新的目标来塑造自己……我向上帝祈祷，请帮助我把所有人安全地带回文明世界。[10]" 就像人们甘愿为了本田宗一郎"上刀山下火海"，或者甘愿为艾森豪威尔"慷慨赴死"一样，只要沙克尔顿一声令下，他的船员"愿意冲向任何地方，无问西东"。弗兰克·沃斯利（Frank Worsley）曾经担任过"坚忍号"的船长，他在回忆录里这样描述自己的领袖沙克尔顿。

> 他不但是一位伟大的探险家，还是一位伟大的人……是什么让他成为伟大的人？这个问题让我想起失去"坚忍号"之后，他是如何带领队员穿越浮冰的，如何凭借纯粹的人格力量维持每个人斗志不坠的。我想起，当命运的骰子抛出了一个对我们极为不利的数字时，他是怎样为我们树立起高大的榜样、鼓舞我们取得最终胜利的[11]。

危机不但显露人性最光辉的一面，而且让马基雅维利式的一面暴露无遗；越是诸事不利的时候，越是如此。例如，为了生存，沙克尔顿使用了平时看起来完全不正当的手段。1915 年 2 月，沙克尔顿意识到，"坚忍号"已经彻底被浮冰围困了。他下令把这艘船变成冬日海洋站，停止探险船的一切日常工作。他知道，只能等到 9 月，等春风融化浮冰，"坚忍号"才能脱困。他担心懒散和厌倦对队员造成灾难性影响。于是，他决定打破探险队的日常军事化航海惯例。

沙克尔顿命令这艘开不动的船上所有的船员、科学家、水手、木工、摄影师和厨师平摊工作任务，包括洗刷甲板和船身、分配给养、打磨锚链上的锈迹、瞭望冰面的可通航条件等。库存的鲜肉快被吃光时，沙克尔顿就会命令船员（无论他们曾经的头衔高低）出去捕杀海豹、企鹅，有时还要抓上几头海狮。因为食物越来越少，没有足够的鲜肉喂饱船上的69条狗，沙克尔顿下令枪杀了它们中的绝大多数。每个人都明白，沙克尔顿是不得已而为之，但是无论怎样，这件事还是让船员们感到了极大的不安。

沙克尔顿有时会通过"幕后的手"领导，故意不让人们知道他的出发点。例如，在"坚忍号"被困住的那些天，他从船里拖出了汽油桶，为每位船员准备了用奶粉冲泡的热牛奶。那是他们当天的早餐。半年之后，沙克尔顿建立了一套少食多餐的惯例：白天时，每隔4小时，所有人就要吃上一顿热饭；到了晚间，每隔4小时，全体喝上一顿热牛奶。他密切观察每一位队员的身体情况，一旦有人看上去快冻僵了、瑟瑟发抖，那是濒临死亡的征兆，他会立即下令为全体船员供应一轮热牛奶。他永远不会告诉那个生病的队员，这一轮牛奶是为他供应的。这样，船员就不会因为担心能不能活下来而过分紧张。那种可怕的恐慌会迅速传染给每个人，造成不可收拾的局面[12]。

有时，为了挽救生命，沙克尔顿还会明目张胆地扭曲现实。1916年3月20日拂晓前，也就是沙克尔顿、船长沃斯利和二副克林在南乔治岛上被捕鲸人发现的时候，3人刚刚不眠不休地跋涉了24小时。他们决定稍作休息，沃斯利和克林立即跌入了睡眠的深渊，只有沙克尔顿不敢合眼。他知道，只要他闭上眼睛，3个人都会被冻死在那里。他坐在那里，盯着两位同伴睡够了5分钟，然后叫醒了他们。沙克尔顿对他们撒了个谎，告诉他们已经足足睡了半小时，该继续上路了。那一天，沙克尔顿扭曲了事实，救了两位同伴和他自己的命。这最终成全了探险队的28个人，沙克尔顿把所有人安全地带回了英国。

扭曲现实

扭曲现实也是另一位硅谷冒险家的拿手好戏，他就是史蒂夫·乔布斯。沃尔特·艾萨克森在《乔布斯传》[13]中用了整整一章的篇幅描述了乔布斯的这一特征。那一章名叫"现实扭曲力场"（*The Reality Distortion Field*）。沃尔特·艾萨克森说，乔布斯会利用扭曲现实达到如下目的。

- 有意识地对抗现实，不仅包括别人面对的现实，还包括他本人面对的现实。
- 屏蔽不愿意应对的事情。
- 让现实屈从自己的愿望。他童年时就经常这样做。乔布斯性格中的反叛和固执早在童年时期就扎下了根。
- 证明规则是不适用于他的，比如他不为自己的汽车上牌，把车停在残疾人车位上这种事。
- 对实际发生的事情视而不见，比如他女儿丽莎的出生。
- 刻意忽视不愿意处理的信息，比如他刚被诊断患有癌症的时候。

曾经与乔布斯共事的人们这样评价他对现实的扭曲[14]。

> 这让他成功地哄骗大家相信他的看法，因为他自己已经相信和吸收了这一点。

> 他认为这个世界上有些人是很特别的，比如爱因斯坦、圣雄甘地和他在印度遇到的几位大师，而他就是其中的一个。

> 现实扭曲力场是一种令人迷茫的大杂烩，它包括极富魅力的修辞风格、不屈不挠的意志和让现实屈从于自己想法的热望。

他有种强大的愿力。他希望世界照着他希望的样子转动。

他有一种神奇的能力，他能对自己不想面对的东西视而不见。他好像天生就是这样的。

有时，扭曲现实也会给乔布斯带来反作用。比如 2003 年 10 月，当他被诊断出患有癌症时，他的医生、好友和夫人反复催促他动手术、做化疗，但他就是不肯照办。乔布斯反其道而行之，他想通过“吃一些乱七八糟的东西和一些乱七八糟的东西的根”[15]治好自己。说这句话的人是英特尔公司原董事长安迪·格鲁夫（Andy Grove）。艾萨克森这样说过。

具体来说，他坚持严格的素食主义，每天喝大量的鲜榨胡萝卜汁和各种水果汁。除此之外，他还为自己增加了针灸治疗，服用了各种各样的草药。他偶尔还会增加些别的疗法，那些都是他从网上查到的，或者是全国各地的专家建议的，其中还包括一名神棍。曾经有一段时间，他对一位在加利福尼亚州开设自然疗法诊所的医生很感兴趣。那位医生特别重视使用有机草药、果蔬汁断食、频繁的肠道清洁、水疗法以及全面释放负面情绪的疗法[16]。

乔布斯的现实扭曲常常为他人带来积极的影响。与乔布斯共同创办苹果公司的史蒂夫·沃兹尼亚克对他现实扭曲带来的高效率大感惊奇：“他拥有扭曲现实的魔力。当他对未来做出不合逻辑的设想时，比如他说我能在几天之内设计出《打砖块》（Breakout）这款游戏。我知道那是不可能的，但是，不知道为什么，他让这变成真的。”和沃兹尼亚克一样，1982 年加入苹果计算机团队并升任苹果公司制造部门负责人的黛比·科尔曼（Debi Coleman）同样认为，乔布斯的现实扭曲能带给他人力量。它帮助乔布斯激

励整个团队努力工作，改变了计算机发展的历史进程。科尔曼说："那是一
种自我应验的扭曲。它能帮助你完成不可能完成的任务，因为你根本没意
识到那是不可能完成的。[17]"

现实扭曲还在苹果公司的供应商身上创造了奇迹，康宁玻璃（Corning
Glass）就是个例子。乔布斯向康宁公司的首席执行官魏文德（Wendell
Weeks）描述了他心中的理想玻璃。他想用这种玻璃作为 iPhone 手机的前面
板。魏文德告诉乔布斯，康宁公司在 20 世纪 60 年代开发了一种代号叫"大
猩猩"的玻璃产品，但一直没找到合适的市场。魏文德还向乔布斯介绍了
这种玻璃的化学过程。乔布斯凭直觉感到，这就是他想要的玻璃。他要求
魏文德立即生产这种玻璃，半年之内，无论康宁生产多少，苹果照单全收。
魏文德面露难色。他对乔布斯说："很明显，康宁现有的工厂没有一家在生
产大猩猩玻璃，唯一的办法就是工厂转产。但是转产事大，半年之内是不
可能完成的。"乔布斯目不转睛地盯着魏文德，他说："能。你能办到。好
好琢磨一下。你一定能办到。[18]"果不其然，在不到 6 个月的时间里，康宁
真的把一座工厂整体变成了大猩猩玻璃的专门生产基地。

通过这些故事，我们发现，现实扭曲让苹果公司的科尔曼和康宁公司
的魏文德充满了经久不息的工作激情，带来了突破性的产品。现实扭曲让
他们充满了信心，相信自己能完成不可能完成的任务。

拥抱矛盾、综合矛盾

我们发现，智慧型领导者不仅致力于理解人性固有的矛盾，比如善与
恶、礼与鄙、勤与惰、乐观与悲观、理想主义与现实主义等；他们还会根

据环境的变化综合各种矛盾。智慧型领导者并不追求矛盾之间的完美平衡或者折中，他们追求的是动态形式的辩证思考。它能帮助智慧型领导者进入更高一级的层次，居高临下地俯视矛盾、对立及悖论，更好地解决它们。智慧型领导者思考的是"既／又"，而不是"要么／要么"，因此，他们既能因地制宜地做出最佳决策，又能放眼全局，关照更大的善。就像弗朗西斯·斯科特·基·菲茨杰拉德（Francis Scott Key Fitzgerald）[①]指出的："对第一流智慧的考校，在于能否同时容纳两种彼此对立的想法，又不失正常行动的能力。[19]"在这个以不连续性为主要特征的时代里，这样的能力无疑具有前所未有的重要意义。

与矛盾、对立和悖论共存并非易事。查尔斯·汉迪（Charles Handy）[②]曾在《悖论时代》（*The Age of Paradox*）中指出："想让（生活）变得值得一过，就得拿悖论当敲门砖，找到更好的路。[20]"

迅销集团的柳井正发现了创造更好商业路径的敲门砖：同时做到降低成本和提高质量。柳井正需要解决这样一对矛盾：一方面，必须把优衣库的服装做得简约舒适、富有灵气，尽可能地新潮和充满激情；另一方面，必须想方设法地降低成本，博得顾客的喜爱。柳井正说："这明显是一对矛盾。"他把矛盾视为探索更好的商业路径的敲门砖[21]。

企业就是在解决矛盾的过程中成长壮大的。你在致力于实现更高的目标时，一定会遇到矛盾。你之前从未遇到过这些具体而细微的困

---

① 美国作家、小说《了不起的盖茨比》（*The Great Gatsby*）的作者。菲茨杰拉德是 20 世纪最伟大的美国作家之一。——译者注

② 爱尔兰管理哲学家、作家，专长为组织行为与管理。汉迪著述颇丰，他是在世的管理哲学家中影响力极高的一位。——译者注

境，所以一时间很难找到合适的办法。这样，你相当于走到了一个岔路口：你可以选择放弃，因为你发现这个雄心勃勃的新项目一时行不通；或者你也可以选择咬定青山不放松，努力找到解决问题的办法。

绝大多数人选择了放弃。实际上，很多人会选择知难而退，还有一些人选择浅尝辄止。这为我们带来了绝佳的机会。也就是说，人们把偌大的市场空了出来，这是我们施展拳脚的大好机会。这种可能性是很大的。想尽办法坚持到最后的企业，只要它们能解决这样的矛盾，就能创造出一个全新的市场。简而言之，机会就藏在矛盾里。

矛盾是丰田公司的生存之道

没有哪家企业像丰田一样孜孜不倦地直面矛盾和悖论。就像所有故事一样，企业管理矛盾的过程也有开头、经过和结尾。一开始，丰田会拥抱矛盾，把它当作企业文化不可分割的一部分；在过程中，丰田会让相反两极的力量相互冲销，把矛盾综合起来；最后，它会进一步加强公司的矛盾文化。方法是不断创造新的矛盾，把它变成公司的生存之道。

拥抱矛盾

我们开展过一项长达 6 年的研究[22]，研究的对象正是丰田公司。从研究的一开始，我们就发现这家公司充满各种各样的矛盾。它主动拥抱和培养各种矛盾，而不是被动地应付矛盾。它因悖论而发展繁荣，它驾驭对立的命题，让自己充满力量。我们在丰田的组织文化中发现了下面几对矛盾。它们如今已经发展成为这家公司的一部分。

1. 速度慢，但步子大

以美国市场为例，丰田公司是一步一步进入美国市场的。1984 年，丰田与通用汽车在美国加利福尼亚州的弗里蒙特建立了一家合资工厂，名叫新联合汽车制造公司（New United Motor Manufacturing Inc., NUMMI）。4年之后，丰田才在肯塔基州建立了第一家自己的工厂。尽管扩张速度不算快，但是，1997年上市的丰田普锐斯是一步巨大的跨越。它让丰田拥有了混合动力引擎，把竞争对手甩开了一大截。

2. 崇尚节俭，但敢在刀刃上花大钱

丰田公司节省每一分钱，这种作风可谓尽人皆知。这家公司会在午饭时间关掉办公室里的灯；所有员工在一个大开间里工作，办公桌之间连隔板都没有。但是，丰田公司在生产设备上舍得投入（例如，2002—2008年，丰田公司对美国和欧洲生产设备及配套设施的投入达到220亿美元）。这家公司还投入大量资金建设经销商网络（丰田公司每4年举办一次丰田世界大会，2003年和2007年的大会聚集了来自全球的800多位经销商），它还在F1方程式赛车和人力资源开发等方面投入了重金。

3. 高效，但似乎喜欢浪费员工的时间

实践证明，著名的“丰田生产方法”（Toyota Production System）是一项高质量、低成本的有效工具。它能帮助公司灵活地按需应对各种变革。同时，令我们倍感惊讶的是，丰田要求那么多人参加每一场会议，而且他们中的大多数人根本不会参与讨论。与竞争对手比起来，丰田公司会派遣更多的员工到地方办公室，还使用了人数众多的多语言协调者，帮助打破总部和各分部之间的语言壁垒。

4. 稳步增长，但近乎偏执

尽管丰田公司在20世纪50年代早期一度濒临破产，但它在过去的50年间稳定地保持了销售收入和市场份额的创纪录增长。虽然丰田有着

如此傲人的稳定性，它的高管依然再三强调"永远不要满足""一定还有更好的方案"之类的要求。原任社长奥田硕（Hiroshi Okuda）[①]和渡边捷昭（Katsuaki Watanabe）[②]常挂在嘴边上的话分别是"业务改革要趁业务状况良好时实施"和"最糟糕的就是一成不变"。

5. 实行层级制，但给予员工说"不"的自由

丰田公司实施严格的等级制度，但是允许反对意见、鼓励暴露问题。它支持员工不盲从上司的指令，甚至不要把上级看得过于重要。原首席执行官渡边捷昭曾经提到他是如何对抗上级领导，又一路升迁至最高领导岗位的。他常说："要挑起友好的争端。"在采访过程中，我们常常对自己听到的对公司和最高领导层的批评感到惊讶，而员工们似乎并不挂怀。他们认为，自己提出的是建设性的批评意见，是正当的行为。

6. 坚持简单的内部沟通，同时建立复杂的社交网络

在进行内部沟通时，丰田员工必须保持语言的简洁。所有内部演示文稿不得超过 1 页 A3 纸。与此同时，丰田公司培育了庞杂的社交网络，它希望公司的"所有人通晓所有事"，并为此打通了员工之间跨部门和跨地域的横向联系渠道，把职员按照专业和入职年份等各种指标分成群组；在不同层级之间打通纵向关系，比如师生关系或者师父与徒弟的关系等；与此同时，还培养了对角线式的非正式关系，比如邀请员工按照出生地加入不同的同乡会，组织各种运动俱乐部、兴趣俱乐部等，形式颇为多样。

统合矛盾

我们发现，矛盾在丰田公司所取得的成功里居于核心地位。于是，我

---

① 丰田集团的第一位非丰田家族社长，任期为 1999—2006 年。——译者注
② 丰田集团原总裁兼首席执行官，任期为 2005—2009 年。——译者注

们试图找出引发这些矛盾的深层力量。完成这家公司的六七个案例之后，一种模式开始慢慢浮现在我们的眼前。我们发现了两种相互对立的力量，即扩张力（The Expansive Forces）和凝聚力（The Integrative Forces）。它们持续不断地为丰田公司创造连续不断的非均衡状态。

扩张力引领着丰田公司的变革和提升。这种力量由 3 种做法组成：不可能完成的目标、试验、本地定制化。这些做法让丰田公司变得更加多样化，但它会把决策过程变得更复杂，甚至会威胁到公司的控制和沟通系统。图 8-1 形象地说明了这一点，从图中圆心（代表丰田公司）向外延伸的箭头代表的就是扩张力。

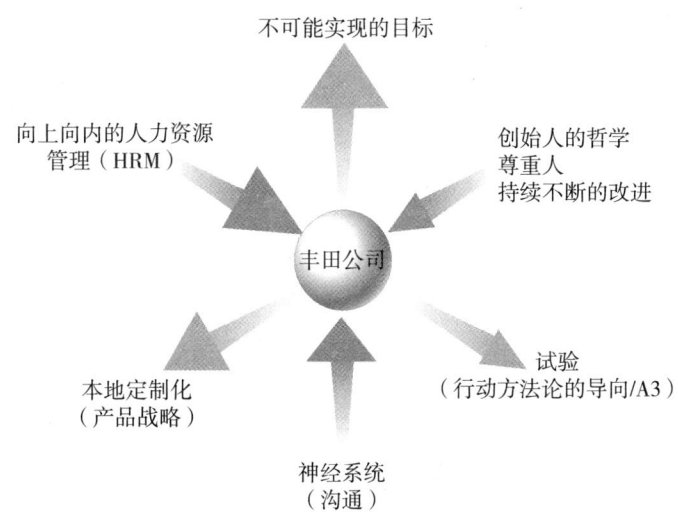

注：HRM 是指人力资源管理；A3 是指丰田公司的一种报告流程。报告人只能用 1 张 A3 大小的纸，以此简化员工之间的沟通。只用 1 张 A3 大小的纸，即可写下解决问题所需的所有信息，满足公司内部沟通的需要。见大园惠美等人的著作《丰田成功的秘密》（*Extreme Toyota*），（英文版）第 74~76 页。

图 8-1　丰田公司两股针锋相对的力量

为了防止变革的疾风吹倒组织，丰田公司还要发挥凝聚性的力量。这种力量由 3 个要素组成：创始人的价值观、开放式沟通、向上向内的人力管理。这些做法稳定了公司，帮助员工内化自身的经验，理解他们所在环境的意义，让丰田的价值观和文化永久持续下去。它们在图 8-1 中表示为由外部向圆心（代表丰田公司）的箭头。

两种相互对立的力量，每一种都是由 3 种做法组成的。

扩张力

1. 树立不可能完成的目标

这一做法可以追溯到这家汽车企业初建的时代。1937 年，公司创始人丰田喜一郎想在日本生产汽车，但不使用外国技术。这在当时似乎是不可能做到的；即使是三菱和三井这样的大财阀也早已放弃汽车行业，因为它需要的投资过于庞大。只有丰田喜一郎敢为天下先，接下来发生的故事大家都知道了。

2. 不断地失败、不断地试验

丰田公司试验成癖。这帮助丰田在完成不可能完成任务的道路上披荆斩棘，扫清了种种障碍。这家公司学会了一种完成高难度任务的实用方法，那就是大胆地设想、小心地行动——永不言弃。在开发普锐斯的过程中，丰田制造的第一台混合动力引擎完全无法启动。接下来的一台能够启动，但原型车只能在测试赛道上跑出几百码，就彻底不动了。后几代的原型车也没有好到哪里去，它们的电池组禁不起太冷，也受不了太热。而丰田公司没有理会这些挫败，更没有停止这个项目。终于，在 1995 年东京车展上，丰田成功地推出了这款革命性的混合动力概念车。

3. 通过产品和运营的定制化满足本地需求

丰田的产品定制化已经达到根据每个国家和地区客户成熟度的不同而不同的程度。这种做法把丰田公司带出了日本,走向了世界。丰田固然在日本汽车市场雄霸一方,但它在全球汽车市场有些地方依然处于下风。本地定制化固然会增加运营的复杂性,但它同时带来了员工创造力的最大化。因为员工必须为本地定制化开发出更新的技术、营销方式和供应链。举例来说,1999 年,丰田在欧洲市场上推出超小型汽车雅力士时,不得不为此配备更高的安全性、更宽敞的内部空间、更吸引人的设计和更高的燃油经济性。只有这样,它才能满足欧洲用户的期待。

凝聚力

4. 反复灌输创始人的价值观

多年以来,丰田的元老们为公司树立了价值观并提供了很多种标杆做法——例如"改善"(持续改进)、对人的尊重、人性化、团队的合力以及"连问 5 个为什么"等。丰田公司对这些价值观和做法视若珍宝。它通过岗位培训、通过经理为一代又一代年轻员工讲故事的方法反复教育员工,这些价值观和做法与日常工作息息相关。我们总结了丰田公司的 4 项基本信念。它们维持着这家公司始终不坠,帮助它保持正确的航向:明天会更好;人人都应该是赢家;顾客第一、经销商第二、厂商排在最后;现地现物(genchi genbutsu)。我们对于最后这一点可以理解为"亲临实地,用自己的双眼见证实物,获得第一手信息"。

5. 鼓励开放式沟通

尽管丰田公司体量巨大,但它的运营方式充满了乡镇企业的味道。走在这家公司的走廊里,常常能听到有人说"让我们来横展一下"。"横展"

（yokoten）是"yokoni tenkaisuru"的缩略形式，意为"横向展开"。丰田的内部沟通很像病毒的传播，它会带动知识向各个方向扩散。它发现，想要做到良好的沟通，就必须把大家放在一个大开间（即"obeya"，意为"大房间"）里工作，相互之间不能用隔板分开。这种做法最早是不得已而为之，因为日本写字楼的空间常年紧张。后来，丰田把这种做法带到了全世界。项目团队会在指定的"战情室"（Situation Room）墙上张贴信息，让大开间里的每个人都能看到，这种做法被称为"可视化"（mieruka）。

6. 向上向内式人力资源管理

很多企业运用向上向外式的人员管理，即要么升职，要么走人。而丰田几乎从未开除过绩效不佳的员工。它会留住他们，提高他们的能力（故名"向上向内式的人力资源管理"）。实际上，丰田公司现在仍然保持着终身聘用制，即使在日本，这种做法也已经很少见了。1998 年 8 月，穆迪把丰田的评级从 AAA 级下调到了 AA1 级，并声称，下调评级的主要原因在于该公司的终身聘用制。评级的下调让丰田每年额外支付了 2.2 亿美元的利息费用。即使如此，丰田的高管明确告知这家评级机构，公司不会放弃对员工的这一承诺。受亚洲金融危机的影响，丰田泰国公司连续 4 年亏损。在研究如何渡过难关时，时任丰田社长奥田硕明确指示："砍掉什么成本都可以，就是一个人都不许给我辞掉。"

丰田公司这 6 种做法互为补充、相得益彰。它们带来的复杂的相互依赖性让丰田公司始终处于一种非平衡状态，各种矛盾在这样的非均衡状态中共存。任意一种做法的改变都会打破原有状态，产生张力，推动公司进入新的发展轨道。丰田公司始终信奉持续改进带来的持续变革，而持续改进就存在于持续不断的非平衡状态之中。随着从一个状态进入另一个状态，平衡的状态随之不断改变，推动丰田公司进入一种连续不断的、非均衡的状态。

强化矛盾文化，使之成为生存之道

把矛盾和悖论变成生活的一部分，成为公司的生存之道，这就是丰田故事的结尾。这家公司不断地产生新的矛盾，让持续不断的变革成为公司的常态。下面是丰田公司强化矛盾文化的 3 个例子。

第一个例子发生在 2005 年，渡边捷昭刚刚担任公司首席执行官的时候。渡边提出了他的梦想：造一款汽车，“它的行驶能让空气变得更清洁；永远不会发生事故，不会对驾驶者和行人造成伤害；驾驶者开得越多，就会变得越健康；它超级省油，只用一箱油，就可以横穿整个美国……”几年之后，他对最后一点做出了修改：只用一箱油，“就可以环游地球”。很显然，渡边捷昭这是在挑战极限。

除此之外，渡边还强调了认识“自身高度”的重要性。他不断地通过这个说法强调把握现实的重要性。他是一位梦想家，也是现实主义者。他勇于挑战极限，同时要求身边的人脚踏实地。

> 永远把目标定得高一些。如果只是 5% 或 10% 的改进，人们也许不会为之发起挑战。此外，还要通晓现实状况。以一个人为例，可测量的情况包括身高、体重、肺部功能等。对一家企业的海外运营来说，可测量的指标可能是生产力水平、质量管理中的缺陷率、折旧率等。熟悉现实情况，明白自己的目标有多高，就能衡量出二者之间的差距，就可以自问：应该如何填补这一差距？需要多久才能做到这一点[23]？

第二个例子，在担任丰田美国公司副总裁期间，丰田章男强化了反复试验的做法，即使一再失败也在所不惜。我们在第六章中提到过，2001年，丰田章男加入了公司的小型测试车队——GAZOO Racing。这支车队的比赛车辆是处于开发阶段的常规轿车和运动型多用途汽车（SUV）。GAZOO车队的队长成濑弘教会了丰田章男驾驶赛车。2007年，丰田章男在德国纽博格林24小时耐力赛中第一次上场，他驾驶的是一辆测试用车。3年之后，成濑弘在纽博格林附近赛道上的一次测试事故中离世，但是GAZOO车队没有因此放弃。丰田章男深知，纽博格林的比赛充满了危险，尤其是在使用常规轿车与专业赛车比赛的情况下。GAZOO的车手必须频繁地观察后视镜，以免挡住比自己更快的赛车超车。

在纽博格林24小时耐力赛中，丰田章男和他的车队既不是人们关注的焦点，更不会出现在舞台的正中央。与此形成鲜明对比的是，2015年，丰田章男在东京车展上获得了极大的关注。他站在了舞台正中央，站在他身边的人是棒球界的传奇人物——铃木一郎。丰田章男挂在嘴边的比喻是"击球员请准备"。它说的并不是反复试验，不惧失败，而是日复一日地完成例行的规程，保持韧性和持久性。无论丰田章男是否意识到这一点，通过他在纽博格林的做法，对照他和铃木一郎的对话，实际上，他是在传达一对矛盾的信息：前者强调的是冒险和当机立断地应对不可预见性的重要性；后者强调的是通过充分的准备和依循惯例达到稳定的必要性。

第三个例子，丰田章男还强调了保持小公司式沟通链条的重要意义。前文提到过，丰田公司的内部沟通是极为自由的，它不仅在层级结构的上下之间自由流动，还在职能层面和资历层面横向流动；不仅如此，它还会延伸到组织以外，把供应商、客户和经销商囊括在内。丰田公司通过模拟形式创造了一个相互连接的世界，其沟通网络的工作机制类似中枢神经系统，而人就是这一中枢里的神经递质。

丰田章男还要更进一步，他把自己看作这一模拟网络中的关键一环，把自己的角色比作中小企业里的"老掌柜"。用他自己的话来说："中小企业里的老掌柜能感受到（员工的）体温和血液的流动。中小企业和大企业的一大区别在于能否直接看到员工们的眼睛，感受到他们的体温，以及能在多大程度上感受他人的感受。我无法接受的是，因为我管理的是一家大公司，所以做不到这些。[24]"

丰田章男还热衷于通过数字手段加强与外部世界的联系。举一个例子，丰田公司开发了一套最先进的 IT 系统，把公司同客户、经销商和供应商连接在一起。10 多年来，雷克萨斯用户可以通过专门的呼叫中心在每天 24 小时里的任何时刻进行咨询，他们提出的问题与汽车有关无关都可以。另一个例子，丰田公司最近在硅谷成立了丰田研究所（Toyota Research Institute）。它就坐落在斯坦福大学旁边。这是丰田公司对人工智能的一次大手笔投资。该研究所的首席执行官吉尔·普拉特（Gill Pratt）指出："我们的目标是造车——它可以由人来驾驶，也可以由机器来驾驶。我们要造一种永远不会发生车祸的汽车。[25]"

丰田不断地培养追求相反两极的文化——理想与现实、不可预见性和稳定性、模拟与数字等，并把它变成自己的生存之道。它培养出来的做法倚重于"既/又"的方法，而不是"要么/要么"的方法；它追求的是既要理想又兼顾现实、既看到不可预见性又兼顾稳定性、既要模拟又要数字。

实践技能培养：发挥"政治"的力量

接下来描述几种运用"政治"力量的实践技能培养方法。第一种是使用"既 / 又"的方法，它的理论基础是 19 世纪哲学家黑格尔提出的辩证法思想。第二种方法是实施自中向上而下式的管理框架。这个框架是我们之前提出的。第三种方法是对照日美两国现状，发挥"积极的不顺从"运动的力量。

采用辩证思维

锻炼运用政治力量的能力，办法之一是采用温迪·史密斯（Wendy K. Smith）、玛丽安娜·刘易斯（Marianne W. Lewis）和迈克尔·图什曼（Michael L. Tushman）[26] 提出的"既 / 又"的方法。他们提出了"鱼与熊掌如何兼得"这个问题。在 2016 年《哈佛商业评论》的一篇文章中，我们采访了特丽·凯莉（Terri Kelly）。她（当时）是著名的"戈尔面料"（Gore-Tex）制造商戈尔公司（W. L. Gore & Associates）的首席执行官[①]。凯莉讲到，她一直以来都在管理 3 种悖论：

第一，实现短期目标与实现长远目标；
第二，确立适宜的创新焦点、提升效率和有效性；
第三，聚焦小团队的力量与整个企业更宏大的需求。

首席执行官们常常要面对相互冲突的目标，比如全球规模与本地需求、

---

① 已于 2018 年 4 月卸任，她的继任者为杰森·菲尔德（Jason Field）。——译者注

产品线的广度与深度、与对手的竞争与合作、股东价值的最大化与社会利益的最大化等，这样的例子还有很多。

传统的管理理论试图通过组织架构、激励体系、规程或者组织文化的设计解决这些矛盾。而智慧型企业的不同之处在于，它们并不认为矛盾是需要克服的阻碍，相反，它是知识创造与知识实践的必需品。智慧型领导者接受矛盾，因地制宜地做出决策，同时重视共同善。

西方世界存在一种势力强大的倾向性，那就是用非此即彼的"要么 / 要么"的模式看世界。该智力传统可以上溯到笛卡儿和他的二分法，也就是二元论（Dualism）。我们曾在第二章里扼要地提到过这一点，可以通过 A 或 B 的类比理解它：A 被作为 B 的对立面，二者分庭抗礼，造成了"A 对抗 B"的局面。这种智力传统反映在很多方面，比如主观与客观、心智与身体、理性论与经验论、唯物论与唯心论、分析与直觉等。

但是，通过这个视角看待组织知识的创造与实践的组成，即隐性知识和显性知识，是十分危险的做法。因为隐性知识和显性知识并不是二元论中彼此对立的两端，相反，它们是相互补充的。它们相互作用、你中有我、我中有你，共同形成新的知识。看上去彼此对立的两端，实则相互作用，创造出新的综合体。还是以 A/B 为例，我们提出的 SECI 模型是由 A 和 B 组成的。它们彼此作用，这种作用既是动态性的，又是同时发生的。

在看似对立的二元的两端（它实际上是一种虚假的两难）之间同时发生着动态的交互作用。它会创造出新的、不一样的解决问题的办法。也就是说，A 和 B 会创造出 C，而 C 是独立于 A 和 B 而存在的，它既不是"介于 A 与 B 之间的"，也不是"A 与 B 之间某种折中的结果"。发生在 A 与 B 之间的交互作用的、动态化的、同时发生的转化过程创造了二者的综合——C。

"合题"（synthesis）的使用让我们想到了辩证法这个著名的哲学概念。它的根源可以追溯到古希腊的哲学家柏拉图和苏格拉底。19 世纪的德国哲学家黑格尔为它注入了新的生命力。黑格尔最为人熟知的理论就是"正 – 反 – 合"（thesis-antithesis-synthesis）的思考模式。

> ……首先，引入某个概念作为"正"（thesis），即肯定概念；接下来引入第二个概念，它是否定的或者与第一个概念相对立的，作为"反"（antithesis）；进而引出第三个概念，它是前两个概念的综合与统一，是为"合"（synthesis）[27]。

图 8-2 形象描绘了辩证思维的样貌。相对于"正"与"反"的层次，"合"是在更高一级（或者更高一阶）的层次上实现的。虚线代表正反之间新一轮、又一轮的张力，它们通过"合"得到解决。

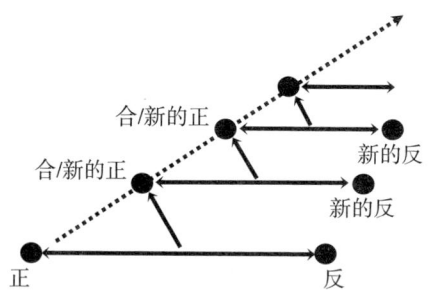

图 8-2　辩证思维的可视化表达

辩证思维也可以成为培养和训练政治力量运用的一种方式。柳井正在他的《经营者养成笔记》中描述了实际生活中的辩证思维。在题为"建设团队的能力：如何成为真正的领导者"的一章里，柳井正使用了这样的比喻：“成魔，成佛”。柳井正指出，要成为真正的领袖，必须同时成为 A（“魔”）和 B（“佛”），而且要自然而然地、不假思索地做到这一点。

要帮助自己的下属抵达光明的未来。这是领导者的职责所在。为了做到这一点，领导者要心甘情愿地成为压力施加者，甚至可以这样说，要成为恶人或者魔鬼。只要有人尸位素餐，就必须做到铁面无私，要拉得下脸来。你要对他说：“这是绝对无法接受的。”为此，你必须成为一个恶魔般的老板，不停地发号施令、不断地提高要求。绝对不要对任何单一成绩表示满意。如果做不到这一点，团队的业绩就无法提升，团队成员的未来就会变得一片黯淡。

有时候，领导者不得不扮演魔鬼的角色。但是，如果一味地扮演下去，就会把员工全部吓跑。他们再也不想与你共事，更不可能获得成长的机会。因此，在他们很好地完成工作或者表现出真正的成长时，你还要学会成为菩萨。也就是说，你必须亲口告诉他们，他们做得有多好，要赞扬员工。只有这样，他们才会觉得自己曾经如此拼命地满足魔鬼老板的要求是值得的；只有这样，他们才能领会你最初严格要求的意义。

想要成为一名成功的领导者，就必须不断从实践中学习，即学习如何感受他人的痛苦、体会他人是如何完成工作的，领悟合作的真正含义是什么。你的职位越高，这一点对你而言就越重要。肤浅的互动是毫无意义的。很多话说起来轻松，但是，只是说出这些词句是完全不够的，必须把它们付诸实践，感受其真谛才行。你与员工之间的关系是真真切切的，而纯粹的理论是空无一物的。你只能通过行动学到这类知识，然后扪心自问，并且自己回答自己提出的问题。如此等等，周而复始。每次改变一点点，一直这样做下去，直到此处提到的每一点都成为你的第二天性为止。到那时，你会发现，自己正在自然而然地完成这一切，根本不需要动脑思考[28]。

有些专家使用德语中的"扬弃"（aufheben，亦作"奥伏赫变"）描述这一辩证过程。它的含义是"既消灭（或忽略）又保有"[29]。类似的说法还包括"既／又""两全"（the best of two worlds^①）、"左右互搏"（ambidextrous）、"阴阳"以及"动态均衡"等。它们都会被用在这一过程的语境中。我们称之为"动态两重性"（dynamic duality），它描绘的是如下内容。

（a）矛盾的、似非而是的问题的"动态"本质和创造性本质，即 A 与 B 的交接产生了 C[30]；

（b）A 与 B 的互补性。这里用了"两重性"（duality）而不是"二元论"（dualism），后者历来与笛卡儿式的二元论紧密相连；

（c）这一过程随时间持续不断、循环再现的性质。也就是说，在某一时点上达到的"合题"会随着时间的变化、随着环境或者情境的改变，变成新的"正题"，带来新一轮的交互作用。

动态两重性认为，领导者也许无法通过分别满足一个问题相对两端的需求破解两难问题，但这些彼此对立的需求常常是彼此相连、相互依存的。矛盾本身可能经常处于不断的变化之中，问题本身所处的情境也是变化多

---

① 1976 年哥伦比亚唱片公司发行的音乐专辑，是 Stan Getz 和 João Gilberto 10 年之后再度合作的作品。——译者注

端的。分别处理问题两端的做法也许不但无法解决原本的问题，还会造成新的问题。为了解决矛盾问题，智慧型领导者会把目光聚集在矛盾出现的根源和方式上，重视对立需求之间的关系。智慧型领导者会把握大局，摸清问题的情境。他们因此距离整体性解决问题的有效办法更近一步[31]。

采用自中向上而下式管理

第二种方法是采用自中向上而下式管理概念。这个概念是我们在《创造知识的企业》一书中提出的。我们用了整整一章的篇幅论述和阐释这个概念。因此，这里直奔主题，不做过多的赘述。

自中向上而下式管理既不是自上而下式管理，也不是自下而上式管理。它完美地表达了最高管理者和一线员工之间连续迭代的交互过程。中层经理，通常是团队、项目或者任务小组的领导者，在知识转化的过程中发挥着关键作用。因为他们既与最高管理者互动，又与一线员工（基层员工）打成一片。最高管理者会提出愿景（我们要创造出一个怎样的未来）或者梦想，指明企业的发展方向，带来方向感。我们在本书中看到，在追寻理想或者"我们应该成为什么"的时候，首席执行官们通常是高举浪漫主义旗帜的旗手。与此形成鲜明对比的是，一线员工是冲锋陷阵的士兵。他们日复一日地沉浸在具体市场、产品或者技术的细节中，埋头苦干。他们通常面对的是现实主义，也就是"我们是什么"的问题。只有中层经理能够尝试解决最高层希望创造的目标与实际存在的现实情况之间的矛盾；也就是说，只有中层经理最有希望调适"我们应该成为什么"的理想与"我们是什么"的现实之间的矛盾（见图8-3自中向上而下式管理流程示意图）。

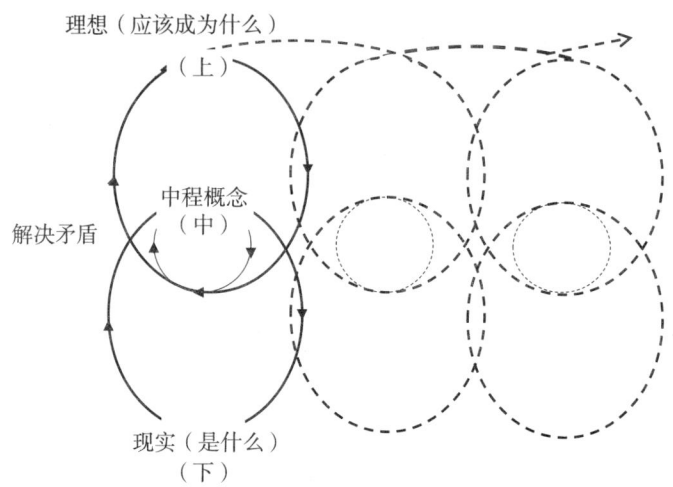

图 8-3 自中向上而下式管理流程示意图

中层经理常常创造出业务和产品的具体概念，并在一线员工的帮助下完成实证检验。通过这样的做法，他们可以融合高层领导者和一线员工的隐性知识，把它们综合到新的产品 / 服务、技术或者系统中去。这个过程把中层经理放在了知识创造和知识实践的最核心位置，放在了企业内部横向信息流和纵向信息流的交汇点上。

毫无疑问的是，我们已经在整本书中描述了多位行动中的中层经理。下面重点复述 3 个群体，他们很好地接受了高层管理者的理想主义愿景，同时把握一线的现实情况，提出了具体可行的实现方法。

日本东半部地区"足智多谋"的中层经理

我们在本章开篇介绍过 4 位经理，他们展现了精明和智谋，运用了政治的力量。石卷健育会医院那位从废弃汽车里抽油的驾驶员就是一位中层经理。他通过这样的办法把紧缺的给养及时送到了患者的手里。在没有贴上合适标签的情况下，罗森便利店的经理决定把紧缺的饭团和食物送到灾民的手中。优衣库的门店经理让店铺的灯开着，忽略了日本中央政府要求关灯的法令。雅玛多公司的石卷市负责人也是一位中层经理。在灾后极为危险的情况下，他决定实施两人一车的办法，继续送货服务。

这些中层经理都把高层管理者的讲话牢记在心。

- 健育会医疗集团首席执行官竹川节男（Setsuo Takekawa）通过公司的使命、愿景和价值观文件提出明确要求，必须为7类利益相关者创造价值，他们是患者、家属、社区、推荐人、合作伙伴、员工和股东。
- 罗森的首席执行官新浪刚史说过："7天之内，必须把食物送到日本东半部灾民的手里。不计成本、不惜代价。"
- 迅销集团的首席执行官柳井正经常提到自己的家乡宇部市。每到夜间，街上没有一盏灯亮着，漆黑一团的景象令人抑郁。
- 雅玛多首席执行官木川真宣布："大灾当前，尽施援手。毋以利益为念。"

与此同时，这些中层经理面对的是日本东半部地区灾后纷繁混乱的现实情况。他们必须想出解决问题的办法——这些办法既独辟蹊径又精明老道。

禧玛诺的中层经理

禧玛诺公司的历史布满了中层经理引领公司走向新技术、新市场和新产品的故事。他们牢记公司的使命和愿景，解决了首席执行官提出的理想与自己面对的美国和欧洲的现实情况之间存在的一个又一个矛盾。公司的历任首席执行官提出过各种愿景。

- 岛野庄三郎（创始人）：创造一个未来，把堺市变成自行车零配件生产中心。

- 岛野尚三（创始人的长子）：创造一个未来，让"日本制造"不再是国际市场上廉价和粗制滥造的代名词。

- 岛野喜三（创始人的次子）：创造一个未来，打造用户友好的自行车零配件，帮助使用这些零配件的车手赢得比赛。

- 岛野敬三（创始人的三子）：创造一个未来，打造山地自行车市场，让自行车骑行变得乐趣十足。

- 岛野容三（创始人的孙子）：创造一个未来，让自行车为骑行者带来健康和快乐。

我们在第三章和第六章中提到过，禧玛诺不断向欧洲和美国派遣中层经理。这些经理亲身体会了在日本以外发生的情况。

- 技术：派遣一位年轻的工程师到德国汉诺威，该工程师掌握了冷锻技术。

- 自行车零售：派 6 位中层经理走遍美国的自行车商店，通过"演示讲解"的方式推销自行车零配件。它被称为禧玛诺的"大篷车队"。

- 公路竞赛：禧玛诺的一位中层经理加入了 Flandria 车队。Flandria 是禧玛诺赞助的一支比利时自行车队。

- 山地自行车：公司的一位中层经理结识了山地自行车的开山鼻祖加里·费希尔和乔·布雷兹，并在旧金山附近的塔玛珮斯山试骑了最早期的原型车。

- 比赛：向全世界多个自行车赛事（包括环法自行车赛和奥运会
  等）派出了多位志愿者，其中大多数人是中层经理。
- SMOVER（智能运动方式）：派出多位年轻的工程师与高端自行
  车厂商合作，比如梅赛德斯－奔驰和路易加诺等，共同打造带有
  自动变速功能的新产品，开辟新市场。

这些中层经理返回禧玛诺日本总部，带动更多的同事加入其中，激励
他们开发新的技术、元器件和产品概念。禧玛诺的中层经理了解最高管理
者希望创造的未来与实际存在的现状之间的巨大差距。他们成了连通二者
的桥梁。

卫材公司的中层经理

和岛野容三一样，卫材的首席执行官内藤晴夫同样也是企业创始人的
孙子；和岛野容三不一样的是，内藤晴夫执掌公司的时间要长得多。我们
在第三章和第六章中提到过，内藤晴夫从 1988 年开始担任卫材公司首席执
行官。甫一履任，他就提出了公司的使命宣言——"戮力创新"，宣布了新
的公司理念——"关心人类健康（hhc）"。

"戮力创新"是把卫材变成一家关心人类健康的企业的第一步。这家公
司认为，在卫生保健事业的整个过程中，最重要的是患者和他们的家属。
而传统方式把重点放在医生和医院上面。在日本，卫材算是一家比较特别
的企业，因为它是从一家实验室逐步发展起来的。这家公司决定不做全产
品线的医药企业，而是专心做好两个治疗领域：失智症和癌症。内藤晴夫
的愿景非常明确：创造一个未来，用先发制人式的药物治愈失智症和癌症。

我们在前文提到过，经过多年的发展，这家企业通过多项措施践行着

内藤晴夫提出的使命和愿景。

- 在樱冈研究实验室成立了一个特别任务小组。由杉本八郎博士挂帅，领导十几位科学家专注于新药安理申的开发工作。这家实验室还有一个雅号——"不眠的城堡"。
- 在安理申的临床试验阶段中，研发团队花时间与失智症患者和他们的家属待在一起，更好地理解他们的需求和感受。
- 1997 年，建立知识创造部门。
- 成立了由安理申区域经理组成的特别任务小组。他们与医药代表合作，在日本寻找失智症患者和他们的家属。
- 这个特别任务小组组织了各种公共论坛和临床研讨会，加强了公众和地方政府对失智症的认识。
- 公司与本地社区和政府建立了连锁帮扶机构，专门为失智症患者和他们的家属提供支持与帮助。

这些行动和努力都是由卫材公司的中层经理牵头完成的。中层经理确实在促进知识创造和知识实践的过程中发挥着至关重要的作用。在《创造知识的企业》一书中，我们把中层经理称为"知识工程师"。他们把高层管理者的理想同业务一线的现实情况结合起来，设计出中程解决方案，帮助员工水到渠成地发挥自身的经验。在企业界，中层经理常常被视为"行将灭绝的物种""没有必要的恶"[①] 或者"绊脚石"等。而我们的看法与此截然

---

① 英语中用"必要的恶"（Necessary Evil）是指"不想做，但不得不做的事""必要的邪恶"。此处用"没有必要的恶"（Unnecessary Evil）指"没有必要，不是必须存在的事物"。它还是一部论述康德哲学的著作的书名（*Unnecessary Evil: History and Moral Progress in the Philosophy of Immanuel Kant*，2000）。——译者注

不同。我们认为，中层经理是解决矛盾的人，他们握着持续创新的钥匙。

鼓励积极的不顺从

发挥政治力量的第三种培养方式是鼓励"正当的不顺从""对社会有益的不服从"或者"富有创造力的不顺从"。这些说法是麻省理工学院媒体实验室的（原）主任伊藤穰一提出的[32]。伊藤解释说，正是政治上的不顺从在1773年为新英格兰①带来了波士顿茶党②；美国的民权运动同样始于马丁·路德·金等人领导的非暴力不顺从。伊藤穰一并不是呼吁人们打碎法律，或者为了不顺从而不顺从，恰恰相反，他论证说，如果不顺从遭到了压制，同时被压制的还有"创造力、灵活性和富有成效的变革，从长期来看，它会扼杀社会的健康和可持续发展能力"[33]。

在波士顿的一次高管培训中，面对一大群日本贸易公司的高管人员，伊藤谈到了"无许可创新"（permissionless innovation）[34]。他指出，互联网就是来自无许可创新的典型例证；在发明互联网的创新者们中，没有一个人寻求过谁的许可。他们只是完成了需要完成和自己想要完成的工作。还在高中读书时，伊藤就成了日本第一个互联网服务提供者。他说当时有一家电信公司的律师写信给他，告诉他不能这样做，但他还是做了。在他的著作《爆裂：未来社会的9大生存原则》中，伊藤穰一写出如下文字。

---

① 美国东北地区6个州组成的区域的总称。这里是英格兰人最早抵达和开垦的北美地区。新英格兰包括缅因州、新罕布什尔州、佛蒙特州、马萨诸塞州、罗得岛州和康涅狄格州。马萨诸塞州首府波士顿是新英格兰地区最大的城市和经济文化中心。——译者注

② 1773年，民间反抗组织"自由之子"（Sons of Liberty）领导实施了波士顿倾茶事件，因此被称为"波士顿茶党"。现代茶党兴起于2009年，是共和党部分派系发动的右翼民粹主义社会运动，主张采取保守的经济政策，反对美国2009年的经济刺激和复苏计划。另外，伊藤穰一当时所在的麻省理工学院就位于波士顿的小镇剑桥。——译者注

富有创造力的不顺从文化为硅谷带来了灿若繁星的创新者……它深深地威胁到了层级式组织中的领导者和许许多多的传统组织。然而，他们恰恰也是最需要拥抱这种不顺从文化的人，如果他们想要支持自己最有创造力的员工，在正在到来的颠覆时代中存活下来，就不得不这样做。创新者体现了不顺从胜过顺从的原则，他们不仅会提高自身的创造力，还会启发他人，共同达到卓越的境界[35]。

乔布斯的继任者蒂姆·库克（Tim Cook）指出："很早以前，我就意识到，如果你不表达自己的想法，乔布斯就会碾碎你。为了带来更多的讨论，实现更好的结果，乔布斯会故意站到与你针锋相对的立场上。因此，如果你不愿意提出反对意见，就永远没有出头之日，更无法生存下去。"为了表彰坚持不同意见的行为，从1981年开始，苹果的Mac团队每年都会评比和颁发一次"不服从奖"，奖励当年在与乔布斯的抗争中表现卓越的人。乔布斯偶然间发现了这件事，他很喜欢这个主意[36]。

在日本，很多人都知道，丰田公司给予员工唱反调的充分自由。这让员工们感到安全，甚至受到鼓励，敢于发出不同的声音、大胆地反驳自己的上司。丰田要求每位员工按照自己认为正确的方式行事。丰田员工非常享受这种不用把上司太当回事的特权感。与上司对着干，这完全是可以接受的；公司还鼓励员工把坏消息带给自己的老板；很多时候，对老板视而不见也是可以被原谅的[37]。丰田原总裁渡边捷昭说："只要问题都能提得出来、分得下去，并且做到可视化，我晚上就能睡得很香甜。但是，如果人们把问题掩盖起来，我就会难以入睡。因此，我告诉公司里的每个人，不要试图隐藏任何问题。请第一个把坏消息告诉我。[38]"还记得我们在上文提到的吗？渡边捷昭倡导公司里的每个人"挑起友好的争端"。"友好"和"争端"似乎是矛盾的，但它们的结合是行得通的。因为公司里的每名员工和每一位经销商都拥有共同的目标：造出更好的汽车，让消费者感到幸福。要发挥政治的力量，可以试着成为一个具有使命感的反叛者，这样做大有裨益。

本章提要

回顾本章的主题词——"政治"的力量。智慧型领导者要把人们凝聚起来、鞭策人们行动起来，就要运用政治的力量、融合人们相互冲突的目标、实现共同的利益，就要因地制宜地根据不同的情况选择和使用不同的手段，包括马基雅维利式的手段。这样，精明和机谋就可以用来实现善的结果。

"马基雅维利式"的说法往往引起五花八门的解读，其中最经典的解读是"结果即正义，不论手段"。然而，在谈到马基雅维利的睿智君主时，我们的重点落在他的适应能力上。前文指出，马基雅维利的睿智君主明白条条大路通罗马；知道在一年中不同的季节里，有些路是安全的，有些路比较危险；懂得该在什么时间选择什么道路。因此，可以这样说：知识就是力量的源泉。

尽管如此，作为力量源泉的知识是极其脆弱的，是需要呵护的。说它脆弱，是因为在我们生活的现代社会里，不可预见性、不确定性、复杂性和颠覆性早已成为常态。世界正在以指数速率高速变化着。在工业时代，做大做强的企业拥有最大的力量。到了今天，大不足以胜小、强不足以凌巧。正如伊藤穰一在《爆裂：未来社会的 9 大生存原则》中指出的，今日现状之最大威胁"来自最小的场所，来自初创企业和离群者，来自单打独斗的人和独立实验室"[39]；他还指出，"强大已经不足以保证生存了"[40]。如今是一个以快打慢的时代。智慧型领导者应该像马基雅维利的君主那样，不仅要适应快速变化的情况，还要无比迅速地采取行动。知识是需要培育的；在我们生活的世界里，矛盾、对立和悖论早已成为常态。因此，我们最需要的是发散性思维。它的体现形式就是辩证法、自中向上而下式管理和积极的不顺从。

在这个飞速变化、充满矛盾的世界里，如果还有什么是永恒不变的，那就是对公众利益的不懈追求。而这正是马基雅维利和亚里士多德的共同之处。正如我们在前文提到的，马基雅维利并不是"对更多人的利益漠不关心"的人。他所说的"结果即正义"是建立在合乎道德的基础之上的。马基雅维利写过："理应受到谴责的行为也许可以因为其效果而变得正当，这是一句合乎情理的格言。当效果是好的时候……它总是能让行为变得正当起来。[41]"为了在今天这个高速变革的世界里生存下来，智慧型领导者必须成为身手敏捷的善行者。

在他人身上培育实践智慧

智慧型领导者通过"师父带徒弟"的方式
启发他人的实践智慧

实践智慧不该被看作企业首席执行官或者最高管理团队独享的专利。它应该被散播到整个组织，并在此过程中充分发挥中层经理的促成作用。如果一家企业想成为智慧型企业，它应该让各个层级的员工都接受培训，学会如何运用实践智慧[1]。因此，培养分布式领导就成了智慧型领导者的一项重要职责。月冈芳年（Yoshitoshi Tsukioka）[①]笔下的一幅孙悟空[2]插图很好地说明了分布式领导的精髓——孙悟空拔出毫毛，吹了一口仙气，只见每根毫毛都变出了一个孙悟空来。

我们提出的 SECI 模型（即社会化、外显化、组合化和内隐化）显示，知识是随着人的行动、体验、合作和交互作用源源不断地创造出来的。但是，我们在第一章中指出，如果知识只能在组织里个别人之间分享，SECI 过程就会停滞不前。相反，如果每个人都能"各司其职、各安其分"，那么不仅知识本身会加速螺旋式上升，知识的质量也会随之得到提高。有智慧的领导者不在年高，也遑论出身，任何年龄、级别和岗位的人都能成为智慧型领导者。我们会在这一章中阐述通过分布式领导方式在组织各个层面培育实践智慧的做法。

在他人身上培育实践智慧的意义

约瑟夫·阿洛伊斯·熊彼特（Joseph Alois Schumpeter）[②]是 20 世纪最

---

① 日本画家，幕府末期和明治前期著名浮世绘画师。他以无惨绘画风得名，画号为一魁斋芳年、大苏芳年等。此处孙悟空插图中的题款即为大苏芳年。——译者注

② 奥地利政治经济学家，1906 年获维也纳大学法学博士，1919 年出任奥地利财政部长。纳粹兴起之后，1932 年他移居美国，担任哈佛大学经济学系教授，1950 年在美国去世。其重要的理论贡献有"经济循环""创新"和"创造性破坏"等。——译者注

有影响力的经济学家之一。他指出，创新来自作为企业家的领导者。但他把领导力视为一种精英式活动，把企业家精神看作一种个人性情[3]。这是我们不敢苟同的。我们认为，知识创造和知识实践必须由组织各个层级的人们通过日常实践实现。无论是知识创造还是知识实践，都离不开每位员工的投入。这并不是寥寥几个精英分子就能办到的。因为知识是通过动态的、极其多样化的人类交互活动才能创造出来和付诸实践的。

实践智慧一旦浸透整个组织，智慧型领导者就能凭借直觉感受到它。回顾本田公司创始人本田宗一郎的故事。他被年龄只有自己一半的项目经理上了一课：项目经理告诉本田宗一郎，他们之所以夜以继日地埋头苦干，开发出新一代低排放汽车发动机，并不是为了打败美国的汽车三巨头，而是为了孩子们的明天。他们是在为"社会的利益"努力工作。就在当时、就在当场，本田宗一郎发觉自己已经成功地培养出了下一代领导者，他们已经像智慧型领导者一样行事了。也就是说，他本人退休交棒的时候到了。同样的道理，在日本航空公司，实践智慧遍布整个公司的一个标志是，空乘人员对总裁植木义晴说："当飞机满员时，我依然能保持微笑。在（实施阿米巴管理）之前，每当遇到飞机满员时，我的脸上准会愁云密布。因为满员意味着我们要多干很多活。[4]"

关于实用智慧的例子有很多，它们大多可以归入实践智慧的两个维度：此时此地和共同利益。这两个维度来自我们对实践智慧这一隐性知识的定义：实践智慧源于经验，它帮助人们立足此时此地的情况，在共同利益的指引下，做出明智的判断并采取行动。在本书描述过的管理者中，一部分属于此时此地的维度；另一部分属于共同利益的维度；还有少数管理者同时属于这两种维度。

- 日本航空公司 3 000 个阿米巴团队的负责人都是智慧型领导者。他们管理着团队每个月的成本和收入，帮助公司在极短的时间里迈出了破产的绝境。

- 日本 7-11 便利店员工都是智慧型领导者。他们把自己放在顾客、顾客的家庭成员和朋友的立场上思考问题，对订货工作做出了及时、准确的判断。

- 禧玛诺的中层经理也是智慧型领导者。他们在管理过程中，采取了如下行动。

  - 远赴（德国）汉诺威，掌握了最前沿的冷锻技术。

  - 走遍了美国的自行车商店，向店主和店员演示如何拆装自行车零部件，让他们的工作和生活变得更加轻松、愉快。

  - 在比利时加入自行车队，亲身体验了职业比赛的现场情况。

  - 赶赴加利福尼亚，在加里·费希尔的车库里和乔·布雷兹一起修理自行车；了解山地自行车，创造出山地自行车的新市场。

  - 与梅赛德斯－奔驰和路易加诺合作，创造了配备自动变速系统自行车的新市场。

- 卫材公司的中层经理也是智慧型领导者。他们在管理过程中，采取了如下行动。

  - 在杉本八郎博士的带领下，开启了开发新药安理申的漫漫征程。他们的目标是延缓阿尔茨海默病病情的发展。

  - 走访了失智症患者和他们的家人、看护人员，更好地理解了他们的经历和感受。

  - 领导新成立的知识创造部门，推动组织各层面的知识创造。

○ 扭转了社会对失智症的态度，为失智症患者争取到了更多的
支持。

○ 与医药代表合作，组织公共论坛，加强公众和地方政府对失智
症的认识。

- 福岛养乐多的养乐多妈妈都是智慧型领导者。她们在日常工作中
采取了如下行动。

○ 在没有得到公司首肯的情况下，为日本东半部地区的灾民免费
送去了饮用水和方便面。

○ 尽管工资缩水，但她们没有选择待在家里，而是坚持在配送中
心工作，为客户送去急需的食物和灾情消息。

- 雅玛多的运营司机也是智慧型领导者。他们在日常工作中采取了
如下行动。

○ 加入了应急救灾物流支援计划。这是雅玛多公司在"3·11 日
本地震"发生的 12 天之后实施的一项响应计划，义务为灾民
运送救援物资。

○ 没有机械地等待总部的指令，而是在极其危险的道路条件下通
过两名司机一辆车的方式继续送货。因为他们深知，自己的工
作已经不是简单地运送包裹了。他们已经成了苦等救援的灾民
的生命线。

最高管理层对分布式领导的投入

只有在得到最高管理者信任的前提下，中层经理和一线员工才有可能
开展明智的行动。高级管理者深知，中层经理和一线员工是值得信任的人。

他们投入了大量的时间和精力，取得了必要的技能和专业知识，足以在充满挑战的环境下做好艰难的决定。第一章曾经指出，社群式的资本主义建立在人们相互信任的基础之上。分布式领导发挥作用的前提条件是最高管理者着力培养中层干部和一线员工的能力。而培养他们的最好办法莫过于给予他们"足够宽度和深度的自由"，帮助他们成为自己想成为的人、做到自己想要做到的事。"足够宽度和深度的自由"的说法来自阿马蒂亚·森①（Amartya Sen）[5]。

在我们打过交道的企业领导者中，有很多人极力给予中层经理和一线员工"足够宽度和深度的自由"，帮助他们"成为"他们想要成为的人、"做到"他们想要做到的事。例如，本田公司原总裁福井威夫告诉我们："本田公司并不是一家由最高管理者挑大梁、发挥最重要作用的企业。身处基层的每一名员工都是至关重要的。每名员工都要成为本田宗一郎。一定要培养出许许多多的本田宗一郎，这对我们非常重要。[6]"但这并不代表本田员工人人都要模仿本田宗一郎；毕竟如今的环境和情况与本田宗一郎的时代大不相同。它的真正含义是，在必须做出重大主观判断时，员工们应该多问问自己："如果我是本田宗一郎，我会怎么做？"本田宗一郎曾经教导员工，为了做出更好的个人选择，一定要对自身的优缺点、长短板有一个客观、清醒的认识："如果我能把自己奉献给钟爱的事业，并为此达到废寝忘食的程度，那将是天底下最幸福的生活。为了做到这一点，每个人都应该对自己的优势和劣势做到绝对的坦诚。绝不要自欺欺人。石头有石头的用

---

① 印度经济学家，1933 年出生于英属印度西孟加拉邦。因为对福利经济学的贡献，森在 1998 年获得诺贝尔经济学奖。1998—2004 年，森担任剑桥大学三一学院院长。他是该校历史上首位亚洲裔院长。——译者注

处，钻石有钻石的用处。领导者一定要迅速发现下属的长处，帮他们发挥出自身的优势，把正确的人用在正确的岗位上。只要做到人尽其用，就能让石头和钻石各安其位、各司其职。把石头和钻石变成真正的宝贝。[7]"

本田宗一郎写过一首诗，强调他对人尽其用的认识。他用一艘船打比方。

> 有一艘名叫公司的船，
> 船上个个都是好汉。
> 有的人掌舵，
> 有的人划船。
> 当长风鼓满云帆，
> 他们共济沧海。
> 天下再没有比这更快活的旅程了！
> 他们相依相伴，
> 向着共同的彼岸[8]。

还有很多首席执行官的做法与分布式领导遥相呼应。柒和伊控股集团原首席执行官铃木敏文告诉我们："我只有一个脑袋、两只眼睛。而我们的店铺里有好几千位兼职员工。如果每个人都能做到独立判断，我们就有了更多的头脑、更多双眼睛。[9]"最近，丰田公司首席执行官丰田章男指出："我们要由多位领导者来领导丰田公司，而不是由一个人独断专行。如果不这样做，如此庞大体量的企业绝对难以跟上今日世界快速变化的脚步。我们需要多位'领袖'的判断和决策，而且他们必须尽可能地靠近一线员工。[10]"

就认识论意义而言，向员工灌输企业的使命和价值观是培养员工实践智慧最重要的工作。领导者既要秉持个人品格的基本价值观，又要彰显为社会利益做出贡献的重要意义。也就是说，当领导者努力成为自己想要成为的人时，他们会发现自己过去的所作所为的意义和当下行动的意义。当人们确立了理想未来的样貌，并把它同过去和现在放在同一条时间线上时，意义就出现了。从海德格尔的观点来看，这种对未来样貌的确立具有决定性的重要意义。它能判断什么是善，还能创造出新的知识。最关键的是把它们放在同一条时间线上的思想。如果没有考虑到时间维度，只是把它们并列地放在一起作为参考，或者把它们放在彼此平行的时间线上，就无法产生这样的效果。

团队的力量

为了确保行之有效的分布式领导，丰田汽车把权力授予各个团队，鼓励员工独立判断和行动、找到解决问题的办法。从最初成立到现在，团队授权一直是这家公司的基石之一。公司创始人丰田喜一郎说过："如果每个人都能彻底履行好自身的职责，加在一起，就能产生巨大的力量。这股力量的链条最终会形成力量之环。[11]"

"力量之环"是丰田公司上下的共同信仰。它的含义是，团队的整体成就大于团队中每位成员的个人成就之和。这一点如今依然没有改变。当问题出现时，团队中的每一位成员都是值得信赖的，每个人都有责任和权力找出解决问题的办法。这种做法来自丰田车间里的"自动化"（jidoka），即带有人性的自动化。它赋予每一位团队成员拉下"安灯"①拉绳的权力，也

---

① 来自日语的制造业术语，是指在出现问题时发出警报的系统。安灯既可以通过拉绳或按钮手动发出，也可以由设备自动激活。安灯是丰田生产方式的重要因素，也是精益生产的重要措施。——译者注

就是叫停整条组装线的权力。丰田公司的一位高级管理人员表示："这样做是为了把质量责任落实到每位团队成员的手中，帮助大家认识到自己肩上有责任、手中有权力。人人在其位，个个谋其政。[12]"当丰田公司开展质量讨论时，员工之间的级别和头衔之差完全不重要。前文提到过，在丰田公司里，在形成正确决策的过程中，和上司对着干的做法是可以接受的，把坏消息带给老板更是受到鼓励的。

阿米巴管理再探

本书第三章阐述过阿米巴管理。它是一种立足于分布式领导概念基础之上的核算制度。阿米巴管理最初是京瓷社长稻盛和夫提出的，它把京瓷分成了很多个小团队，每个团队的收入和成本都是可以界定的，类似一个利润中心。每个团队像小微企业一样独立运营，中层经理实际上发挥着首席执行官的作用。每个团队的管理指标可以细化到每小时增加的价值和效率。阿米巴管理最直接的成果是帮助团队成员认识到，相对于不断变化的市场价格，他们创造出的新价值为几何。因为这一特点，阿米巴管理被看作一种能够对市场情况的变化做出迅速响应的核算制度。

然而，前文并未论及阿米巴管理的一项重要因素——这一体系的道德一面。阿米巴管理的良好运作离不开高水平的道德标准。它是受稻盛和夫的管理哲学指导的。该哲学明确提出，以自我为中心的行为，哪怕它只是出现在最小的一个团队里，最终必将引发整个体系的崩坏。这是因为，在整个组织中，每一个团队都必须与其他团队相互作用。从价值链上来看，每一个团队都可以被看作其他团队的客户。体系中的每个因素都是彼此依存的。一旦某个团队把自身利益的最大化作为目标，做出剥削其他团队的行为，势必引发体系内其他团队类似的剥削行为。千里之堤，溃于蚁穴。

稻盛和夫管理哲学的目标是在"基层首席执行官"（也就是中层经理）中贯彻高水平的道德标准，防止出现以自我为中心的行为。稻盛和夫哲学的道德准则发源于儿时得自父母和老师的教诲——要诚实、不许骗人、不要贪心。他把这些最基本的准则运用在自己的实践中。稻盛和夫滔滔不绝地说起了他的哲学[13]。

经过良久的思忖，我终于明白了：自己接受过的那些朴素真理和基本原则既是决策与行动的根本，也是做一个体面正派人的标准。我想，如果我始终选择做正确的事，应该可以把正确的事一直做下去。我要做的就是遵循那些来自师长的、常识性的生活原则，比如要说实话、不要撒谎、要善良、不要贪婪、不要考虑不周等。

我发现，正是这些道德和伦理原则帮助人们判断对错，分辨善行与恶行，明白什么是能做的、什么是不能做的。这些原则可以直接用作管理策略和决策的标准。说到底，运营一家企业就是要处理人际关系。因此，适用于个人之间关系的那些最朴素的道德标准一样适用于企业里的人际关系。我相信，生活和经营应该遵循同样的真理与原则，只要能按照这些基本原则行事，就不至于偏离正轨太多——这是一个显而易见的道理。

这套简单真理和原则指导我们走正道、务正业、做正人。它代表的是一种生活哲学。这种哲学来自经验和实践，而不是来自始于书斋、终于书斋、令人费解的理论推理。这种哲学就像一座灯塔，指引我们走出不确定性和艰难困苦的迷雾——**无论是生活还是经营企业，莫不如是**。

Scrum 方法

还有一种以团队为基础的分布式领导培养方法，它就是 Scrum。和阿米巴管理一样，Scrum 方法可以帮助组织灵活地、富有创造性地应对各种情况。"Scrum"一词源于英式橄榄球运动，它是一种关于控球和移动的战术组织方式。这个比喻首先出现在制造业中，它被用作敏捷软件开发流程的官方名称。在硅谷，无论在巨型企业还是在小微企业里，Scrum 都极大地改变了一线员工的工作完成方式。

和阿米巴管理一样，Scrum 系统中的每个团队都需要自我管理，并对需要开发的软件或者需要完成的任务的每个方面负责。每个团队的人数不多。根据经验，每个团队由 3~9 人组成。但是团队的数量可以随着项目规模的扩大而增加。每隔 1~2 个星期，开发流程就会暂停下来。所有团队的全体成员进行一次 Scrum（它在美式橄榄球中被称为"huddle"，即"并列争球"），决定如何完成剩下的工作。一个组织可能存在数百个 Scrum 主管，即向导或教练。他们会不断地追问："如何把手头的工作完成得更好？"一个组织可能有数以千计的 Scrum 团队成员。他们身处同一个项目，同时不间断地工作、学习，同时做出"此时此地"式的决策 [14]。Scrum 方法论和 SECI 螺旋之间存在鲜明的相似性——它们都关系到人们在变化情境和环境里的不断调整，都涉及越来越多人的行动。

Scrum 流程是杰夫·萨瑟兰在 1993 年开发的。它最初只是一个非常简单的想法。萨瑟兰这样描述："无论一个项目是何时开始的，为什么不能定期检讨一下？看看进行中的工作是不是处在正确的方向上？它是不是人们想要的？多问问自己，还有没有改善手头工作的更好、更快的方法？有没有什么绊脚石，妨碍我们把工作做得更好？ [15]"

　　萨瑟兰把功劳归于我们。他把我们称为"Scrum 的祖父"。因为他读过我们于 1986 年在《哈佛商业评论》上的文章《新产品开发的新竞争》（*The New New Product Development Game*），从中受到了启发。那篇文章列举了世界上最具创新力企业新产品开发团队的各项特征，把它们和使用"并列争球"的橄榄球队的各项特征进行对比。和阿米巴管理一样，Scrum 热情地欢迎不确定性和创造性。它为团队带来了自我组织的工具，带来了在适应快速变化情况的同时迅速提升工作效率和质量的工具。Scrum 同样讲求道德维度，这也是二者的相同之处。萨瑟兰指出，运用 Scrum 离不开诚实互信、毅力和情感的成熟。

　　　　请务必铭记一点，我们并不是要找一个背黑锅的人；我们的着眼点是整个过程。为什么事情会是这样的？为什么我们会错过那一点？什么能让我们变得更快？最重要的是人们团结一心、拧成一股绳、真正为整个过程和结果负起责任、作为一支队伍寻求解决问题的出路。同时，人们还要足够果敢地提出真正困扰自己的棘手问题——为了解决这些问题而提出问题，而不是为了指责和控诉别人而提出问题。团队其他成员需要具备足够的情绪成熟度，听得进去反馈意见，虚心接受意见，并且真心诚意地寻求解决办法，而不是忙着自全自保[16]。

　　谈到诚实，萨瑟兰在他 2014 年的著作《敏捷革命：提升个人创造力与企业效率的全新协作模式》中援引了两个经典例证。第一个是安徒生的童话故事《皇帝的新装》。在这个故事的末尾，一个小孩说出了别人不敢说的真相。他说："皇帝根本没穿衣服！"Scrum 中的每个人都要向这个孩子学习，要有足够的勇气说出真相。第二个，萨瑟兰认为，每个人都应该像莎士比亚《李尔王》(*King Lear*)(第1幕,第4场)的弄臣[1]一样率真直白:"我真不明白你和你的女儿们是怎么样的一家人:她们因为我说实话而打我,你又因为我说谎话而要打我;有时我不说话也要挨打。我当什么都比这傻子好些。"[2]

让常规工作富有创造性

在组织的各个层面培养智慧型领导者还能帮助企业既充满灵活性又富有创造力地应对各种情况,具备更高的韧性和可持续发展能力。在前文研究过的企业中,有很多把实践智慧分布到整个组织的绝佳案例。它们并没有把实践智慧集中在少数几个人手里。

自中向上而下式的管理。"3·11日本地震"、禧玛诺和卫材的案例说明:中层经理可以提出中程概念,解决高层管理者希望创造的理想("应该如何")与一线员工面对的现实("实际如何")之间的矛盾。

辩证过程。迅销集团的例子告诉我们,领导者要恩威并重,既要金刚怒目,又要菩萨低眉。唯其如此,才能真正为下属带来光明的未来。

有难同当。当沙克尔顿的探险船在南极洲被困时,他命令所有队员分担所有的苦差事。无论职务官阶高下,一视同仁,绝无例外。

A–A0–A00问题法。本田公司强制要求所有员工深挖问题、探究真善

---

[1] 原文为"傻子"(Fool)。梁实秋译本为"弄臣",朱生豪译本作"弄人"。此处采用梁实秋的译法。——译者注

[2] 此段翻译采用梁实秋译本。《莎士比亚全集》(33,李尔王),莎士比亚著,梁实秋译,中国广播电视出版社,2001年7月。朱生豪的译本为"弄人:我不知道你和你的女儿们究竟是什么亲戚:她们因为我说了真话,要用鞭子抽我,你因为我说谎,又要用鞭子抽我;有时候我话也不说,你们也要用鞭子抽我。我宁可做一个无论什么东西,也不要做个傻瓜。"(《朱生豪译莎士比亚戏剧》,莎士比亚著,朱生豪译,人民文学出版社,2013年1月)。——译者注

美；这家公司还鼓励员工，在必要情况下不要害怕顶撞上司。

单品管理。以单一产品为单位的管理方法是由日本 7-11 便利店首创的一种销售模式，其特点是考虑每家店面的不同需求，考虑店面对每种商品的不同需求。其鼓励店面人员大胆调整原有的商品分类方法，从经过训练的假设出发，采购适当数量的商品。它帮助日本 7-11 的每一位员工做到了既见树木又见森林。

连问 5 个为什么。丰田公司训练员工用自己的双眼发现问题，用自己的双手研究问题的关键所在，不断追问"为什么"，直到找出问题的根本原因为止。

丰田公司的套路

丰田公司把常规工作称为"套路"，比如"连问 5 个为什么""看板"（用来表示生产线上传送零部件的纸板）、"横展"（最佳实践的分享）、"自働化"（即自动化）等，都是"套路"。它的定义是"让思想和行动与动态的、不可预测的情况保持同步的方法"[17]。该定义说明，尽管组织所处的情况永远是变动不居、无法预料的，但企业可以提出富有创造性的常规做法，有效地应对这些情况。"套路"建立在行动的基础之上；它"告诉我们如何完成一件事，如何继续下去，接下来应当采取什么行动"[18]。"套路"的着眼点是把事做成，这也是知识实践赖以立足的根本。

我们可以通过两个例子深入研究丰田现行的"套路"。第一个例子是"一页纸报告法"。它用 1 页常见的 A3 纸[19] 容纳解决问题所需的所有关键信息。报告人必须把篇幅控制在 1 页纸以内，在整个公司上下把问题总结和报告清楚。1 页 A3 纸能塞进大量的信息，但它们必须通过简化和标准化的格式呈现出来，按照解决问题的先后顺序依次呈现。信息流的开端必须是问题的定义和描述，这部分要放在 A3 纸的左上角。接下来是对问题的分析、实施的计划、预期的成果和后续的步骤等，渐次展开。

丰田"套路"的第二个例子是"可视化"。这家公司会把每个项目的信息张贴在一间屋子的墙上或者布告栏里，让每个人都能看到。这些 A3 纸通常张贴在一间被称为"大房间"的墙上。纸上画满了流程图和直方图。虽然这些信息也可以被放在服务器上，人们只要轻点一下鼠标就看得到，但是丰田公司发现，公开张贴的方式更有助于员工理解事物的真实状态，理解自身行为对其他团队的影响。多个团队同时访问"大房间"时，"可视化"的效果最为显著。因为它可以在当时当地、在团队之间形成辩证式的意见交流，帮助每个人朝着相同的方向前进。

作为实践"套路"的"守－破－离"

就定义而言，"套路"实际上是一套做事的规程、模式或方法。专家认为，该词源于武术的基本动作和形态，是在师徒之间代代相传的[20]。但也有人提出，它来源于艺术，比如茶道或者能剧①等。无论如何，毫无异议的一点是，"套路"的实践是由 3 个步骤组成的："守－破－离"（shu-ha-ri）。它们的字面意义是"保护－打碎－离开"，实际含义是首先掌握，然后脱离，最后实现超越。

在一开始的"守"（shu）的阶段中，徒弟谨遵师父的教导、模仿师父的动作、全盘接受师父的价值观和技巧，最终熟练掌握。到了下一个阶段，即"破"（ha）的阶段，徒弟开始尝试打破师父的固有模式，试图通过他个

---

① 日本传统歌舞剧的一种。"能剧"与"狂言"合称"能乐"。——译者注

人的风格改变师父的条条框框。到了最后一个阶段，即"离"（ri）的阶段，徒弟学成出山，慢慢地超越师父，建立起独树一帜的风格[21]。

日本的书法艺术——书道（shodo），就是"守－破－离"的绝佳例证。在"守"的阶段，徒弟要严格地按照老师或者师父说的去做。徒弟必须大量临摹师父的作品，不容许出现半点篡改。这可以帮助徒弟消化吸收师父的知识和技巧。书道的知识和技巧就是这样一代又一代地传承下来的。传统智慧完全内化成为肌肉记忆，形成了绵延不绝的技法基础。

到了"破"的阶段，徒弟从传统中跳脱出来，尝试新的笔法或形态。因为全部传统技法早已通过反复的练习转化成了肌肉记忆，所以徒弟此时开始理解师父技法背后的道理，尝试推陈出新。主体间性就是在这时开始发挥作用的；师徒同时为新的笔法或者形态做出了贡献。打个比方，这和雏鸡破壳而出的那一刻很相似，母鸡会啄破蛋壳，从外面帮雏鸡一把。

到了"离"的阶段，徒弟不再是徒弟，而是勇于开创的艺术实践者。他会从传统形式中完全脱离出来，超越自己的师父，完成属于自己的创造。实践者不再向他人学习，而是转求诸己，转向自身的经验和思考，创造出原汁原味的、不羁于历史束缚的书法之路。例如，运用不同的笔法、墨汁、纸张、字形的大小或者布局等[22]。

"套路"发挥着创造性规程的作用，它为组织孕育出实践智慧"此时此地"的维度。传统的管理体系致力于实现规程的标准化，通过手册确立其标准地位，要求所有人严格遵照行事。然而，简单的规程无法帮助组织应对持续不断的变化；只有创造性规程，例如"套路"，才会把高度的自由当作必要的条件，帮助人们通过实时的现场评估做出及时的调整，适应持续不断的变化。

另外，正如 SECI 螺旋反复不断地带来知识的扩展一样，"套路"也是通过不断重复融入组织的。通过不断重复，知识创造和知识实践会从个人层面沿着本体论的维度向上移动，到达组织层面，让更多的知识得到传播，更多的人参与进来，更多的行动得以发生。就这个意义而言，SECI 螺旋本身就是"套路"。它通过持之以恒的、自我革新的流程适应环境的变化，带来持续不断的创新。

实践技能培养：在他人身上培养实践智慧

下面介绍 4 种分布式实践智慧的实践技能培养方法。智慧型领导者可以通过现代化的学徒制在组织内传播实践智慧；可以运用闻名日本的"全员经营"（Zen-in Keiei）管理原则，把每个人变成业务领导者；还可以借助即兴发挥的力量，就像爵士演奏或者即兴表演一样；最后一种方法是采用新的组织架构，带来更高水平的动态化，进一步促进人与人之间的交流。

现代学徒制或导师制

"守–破–离"与中世纪日本的学徒制度非常类似。后者帮助手艺人从初学者逐步成长为学徒工，最终成为自立门户的师父。在封建时代的日本，很多行业的学徒制度是受手工业行会和本地政府督导的。与此不同的是，绝大多数现代学徒制度主要由企业监管。导师制度也是一样，这种制度帮助导师在员工中分享自身的经验，和员工共享情境和时间。现代学徒制度最生动的写照莫过于下面这幅照片——本田宗一郎和两位工程师蹲在一辆正在开发中的汽车旁边，用粉笔在地上画着草图（见图 9-1）。

图 9-1   本田宗一郎在地上画草图

资料来源：本田公司。

这张照片还说明了前文提到过的"三现"原则——到"现场"去，即业务一线；通晓"现物"，即实际情况；把握"现实"，即事实的本质。这些原则就是这样在本田公司里通过直接的互动传承下来的。在新产品开发的"现场"，本田宗一郎会冲着员工大吵大叫，甚至试图动手打他们。他更多地把他们当作新入门的学徒看待，而不是当作员工。那里的气氛更像一间"道场"（Dojo，武术训练场所），而不是一家公司。"新手"们通过观察师父的工作完成学习，而不是由真正的教师来讲课。有一次，一位年轻的工程师为此发了几句牢骚。结果本田宗一郎大发雷霆："你这个傻子！这里不是学校。想要学会怎么工作，先看看别人是怎么干的！[23]"本田宗一郎一度担任发动机开发工作的负责人。他每天上班的第一站都是设计室。他会兴致勃勃地把前一天晚上想到的创意讲给大家听。

> 他通常会这样开场，"我想到了这个"，他自顾大声地说着，并没有特别地冲着谁说。人们会自动聚拢在他的周围，看着他口沫横飞地越说越兴奋。接下来，他会跪到地板上，用白色粉笔把自己的想法画出来，一边画，一边用手涂抹修改。他会如此这般地重复很多次，新的想法不断地从他的脑袋里冒出来。一位工程师回忆起那一幕，他说，那"就像在观赏街头艺人表演一样"[24]。

同样地，迅销集团的首席执行官柳井正也是 60 名来自全球的学徒的导师。这是迅销集团在 2014 年发起的一个名为"未来全球领袖"（Future Global Leader）计划的一部分。这些学徒的年龄从二十几岁到四十几岁不等，每个人要在一位高管的指导下落实一项可能改变行业面貌的大计划。每项计划的平均周期为 18 个月。在项目周期内，这些学徒还必须同时做好自己的本职工作。柳井正每年和学徒们会见 4 次，评估他们的进步情况和变革计划的成果。通过这个过程，柳井正亲手帮助公司培养了下一代全球领导者。

上文讨论的两位导师恰好都是企业的创始人。但并非只有身居高位的管理者才能担当导师。丰田章男本人就曾做过成濑弘的门生。成濑弘曾是丰田公司的首席试车手，也是 GAZOO 车队的队长。丰田章男对师父在 2002 年第一次见面时说过的话记忆犹新。当时，丰田章男还是丰田北美公司的副总裁，成濑弘对他说："如果你愿意学习开赛车，可以每个月（来日本）找我一次……我会教你怎么和汽车对话。"

后来，成濑弘因为车祸离世。5 年之后，丰田公司实现了学徒制度的正规化。公司专门为此成立了一个部门，培养年轻机械师，为 GAZOO 车队从零开始打造测试用车。这些测试车的驾驶者大多是成濑弘一手培养出来的，他们不仅参加日本以外的比赛，比如德国纽博格林 24 小时耐力赛，还会参加各种国内比赛，比如全日本拉力锦标赛（All Japan Rally Championship）等。打造这些赛车大约需要 5 位机械师。他们要从"白车身"（white body）造起，也就是从空无一物的车身骨架造起，还要在赛道上检修维护这些车辆。这些机械师都是临时选拔的，遴选标准是他们在各个领域（例如汽车电子）或者部件（例如制动器）方面的技术专长。他们会从零开始，造出一台赛车来。取得了这些经验之后，机械师们仍会返回原来的工作岗位。这些经验教会了他们一个道理，用成濑弘的口头禅来说："人的能力是没有边界的。"

大阪晃弘（Akihiro Osaka）是丰田 C-HR 纽博格林 24 小时耐力赛的首席机械师和测试车手，他引用成濑弘的话说。

> 时至今日，要造出一部 80 分（满分 100 分）的赛车已经没那么难了。正因为如此，我们更要为自己的赛车赋予鲜明的性格。这意味着为汽车带来类似于人的敏锐感觉。成濑弘说得好，"人的能力是没有边界的"。我们应当如何为汽车赋予人的感觉？赛车场就是我们的"现场"。我们从这里出发，把这种精神传遍整个公司[25]。

高木实（Minoru Takagi）也是成濑弘的弟子，他是丰田雷克萨斯 RC（Lexus RC）在纽博格林 24 小时耐力赛上的首席机械师和测试车手。高木谈到了赛道工作对年轻机械师的深刻影响。

近年来，懂得如何把几千个零件组装成一台完整的汽车的机械师不多了。通过与同事的合作，亲自动手完成这个过程，他们亲身感受到自己的工作对身边其他人、对生产线下游继续完成他们工作的人来说，真正意味着什么。通过纽博格林的磨炼，他们用行动说明了汽车制造中"知其该当何为"的精神[26]。

与前两位类似，刚刚20岁出头的林子翔马（Shoma Kimura）也是成濑弘的弟子。他谈到了自己加入新成立的部门的感受。这个新部门的名字非比寻常，它叫"巨腕"技能培训部（Sugo-ude，日文，意为"大手"）。

（我负责的是雷克萨斯RC赛车的组装工作，）说实话，看到自己装好的赛车跑起来时，我完全被内心的喜悦淹没了。我必须承认，在加入这个部门之前，我每天看看数据，清点一下必要的数目，感到十分满足。但真正的赛场完全不同。即使所有数据都令人满意，只要试车手觉得一辆车开起来不够顺手，这辆车就过不了关。我在这里受到的训练是（在赛场上）运用整体视角审视一辆赛车[27]。

让"全员经营"成为整个组织的心智模式

另一种培养分布式实践智慧的方法是"全员经营"。迅销集团是"全员经营"的典型代表。这个日文词的字面含义是"人人参与到业务管理中来"，它在实践中指"人人发挥主人翁意识，做好管理工作"。迅销集团首席执行官柳井正鼓励自己的员工多运用这一概念。

应该人人发挥业务领导者意识，依靠主观能动性独立工作，把自己当作真正的创业家。要独立思考、想清楚应该采取什么样的行动，并把它付诸实施。这并不代表成为一匹独狼。要把与此相关的集体知识运用到工作中，良好地完成工作[28]。

在迅销集团的一次培训班上，柳井正向公司全体员工，从总部员工到一线兼职员工，提出了下面的看法。

"全员经营"适用于所有人，包括刚刚加入公司的兼职员工在内。每个人都要培养决策技能，并且学会把决策转变为行动。我们要把公司建设成这样的地方：一个门店的负责人可以直接和总部负责生产、销售或者行政事务的员工讨论问题，做出决策，并把这些决策转化为实际行动。这位门店经理或者总部员工必须认识到，他们是最后一道关，是对这一决策负责的人。这一点认识至关重要……人人都要成为自主自立的商人，发挥业务主人翁意识。一个领导者，无论他多么才华横溢，也不管他付出多少辛勤的工作，一个人所能达到的成就终究是有限的。每一位员工都要为公司的成功付出努力。因此，我要敦促诸位，一定要团结一心地把工作做好。这就是"23条经营理念"和"迅销集团企业理念"（FR Way），即迅销集团的企业使命和价值观的用武之地；它们的作用就是为我们带来共同的价值观，成为我们共有的本色[29]。

1959年创办京瓷公司后不久，稻盛和夫也想在自己的企业里建立起"主人翁意识"。公司成立伊始，稻盛和夫一肩挑起了所有部门的管理工作，包括研发、生产、销售、财务和质量控制等。因此，他迫切需要把普通员工培养成为具有主人翁意识的管理者。于是，孙悟空拔毫毛变出多个自己的形象深深地吸引了他。稻盛和夫说："我当时想，如果分身有术该有多好。如果我能对他们说，'你去消费者部门抓销售''你去解决生产部门的问题'，想必我的日子就会轻松很多"[30]。

这时，稻盛和夫想到了一个主意：把员工编成一个个小组。我们已经看到，稻盛和夫有效地运用了阿米巴管理和"日航哲学"，带领日本航空公司打了一场漂亮的翻身仗。在稻盛和夫看来，日本航空公司成功逆转的主要原因在于新体系为员工带来了思想意识的转变。他在回顾此事时指出："每个人都做到了从本职工作出发，努力工作，尽自己的力量把整个公司变好一点点。每位员工思想意识的转变带来了整个公司文化的转向，它反过来极大地提升了公司的整体业绩[31]。"他用"全员经营"来形容这个过程，并为它加上了一个词："参与"（sanka），即"全员参与经营"（zen-in sanka keiei）。它的含义是"人人参与管理工作，怀抱主人翁意识，投身于工作"。

稻盛和夫极力称赞每一位日航员工为了他人的利益努力提高自身思想修养的做法；一开始提出"日航哲学"时，稻盛和夫就提到了"无私"（selflessness）这个概念。

> 如果我们想到的都是公司的利益，那么我们在工作中付出的努力一定会提升整个公司的自我意识。这个道理同样适用于家庭。因此，要从更宽广的视角看待和走近我们的生活，这样就可以把自己为他人服务的行动提升到更高的水平上，把我们的作为与更广阔的天地联系起来，这一点非常重要……我们应该努力提升自己的觉悟。这样，我们无私奉献的范围就会扩大——从个人扩展到家庭，再到社区、全社

会，由社会走向全天下，再由天下扩展开来，充塞于整个宇宙 [32]。

有效利用即兴发挥

第三种分布式领导的培养方法是用好即兴发挥的力量。在这个剧烈变动、不确定性日益增加的时代，企业必须保持敏捷灵活、具备极强的适应能力、保持足够的韧性，这不仅需要企业做出"此时此地"式的快速决策，还要采取"当机立断"的行动。企业需要多位领导者与自主自立的小团队交互作用，才能始终保持韧性和可持续发展能力。这需要个体层面的主观能动性、组织层面的协调一致性和主体间性。

智慧型领导者可以从爵士乐队的即兴表演中获得很多启发。爵士乐手通过乐队成员之间的互动、合作和创意，在现场即兴创作。好的爵士乐手就像迈尔斯·戴维斯（Miles Davis）[①]一样，他们会通过个性鲜明的方式完成一首歌曲或是一段乐曲的演绎，而且永远不会重复演奏同一个版本。他们会按照当时的心境和自身的经验，结合与伙伴乐手甚至是现场观众之间的互动，随心所欲地改变旋律、和声或者节拍。在整个表演的每一分钟里，爵士乐手始终对音乐上所有的可能性保持开放。

企业的领导者不一定非要去学习爵士乐，毕竟，就像2014年的奥斯卡获奖电影《爆裂鼓手》（Whiplash）说的那样，爵士乐是一种需要天分和数年不辍的训练的艺术形式。但是首席执行官们至少可以去欣赏一场爵士音乐会，这有助于从感性上认识一个乐队的"现场"表演，理解每一位乐手各司其职的含义。这样做还能帮助领导者发现，纯粹的创造时刻出现在乐

---

① 美国爵士乐演奏家、作曲家、小号手，他是20世纪爵士乐先锋人物之一。——译者注

手们的身心甚至灵魂达到同步或者协调一致的那一刻。领导者不仅应该观赏爵士演出，还应该一边观赏一边思索："怎样在自己的组织里创造出如此和谐一致的即兴发挥？"

团队的即兴发挥能力可以通过多种表演艺术形式得到锻炼，比如演剧、舞蹈和歌唱等。举例来说，2017 年 7 月，在东京的一家工作室里，我们带领来自 30 家日本领军企业的 80 名初级高管与奈良桥阳子（Yoko Narahashi）共同完成了一堂即兴表演练习课。奈良桥阳子是成就卓著的好莱坞制作人和导演。这些高管人员大都三十几岁或者四十出头，他们被自己的公司派来参加为期 1 年的高管培训课程，为将来进入各自公司的全球最高管理团队做准备 [33]。

这堂练习课由 4 轮现场表演和即兴创作组成。所有表演都是通过小组形式呈现的，或者 2 人 1 组，或者 8 人 1 组，或者由全部 80 人组成 1 个大组。学员们必须使用英语这门通用语言，分组完成奈良桥阳子指定的主题，比如"刀叉""花与花瓶""黄油和面包"或者"特朗普与安倍晋三"等。即兴表演完成之后，她会要求所有 80 名学员组成 1 个大组，表演涩谷十字路口（Shibuya Crossing）的景象。那是东京最繁忙的十字路口，行人从四面八方涌来。人们一边走路一边说话、拍照，抑或在人流中驻足，欣赏这份熙来攘往的忙碌，并在黄灯亮起时紧跑几步。

在第二轮表演中，学员自行组成 10 个 8 人小组。他们先要用自己的身体组成一辆"超级汽车"，还要表演出它跑起来的样子。接下来，每组的 8 个人排成纵队，由排头抽取一项表演题目（比如"犬吠"），开始接力表演。规则要求：①"接龙"的人必须模仿上一个人的表演，并在自己的表演中加入一项新内容，传给身后的队友；②整个表演过程中不许发出声音。

到了第三轮表演，奈良桥阳子开始推动学员们的创意之轮。她请学员

结成 2 人小组。每个人充分发挥自身的创造力，调动身心和精神，为自己
的同伴表演"我的人生目标"。她要求学员尽可能地充满最饱满的激情，就
像在话剧舞台上表演那样。有几位学员在表现内心感受时表现突出，奈良
桥阳子奖励他们为所有人又演了一次。他们收获了观众久久不息的掌声和
全场的欢笑声。

第四轮是类似"你来比画我来猜"（Dumb Charades）的猜谜游戏。小
组的 2 名成员一个负责比画、一个负责猜谜。比画的人不许说话，表演出
自己的内心语言（比如"给我一个拥抱吧！"），直到伙伴猜出谜底为止。
经过了前几轮的游戏，学员们的动作幅度变得越来越大、越来越夸张。所
以，绝大多数人能够立即"抓住"队友的想法。表演课结束时，奈良桥阳
子分享了 3 条关键信息，与学员共勉：要对自己诚实，要相信自己，好的
表演意味着用心倾听。

学员们纷纷主动提出了自己的看法，他们为表演课给出了极高的评价，
认为奈良桥阳子的表演练习帮助他们领会了以下重要道理。

- 要树立更高的目标。
- 做一个充满激情的领导者。
- 学会通过直觉抓住事物的本质，而不是通过逻辑。
- 要诚实、开放、真挚地倾听他人的心声。
- 和他人打交道时，要注意建立情感上的纽带。
- 对于自己身边的人们，既要做到感同还要做到身受。
- 进入陌生情境时，要注意发挥想象力。
- 要把表演课上学到的知识教给同事。

动态化、网络式的组织架构

最后一点，可以通过改变组织架构培育分布式领导。YKK 公司创建的森林式组织架构就是明证。这家企业的创始人吉田忠雄创造了一种扁平式组织架构，帮助公司里的每个人，上到首席执行官，下到刚入职的新员工，同心协力地相互合作。"YKK 森林"里人人平级，每个人都是管理者，同时也都是劳动者。随着 YKK 日益发展壮大，这家公司如今在 71 个国家和地区拥有超过 50 000 名员工。它依然能保持这种森林式的组织结构，实在令人叹为观止。

美国海军陆战队的做法也很值得借鉴，那就是不设固定的组织架构。作战部队的组织是为了实施"任何环境下的境外军事行动"，它的含义是，作战部队"必须保有任何情况所需的一切部署方法和能力"[34]。对海军陆战队员来说，在一个混乱、不确定、动态化和充满摩擦的环境里，最重要的是速度和先机。这就是"美国海军陆战队陆空特遣队"（Marine Air-Ground Task Forces，MAGTF）的由来。它是一种任务导向型组织，不设立标准的组织方式。美国海军陆战队指出："陆空特遣队由一位最高指挥官和联合武装力量组成，视情况之需要，灵活地配置人员。环境情况改变时，在必要情况下，陆空特遣队会随之做出灵活的重组。[35]"在应对各种危机或冲突时——海军陆战队称之为"机动作战"（maneuver warfare），类似"陆空特遣队"式的非固定式组织形式也许是唯一可行的选择。

在面对 VUCA 环境①（即"复杂多变、模糊且充满不确定性的环境"）

① VUCA 环境是指"复杂多变、模糊且充满不确定性"的环境。VUCA 是由 Volatile（多变）、Uncertain（不确定）、Complex（复杂）、和 Ambiguous（模糊）的英文首字母组成的。该词源于军事术语，常用于形容战场和疫区中心等，今常被借用于形容企业面临的充满挑战的营商环境。——译者注

时，企业也有可能求诸这种极端的分权形式[36]。为了让这种组织架构有效地
发挥作用，海军陆战队明确规定，每一层级的军阶上必须设有胜任的领导
者，也就是我们所说的分布式领导。

　　理论上，集权式系统只需要一个胜任的人担任领导就够了，也就
是最高司令长官，他是唯一的权威。而分权式系统要求每个层级都要
有领导者，他们中的每个人都要展现出及时的、健全的判断能力。对
这些领导者来说，主观能动性是最基本的胜任条件[37]。

　　还有一种更加实用的解决方案，不过它只适用于成熟的大企业，不适
用于初创企业，那就是实施双层组织结构（Dual Structure）。这种结构由
层级式结构和网络式结构共同组成，二者并列存在。在约翰·科特（John
Kotter）（2014 年）看来，它属于"既 / 又"式结构，如图 9-2 所示。

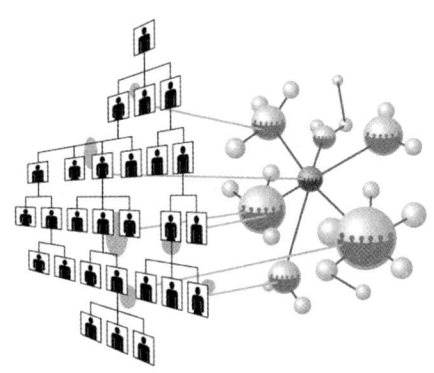

图 9-2　由层级式结构和网络式结构组成的双层结构

　　左侧的层级式结构和右侧的网络式结构协同一致地发挥作用，二者之

间保持不间断的信息、行动和人员的流动，即图 9-2 中两个结构之间的连线。网络式结构中的人们是自愿组合的，他们都在层级式结构中拥有自己的本职工作。双层结构中的层级式结构与通常意义上的层级式结构不同，最主要的区别在于以下几点。

很多分派给它的工作都是需要创新的或者敏捷性的、需要艰难的变革或者是需要迅速落实的大型战略计划。这些挑战通常被分配到工作流中，由"老虎团队"[①]或者战略部门完成。如今，很多这样的工作都被转移到网络式结构中去了。这极大地减轻了层级式结构的负担，让它更加轻装上阵，更好地发挥其设立的初衷：做好今天的工作、完成渐进式提升、进一步提高效率、落实战略计划、帮助企业做好可以预见的各项调整工作（比如定期的 IT 升级）等 [38]。

双层结构的右侧是网络式结构。它看上去更像初创公司的"太阳系"结构：创始人是"太阳"，团队其他成员是"行星"和"卫星"，各自负责不同的战略计划和子计划。多数初创公司都是如此组织的，这是因为它们需要保持敏捷、速度和创造力，只有如此才能抓住机会。随着时间的推移和组织的日益成熟，右侧的网络式结构会越来越多地补足左侧的层级式结构，更多地把左侧解放出来，使之更加优化，更加自由地发挥自身的作用。

在这个剧烈变化的年代里，每一家企业，无论新企业还是老企业，都在不断地推出越来越多的创新举措。举例来说，迅销集团通过"未来全球

---

① 为特定任务临时组建的跨部门专家团队，常用于需要多领域、多部门协同完成的重要任务或者复杂问题，比如美国航空航天局（NASA）的阿波罗 13 号发射任务等。这一叫法于 1964 年第一次出现在正式文献里（*Program Management in Design and Development*, 1964）。

领袖"计划帮助年轻一代的领导者形成自己的创新计划和子计划，并把它们快速落实到行动中。这些年轻领导者在公司的层级式结构中拥有自己的位置，与此同时，他们还在公司的网络式结构中形成和实施各种创新计划。这些战略计划和子计划时合时分，平均周期约为 18 个月。

并不是所有的计划都要放在网络式结构的一侧。适合网络结构的计划主要是需要做出大量变革的计划、速度决定成败的计划、充满含混模糊之处的计划以及需要创新和敏捷性的计划。

所有无须变革的流程和活动，或者只涉及已知工作的流程和活动，可以放在左侧的层级式结构中进行。这样，所有明确的战略变革——那些我们完全明白应该走向何方（从 A 点到 B 点）、变革之路并不遥远、过程中不会遇到人们太大的阻力、创新不是主要矛盾、时间范围和机会窗口都非常明确的战略性变革，通常可以放在左侧的层级式结构中完成。推动完成这些工作的主体通常是战略规划组织、项目管理组织、传统的特别行动团队、变革管理部门等类似组织 [39]。

另一方面，组织想要可靠、高效地发挥作用，依然离不开架构良好的层级式结构。正如科特指出的，层级式组织是"20 世纪最了不起的创新之一" [40]。根本没有必要"除之而后快""去除中层经理，让员工自己管理自己"或"建立蛛网式的组织形式"。智慧型领导者务必留意以下危险信号。

- 组织里出现开倒车的情况，各项工作仅靠少数几个值得信赖的人来领导。
- 最高管理层的寥寥数人包揽了公司所有的决策和判断。

- 层级制度最高处的人们开始贪恋自身的权力和地位。
- 层级制度底层的人们认为，自己的工作就是接受命令、单调重复地完成本职工作。
- 层级制度底层的人们不再创新，更不会在没有得到上级允许的情况下冒险。
- 组织里的每个人开始沉湎于现状、耽于积习。
- 组织里的所有人不再冒险，不敢跳出条条框框想问题。

当这些危险信号出现时，解决办法并不在于把高管们的行之有效的办法统统抛掉、推倒一切，再重建一切，而是建立起一套网络式系统，形成层级式结构和网络式结构的双层结构，保证两种结构相得益彰，运行起来浑然一体。它能帮助成熟的企业同时拥有可靠性和灵活性，培养速度和敏捷性。

本章提要

今天的创造知识的企业必然要蜕变为明天的智慧型企业。这离不开新型领导方式（分布式领导）、新型创意规程（"套路"）、新型学徒制度（"守－破－离"）、新型管理思维（"全员经营"）、新型团队培养方法（即兴发挥）、新型组织架构（动态的网络式架构）和新型战略路径（自内向外）。

如此一来，智慧型企业的模样就清晰地浮现出来了。

- 在各个层级都拥有智慧型领导者的组织。
- 不断创造智慧型领导者，这些新的领导者就像孙悟空吹毫毛变出的猴子一样，他们是上一代智慧型领导的继承者。

- 最高层管理者、中层管理者和一线员工共同奉行实践智慧。
- 发挥小型团队的力量，实施类似 Scrum 式和阿米巴管理式的系统，同时保持动态性和灵活性。
- 通过自中向上而下式管理以及其他创新规程，例如"套路"，实现分布式领导。
- 层级式和网络式结构并举，二者浑然一体，适应越来越高的复杂性和越来越快的速度。
- 实施自内而外的战略路径，立足于信仰和带有理想主义色彩的实用主义，构想和建设新未来。
- 在组织的每个层面培育实践智慧，实现持续创新和企业的长寿。

The Wise Company

写在后面的话

2017 年 11 月 3 日，就在我们完成本书后不久，野中郁次郎，本书的两位作者之一，有幸获得了加州大学伯克利分校哈斯商学院颁发的终身成就奖[1]。在哈斯商学院的历史上，只有 5 位校友曾经获得这一殊荣，而野中郁次郎是其中唯一的学者。在那场令人难忘的典礼上，哈斯商学院院长里奇·里昂斯（Rich Lyons）盛赞野中郁次郎运用整体性眼光，在自己的研究领域中发挥实践智慧，创造了全新的框架，帮助组织超越管理数据，运用知识创造更好的经营绩效。野中郁次郎向加州大学伯克利分校表示了感谢。他常常把这所学校比喻成"太平洋上的雅典"（the Athens of the Pacific）。他感谢学校为他打下了以哲学为根本的、坚实的学术基础[2]。

哈斯商学院的商业期刊《伯克利哈斯》（*BerkeleyHaas*）2017 年秋季号的封面文章总结了野中郁次郎多年以来的学术成就。这篇封面文章的题目是"创新管理的炼金术士"（The Alchemist of Innovation Management）。它按照时间顺序总结了野中郁次郎的研究工作，从他在哈斯商学院的硕士时代和博士时代的信息处理模型讲起，直到他最终成为"知识管理领域的知识之父和最伟大的哲学家之一"[3]。这篇文章在结尾处如此总结了野中的研究。正是这些研究使得本书得以出版[4]。

> 随着野中的思想由信息演进到知识，再从知识演进到智慧，他越来越多地推动了一种更加人性化的领导形式。这种形式发挥人的独特能力，为社会利益而创新。野中说过："我认为，我们身处的时代向企业界和整个社会提出了新要求。我们需要更多的以人为中心的管理思想和实践。"

以人为中心的管理

多年以来，我们的思想从信息到知识再到智慧，不断地向前演进。这推动我们把人放在了管理的中心地位。从我们对各种比喻和概念的使用上即可看出这一点，比如"并列争球""自中向上而下式管理""场"以及"自内向外的"战略路径等。正如《伯克利哈斯》那篇文章提到的，在日益复杂和数字化的时代里，我们强烈地相信并极力地支持以人为中心的管理的价值——在提到以人为中心的管理时，我们强调的重点是亲身经验与感觉、直观认识、信仰和理想、直觉、主观性、关系、道德和价值观。

为什么要在日益复杂和数字化的时代里把人放在管理的核心地位？

我们生活的世界已然"乱花渐欲迷人眼"，将来它只会变得更复杂。实际上，复杂性——科学工作者通常称之为"复杂系统"（Complex Systems），根本算不上新鲜事物。在麻省理工学院的伊藤穰一和杰夫·豪看来：

> "……复杂系统有着30亿年以上的漫长历史，它早在智人出现之前就已经存在。动物的免疫反应就是一种复杂系统，蚁群、地球上的气候、小鼠的大脑以及任何一个活体细胞中复杂幽微的生物化学过程等，统统属于复杂系统。[5]"

借用《老派科技的逆袭》作者大卫·赛克斯（David Sax）的话来说，真实的世界并不是黑白的，它甚至不是灰色的，而是异彩纷呈的。赛克斯还提到，真实世界"的结构是无限的，是按照情绪堆积而成的。它闻起来很奇怪、尝起来很特别，它沉醉于人类的不完美。来自这种复杂性的最好的思想是……[6]"

加里·莫森和莫顿·夏皮罗在《拓宽经济思维》(*Cents and Sensibility*)中指出，真实世界向人们提出了道德问题。只有"无法加以形式化的敏感性[7]"才能回答这些问题。因此，人们需要具备足够的敏感性，才能体察其中的微妙差别。除此之外，我们还需要拥有心理气质和文化适境性(cultural contingencies)。莫森和夏皮罗还指出："道德问题经常是过于复杂、过于重要的，以至于单一理论无法完全解释它们。无论现有的理论还是将来的理论，都做不到这一点。"如今，复杂性已经成为一种生活方式，未来想必依然如此。

与此类似，本书的序言还提到，由于互联网、大数据、云计算、人工智能(AI)和物联网(IoT)等因素的影响，世界正在变得越来越数字化。未来到达的速度远远快于我们的预期。科学工作者和技术工作者追问的问题已不再是"是否……"而是"何时……"，那些曾经只存在于科幻小说里的技术成为现实只是一个时间问题，比如无人驾驶汽车、农业机器人和三录仪等。

"数字化"这个词可以用于许多场景。大卫·赛克斯认为："数字化是计算机的语言，是由0和1构成的二进制代码。它带来了没有穷尽的组合，帮助计算机的软件和硬件完成了沟通与计算。[8]"他还提到，"数字技术是一种变革性的力量，它能广泛地为消费者带来更加高效的产品和服务。价格更低、使用更方便，还能超越时间和空间的限制""数字经济更具有颠覆性"，正如它"能倒转市场，消除商业世界长久存在的消费习惯"一样[9]。

确实如此，我们几乎每一天都能在商业报刊的头版看到数字化带来的自动化，比如机器学习、人工智能、大数据、数据分析、物联网和增强现实(Augmented Reality，AR)等；我们还能屡屡看到25年前完全不存在的品牌名称，比如奇点(Singularity)、沃森(Watson)、Siri(苹果公司产品的内置智能语音助手）以及 Alexa（亚马逊公司产品的内置智能语音助手）等。

为什么是人

我们提出的问题是为什么把人放在管理的核心地位？这个问题的另一面是，随着这个世界变得越来越不确定、不连续、复杂化和数字化，计算机硬件和软件将来会接管世界吗？有几位专家提出了警告[10]。

斯蒂芬·霍金、比尔·盖茨和埃隆·马斯克警告我们：人工智能，尤其是机器人武器，很有可能摆脱人类的控制，接管世界。雷·库兹韦尔（Ray Kurzweil）提出了"奇点（他对机器接管世界那个时刻的叫法）临近"的说法，这激起了人类最原始的恐惧。鉴于人类义无反顾地走向监控式社会（surveillance society）这一趋势和我们对技术越来越依赖，再加上物联网的涌现，恐惧可能并不是多余的？

并不尽然。神经科学新近的研究支持了我们提出的，人类将在未来继续发挥核心作用的论断。对人类大脑的研究发现，人脑拥有一种神奇的功能，它不仅能看到世界当下的样貌，还能看到它未来可能的样貌。我们会思考"如果……会怎样"（what if）这个问题，由此创造出属于自己的未来。从本质上说，这也是安东尼·布兰德和大卫·伊格曼[11]在 2017 年出版的《飞奔的物种》①一书中得出的结论。他们的结论和彼得·德鲁克的结论

---

① 《飞奔的物种》（*The Runaway Species: How Human Creativity Remakes the World*），大卫·伊格曼（David Eagleman）、安东尼·布兰德（Anthony Brandt）著，杨婧译，浙江教育出版社于 2019 年 5 月出版。大卫·伊格曼，1971 年出生于美国新墨西哥州，美国脑科学家、《纽约时报》畅销作家、斯坦福大学兼职教授。安东尼·布兰德，1961 年出生于美国纽约，美国作曲家、作家、学者、莱斯大学谢菲尔德音乐学院教授。莱斯大学也是大卫·伊格曼的母校。——译者注

是一致的。德鲁克早在 50 多年前就提出，我们也许无法预见未来，但我们能"创造"未来。德鲁克的不朽论断如今得到了神经科学的支持。

布兰德是一位作曲家，伊格曼是一位神经系统科学家，他们发现人脑拥有一种神奇的能力。它能充分发挥来自过去经验的知识的力量，探索新的可能和未曾尝试的选择，还能权衡探究和利用之间的关系。这在管理学文献中得到了广泛的讨论。它帮助人类通过"一个'是什么'走向无数个'假如……会怎样'"，成为创造现实的大师[12]。

作为一个物种，人类创造未来的能力表现在很多方面。人类会改造他们继承来的事物，无论是"发明 iPhone，生产汽车，还是创作现代艺术。他们会把'整个世界'吸收到自己的神经系统中，控制和使用它，创造出可能的未来"[13]。在平常，我们会在每一次"考虑替代性方案，或者思考如果我们选择了不同的道路，可能会发生什么的时候模拟未来的样貌；购买房子、选择大学、考虑可能的配偶，或者投资股票时，我们都会接受自己的考虑可能是错误的，或者我们设想的永远都不会发生的情况"[14]。我们每天都在内心模拟着可能的未来。

我应该点头表示同意，还是告诉老板这是个蠢主意？怎样在结婚纪念日那天给对方一个惊喜？今晚吃中餐还是意大利餐或是墨西哥餐，哪一种更好？如果得到了那份工作，我应该在硅谷买一座房子还是在城里住公寓？……通过思考各种替代性方案的过程，我们能更加灵活地应对未来。这一感觉标志着一种重大的转变。它帮助我们变成了在认知上更具有现代意识的现代人[15]。

为什么人类与其他物种不同？或者就此而言，为什么人类与计算机不同？在布兰德和伊格曼看来，我们会在自己还没有发明，但总有一天会发明的世界的边缘不断地探索和尝试。人和 Siri 或者 Alexa 不同，我们并不生活在密不透气的容器里；我们的世界是开放的，它有着"多孔而透气的边界。未来会透过这些孔隙漏进来。我们总是通过自己对未来的想象完成对眼前现实的理解。我们总是把眼光投向今天的藩篱之外，投向明天的景致"[16]。一些专家提出，计算机同样可以创造未来，当然，但那是一种完全不同的、机械式的未来。我们会在下一个段落中继续这一讨论，即关于人类与机器比较的讨论。

创新：从 0 到 10

本书的旅程即将告一段落，我们从知识走到了智慧，从创新走到了持续创新，我们看到了创新研究的未来，它一共包括 3 个阶段。

第一个阶段是"创新：从 0 到 1"。在这个阶段，之前从未出现过的想法开始浮出水面，这很像植物的嫩芽破土而出的瞬间。在这个阶段，人在推动创新的过程中发挥着主导作用。

第二个阶段是"创新：从 1 到 9"。在这个阶段，创新逐渐成形、发展壮大，这很像植物从抽枝展叶到繁花似锦的过程。在这个阶段，人工智能、物联网、增强现实、沃森，以及现在还不知道名字的后续技术将会成为主要的创新推动力量。

第三个阶段是"创新：从 9 到 10"。在这个阶段，创新得到精炼，满足有关感觉和美学的、更高层次的人类需求。这很像植物的花朵呈现出万般精巧的姿态、斑斓的颜色和馥郁的香气。在这个阶段，推动创新的中枢力量是人。

尽管如此，3 个阶段始终存在模拟和数字的融合。这里的模拟代表的是数字的对立面。如果说数字的一面为"阳"，那么模拟的一面即"阴"。二者的关系就像白天和黑夜。相对于虚拟的计算机来说，模拟不一定非要在物理世界里放上一台看得见摸得到而且能工作的计算机[17]。"模拟"二字指的是人类生活的物理世界。同样地，我们把人类也等同于模拟状态。因此，不管在哪个阶段里，人类和机器都是相互合作、共同演进的。但是，人类将会在第一阶段和第三阶段引领这种共同的演进，而机器在第二阶段发挥引领作用。我们会在下文详细说明这一点。

创新：从 0 到 1

创造力和想象力是从 0 到 1[18]的必要条件。最近的研究表明，人类拥有产生新想法的能力（创造力），同时具备应对生活中的不确定性、设想各种可能性的能力（想象力）。人既是创造力的主人又是想象力的主人。

> 我们总是禁不住对抗千篇一律的常规。这使得创造成了人类在生物学意义上非做不可的事。我们在艺术和技术上追求的都是惊喜，而不是简单地满足预期的效果。因此，人类历史的一大特点就是充满了天马行空的想象力……

> 由于我们对新奇的强烈嗜好，创新成了必需品。它不是少数人的专属品。创新驱动着每个人的大脑，它带来了对于一成不变事物的讨伐。这正是形成一代人和上一代人之间巨大差别的背后力量，是这个 10 年和下个 10 年之间巨大差别的背后力量、一年与下一年之间巨大差别的背后力量。创造新事物的欲望是人类生物构造的天然组成部分[19]。

……因为我们拥有超越自身所了解的事实的能力，所以我们不只会睁眼看周遭的世界，还会闭眼设想其他可能的世界。在了解事实的同时，我们还会虚构事实。我们不仅会把控现在，还会设想未来"如果……会怎样"[20]。

了解历史可以帮助人类从无到有地推动创新。我们在第七章中讨论过历史想象力如何帮助人类设想未来"可以做到什么"。它帮助我们立足现在，回望历史事件，解构和重构过去，创造出可能的未来。需要重申的是，历史通过描述过去与现在之间的因果关系解释了"为什么"和"如何"的问题，回答了类似"这是从何而来"的问题。历史想象力在危急关头尤其有效。它能帮助我们更广泛、更深刻地认识特定事件和地点的现象背后的真相，并为可能的未来做出主观判断。

除了历史，文学的帮助作用也很大。我们在第七章中阐述过，文学是怎样帮助人们构想万般可能的世界、思考替代性方案的。故事带给我们无边的自由，帮助我们感受他人的感受；它为我们带来了有关"可以做到什么"的多种选择，赋予我们处理复杂不可预知事件的能力。

我们无法通过演绎逻辑把握绝大多数个体和群体的行为。理解罗伯斯庇尔[①]或者法国大革命与证明毕达哥拉斯定理或者计算火星运行轨道是完全不同的两码事。人类的生活并不是按照纯粹可预期的方式展开的，就像火星围绕太阳运转的轨道那样。偶发事件、个人的习性与选择都会形成替代性作用，都发挥着不可分割的作用（包括在伟大的

---

① 法国政治家、法国大革命时期雅各宾派领导人。——译者注

小说家写出来的故事里）[21]。

除了提出"如果……会怎样"和"可以做些什么"这两个问题，我们还可以通过提问"应该做些什么"想象未来。正如我们在本书中始终强调的，这正是实践智慧的全部真义所在。第二章谈到过希腊哲学家和科学家亚里士多德在大约 2400 年前定义的 3 种知识类型。

我们当时为它们给出的简短定义如下所述。

1. 理论知识：知其所以然。

2. 技能知识：知其如何。

3. 实践智慧：知其该当何然。

在理论方面，在第三章图 3-5 的新知识实践模型中，明白"该当何然"发挥着基础作用。SECI 螺旋中间的细箭头代表的是实践智慧。"知其该当何然"可以帮助人类追寻更高的目标，创造人们赖以仰仗的共同情境和价值观，指导人们在复杂情况下做出道德层面的主观判断、提出问题。它为我们的理论增添了社会维度，即什么是对社会有益的、正当的。

实践智慧的作用产生在具体事件和情况的种种细节中。它为我们的原始模型加入了时间维度，帮助人们在具体时间和具体情况下确定什么是有益的，做出最恰当的主观判断或者采取最适宜的行动，同时服务于社会利益。举个例子，拉坦·塔塔（Ratan Tata）[①] 开发 Nano 汽车——面向普通群众的一款平价汽车的想法就来自具体时间下的具体情况。很偶然的一次机会，拉坦在拥挤的孟买街头看到了骑着摩托车的一家 5 口。他们顶风冒雨，

---

① 印度企业家、塔塔集团原董事长。——译者注

蜿蜒穿行，浑身上下都湿透了。那个场面实在令人揪心。这样一个时机、这样一个情景，激发了拉坦为之创造一种新型汽车的强烈愿望。

创新：从 1 到 9

从 1 到 9 的创新需要人类智能的延伸。为了诱发创新，第二阶段在极大程度上借助于 STEM 的力量，即科学（S）、技术（T）、工程（E）和数学（M）这 4 门学科的力量。它们是数字技术新领域极大发展的驱动力，比如人工智能、物联网和增强现实等。此外，从 1 到 9 的创新还带来了数据的新用途，比如大数据、云计算、数据分析和 3D 信息等[22]。这些新领域和数据来源最简单也最广为人知的应用包括应用人工智能的阿尔法狗（AlphaGo）、应用物联网技术的百宝力（Babolat）网球拍系统和增强现实游戏《精灵宝可梦 Go》等。

人工智能号称包罗万象，从在线智能助理（比如 Siri）到自动驾驶汽车，无所不能。但真正推动人工智能极大繁荣的是计算机软件阿尔法狗与围棋界的传奇人物、世界冠军李世石（Lee Sedol）在 2016 年的对决。这场比赛被称为人类与机器的摊牌大战，结果阿尔法狗赢得了 5 场比赛中的 4 场。这成了奇点论支持者津津乐道的标志性事件。奇点论者预言，机器会变得比人类更加智能，这一天（也就是奇点降临的一天）将在 2045 年到来。麻省理工学院的伊藤穰一和杰夫·豪出言谨慎得多，但他们同样提出"也许用不了多久，类似阿尔法狗式的事物就会决定语言、确定保释金、驾驶飞机、给孩子们上课。随着人工智能的发展，机器甚至可能会成为人类身体的一部分，成为家庭、交通工具、市场、法院系统、创意产业和政治生活的一部分"[23]。

2018 年 1 月，我们在东京见证了阿西莫①（ASIMO）的现场演示。它让我们意识到，有朝一日，机器真的可能成为人们生活密不可分的一部分。阿西莫是本田公司开发的一种人形机器人。它是"创新出行时代的先进步行机器人"的简称（Advanced Step in Innovative Mobility，ASIMO），是本田公司 30 多年开发工作的结果。最新版本的阿西莫身高 4 英尺 3 英寸（相当于 1.29 米），重 119 磅（相当于 54 千克）。我们看到它以 7 英里 / 时的速度奔跑，跳跃高度约有几英寸。它会上下楼梯，会像人一样活动手指，还能用好几种语言进行简短的对话。除了这些物理特性，阿西莫还能辨识人的脸庞、声音、移动的物体和人的姿势以及周围的环境，这让它有了与人交互的能力。它能通过点头或语音的形式回答问题，能在和人打交道时叫出他们的名字，还能判断是否需要握手。负责阿西莫开发的工程师重见聪史（Satoshi Shigemi）指出："在未来的家庭里，它可以成为人们的好伙伴或者好帮手，对行动不便的人来说尤其如此。[24]"

物联网的出现已有时日，不过我们第一次亲身体验的物联网应用是一款网球拍。百宝力的 Play Pure Drive 系列产品在网球拍的手柄里装入了传感器。它能追踪和分析大量的运动数据，包括球速、转速和落点区域等，帮助运动员提高赛场上的表现[25]。它相当于嵌入物理产品（网球拍）中的一台计算机，可以使运动员和生产厂商直接联系。物联网把产品转化为智能设备，使它成为更广大系统的一部分，激发了更多的创新。其他的物联网应用还包括以下案例[26]。

　　智能自动温度调节器控制着越来越多的家居设备，并把这些设备

---

① 本田公司已于 2018 年 6 月 28 日终止了阿西莫（ASIMO）双足机器人的开发工作。——译者注

的使用数据回传给制造商。智能的、联网的工业机器会自动完成协同，自动实现运行的最优化。汽车会把运动、定位和环境的数据源源不断地传给制造厂商，并不断地接收软件升级。这些更新不仅能提高汽车的性能，还能在问题发生之前解决它们，防患于未然。

增强现实（AR）比物联网更进一步，它弥合了现实世界和数字世界之间的缝隙。增强现实技术可以转变数字化数据，把它们显示在二维页面或屏幕上，具体表现为层叠在真实三维世界之上的图像或动画。我们见过的增强现实的最简单的例子是移动设备上的游戏《精灵宝可梦 Go》。发展至今，数字化数据和图像已经可以通过无须动手的可穿戴设备叠覆在真实世界之上，比如头戴式显示技术和智能眼镜等。

增强现实技术的核心是帮助人类与数字数据进行交互。例如，应用增强现实技术的驾驶者"抬头显示"（Heads-up）系统会把导航图像、碰撞预警等信息直接显示在汽车的风窗玻璃上，同时不妨碍驾驶者的前方视线 [27]。其他的增强现实创新还会在消费者端以及 B2B 的场景中提供类似的"人机界面"解决方案，进一步拉近数字世界与现实世界之间的距离。

在这一阶段，在人工智能、物联网、增强现实等技术的推动下，数字引领的自动化将会催生一波又一波的创新浪潮和新的工作机会，并在现实世界中形成海量的新产品和新服务。试举一个最平凡的例子，说明这个新浪潮。东京有一家无人咖啡店。店里的工作全部由机器人完成。机器人由 7 个活动的部件组成。只要在机器里投进硬币，它就能按照你的要求研磨咖啡豆，把磨好的咖啡粉倒入过滤漏斗。只需要 3~4 分钟的时间，一杯上好的咖啡就会送到你的手边。等待的时间比附近的普通咖啡馆还要短。在等待咖啡时，机器人甚至能用流利的日语和你谈天说地[28]。

随着数字世界与模拟世界的融合，人类可能会经历这样一个彻底变革的阶段，我们生活的世界会发生天翻地覆的变化。变革程度之大，使得人们不得不用从 1 到 9 来形容它。在第二阶段，人类将在共同演进的系统里更密切地与机器合作。但是，这一阶段的基本驱动力量将是机器一侧的各种技术。

创新：从 9 到 10

第三个阶段是精炼的阶段，目的是满足人类的感受和审美需求。最贴切的例子莫过于巴慕达的"烤面包机"。它能打动消费者的身体和心灵，成为一种"生活的喜乐"。正如第五章描述的那样，巴慕达带来的是最贴合个人口味的完美的烤面包，它通过全方位的体验带给人们快乐：用一个小巧易握的杯子给烤面包机"浇水"；透过专门设计的小窗，可以看见机器里发生着什么；当面包烤好时，机器会发出轻柔的"叮零"声；打开面包机时，新鲜出炉的面包散发出的诱人香气令人陶醉。这款烤面包机能同时调动人的五感。

类似这些打动人身心的创新想法并不是天上掉下来的。它们是以人的经验为原材料"制造"出来的。这就是人类能够再一次地把控这一阶段创新主导地位的原因。巴慕达烤面包机的开发者提到了两段难以忘怀的经历，一段是他十几岁时在西班牙小城龙达的经历；另一段发生在东京，是他刚刚成为巴慕达总裁之后的一次公司烧烤聚会。他把这两段经历称为这款烤面包机的原点。

当我们遇见川岛喜八郎（Kihachiro Kawashima）时，他谈到了一种新型自动驾驶汽车的创意。川岛喜八郎在 1984 年成为本田公司的第二任总裁，他的谈话要点可以总结如下[29]。

> 汽车算是人们购买的最昂贵的物品之一。如果开着自己花很多钱买来的新车堵在水泄不通的马路上，担心无法准时抵达终点或者发生交通事故，那就太不合情理了。人们开车时会担忧、疲劳甚至会汗流浃背，这样合理吗？如果我们简单地按下一个按钮，汽车就会把我们送到目的地。一切不需要我们亲自动手。这是不是好得多？这就是我的梦想。这个梦想一定会在你的有生之年实现。我向你保证。

第一款全自动驾驶汽车，其实它就是一台依靠数字基础设施运行的装有轮子的计算机，会在我们的有生之年出现。它有可能减轻驾驶者的焦虑感，减少事故，降低二氧化碳排放和噪声污染，降低对停车场的需求和车辆保险费用等。借助云计算、数据分析等技术的不断进步，数字化革命将为我们带来历史上第一款全自动驾驶汽车，就像工业革命带来了第一款批量生产的汽车——福特 T 型车一样。

从 T 型车到丰田雷克萨斯的历程相当于工业时代从 1 到 9 的创新。1989 年，雷克萨斯横空出世。它的目标是"确保在里程表跑到 50 000 英里之前，汽车看起来、开起来、听起来、跑起来和新出厂时毫无二致"[30]。我们相信，数字时代第一款全自动驾驶汽车也会得到同样的精细改进。人类对完美的不懈追求是这一点的有力保证和突出特征。就像神经科学最近证明的那样，人类对于解决身在其中的现实世界种种复杂性的本能追求是无穷无尽的，我们对新鲜事物的渴求是无法被扑灭的。

因为人类固有的很多行为模式，我们会不断地提出新的改进创意。

- 善于适应、富有韧性。

- 不懈地追求卓越。

- 为了给世界带来惊喜，不眠不休地辛勤工作。

- 与他人接触和互动。

- 从第二人称的角度建立同理心。

- 融合主观和客观视角，形成整体视角。

- 弯曲、抛弃和打破现有环境。

- 无休止的、反复不断的自我超越。

人类能构想出自己想要的未来，这是人类独有的能力。我们不仅能看到世界现在的模样，还能看到它可能变成的面貌。有了自动驾驶汽车，人们又会禁不住问出下面这些"如果……会怎样"的问题。

- 如果我们把原来的停车场和加油站改造成公园会怎样？

- 既然从此以后可以在通勤中工作了，设想一下，如果搬到更远离城区、亲近山水的社区去会怎样？

- 如果把原来考取驾照和更新驾照的时间用在营造与家人和朋友的关系上，那么会如何？

- 如果我们把投保车险的钱节省下来，用来帮助他人，或者用在类似"有效的利他主义"①式的事业中，那么会怎样[31]？

只有人类才拥有这种非比寻常的能力，只有人类懂得重塑与合并身边

---

① 一种哲学和社会运动，倡导通过证据和推理确定帮助他人的最有效的途径，并在此基础上采取行动。——译者注

的现实世界、设想未来。机器和算法无法复制人类这种能力，至少在看得见的未来做不到。

管理作为一种生活之道

以上描述的是创新领域里以人为中心的管理。其中，人类在两个关键的创新阶段中发挥主导作用，即起始阶段（从 0 到 1）和结尾阶段（从 9 到 10）。这种管理思想带来了一种全新的组织观：组织不再是一个处理数据或者信息的庞大机器，而是一个活的生命体。这与我们研究过的日本企业的管理观不谋而合：管理是一种生活方式，而不仅仅是实现利润最大化的手段。

作为一种生活方式，管理应该更多地关心企业代表的是什么？它希望生活在一个怎样的世界里？如何把这样一个世界变成现实？企业应该走向何方？它希望创造出一个怎样的未来？要留给后人些什么？如何为社会作出贡献等。如果企业能理解自身的使命、采用正确正当的生活方式，并在现世中不断完善自己，明天一定会变得更美好。

企业和人一样，都有生老病死。除此之外，二者之间还有一点很相似，那就是为理想奋斗。京瓷名誉会长稻盛和夫认为，人类要为了理想而奋斗，竭尽全力地做好生活中的平常事，例如，每天努力工作、思考优秀的思想、做正确的事、做好自省和自律、提升心智、陶冶情操等。如果企业也能以类似的生活方式努力奋斗，借用迅销集团董事长柳井正的话来说，"社会就会准许它存在下去"，否则，社会就会迅速扼杀它。我们在第四章中讲过这一点。

企业比人强的一点在于，它能活上 100 年、300 年，甚至可以说，企业
是可以做到长生不老的。就像第一章里提到的那样，企业要为理想而奋斗，
它得到的回报将是可持续发展能力、韧性和绵延不绝的寿祚。

过桥

我们希望留给读者 3 句重要的话。第一句，我们希望更多的下一代学
者走过我们建好的桥，把我们的理论建设得更加健全且有效。我们尤其欢
迎 STEM 学者加入知识管理领域，特别是神经科学和生物学学者；我们热
情地欢迎越来越多的人文学者的加入，特别是文学和历史学者。我们越是
花时间研究知识这一领域，就越发感到自己的才疏学浅。我们要对你们说：
欢迎加入！

第二句，我们希望读者明白，为什么必须在知识和智慧之间架起桥梁。
作为一种高阶的隐性知识，智慧在以下几个方面把 SECI 提升到了更高的层
次。我们要对你们说：别忘了那个旋转不停的陀螺！

1. SECI 原本是一种二维模型，只有认识论和本体论两个维度。智慧为
   它加入了时间维度，使之成为三维立体模型。加入时间维度的意义
   在于，它能在动态情境中更好地捕捉知识所具有的周期性和累积性
   的本质。由于时间维度的加入，SECI 螺旋得以无尽地盘旋上升，不
   断地反映过去创造的知识，并在此基础上不断地创造下去。

2. SECI 原本是一种组织层面的模型。因为加入了共同利益的概念，它
   得以升级成为社会层面的模型。知识创造是一个组织同它身在其中

的社会之间永不停歇的交互与对话。因此，知识创造和知识实践从此不再囿于组织的物理边界和社会边界。

3. SECI 最初只是聚焦于从社会化阶段（S）到内隐化阶段（I）的水平方向的转变。如今不然，它会动态地围绕多种转变展开，不仅盘旋向上，还会向左、向右倾斜，在快速变化的世界里更加从容地适应变动不居的环境和层出不穷的情况。

第三句，希望本书能够帮助企业和企业的领导者走过理论与实践之间的桥梁。我们发现，知识创造本身无力形成管理行动；它缺失的一环是知识实践。我们一共介绍了 6 种实践方法，它们可以帮助企业和企业的领导者摆脱"SECI 困境"综合征。知识创造和知识实践能够帮助全球的企业和管理者运用好知识，更好地发挥知识的力量，把知识转化为睿智的行动。

我们要对你们说：快合上这本书吧！现在就行动起来。永远不要忘记，知识蕴藏的真正智慧只能体现在行动之中。

致　谢

　　我们要向帮助我们完成此书的人们表示最大的谢意。这是一段漫长而艰辛的路程。在他们的帮助下，我们跨越了深谷，架起了桥梁，连通了知识与智慧、理论与实践、现在与未来、人类与机器。

　　我们要叫出"他们"的名字。先从武田悠作（Yusaku Takeda）开始。他帮助我们完成了大量的研究工作，主要是第一部分的研究工作。武田也是本书第二章的合著者，也就是总结了知识实践在哲学、心理学、神经科学和社会科学等领域的理论基础那一章。竹内弘高初识武田悠作时，后者还在美国康涅狄格州的卫斯理大学（Wesleyan University）读本科。他到波士顿拜访竹内弘高，请教有关知识创造的理论问题。毕业之后，野中郁次郎延聘武田悠作到东京从事研究工作。他同时继续和竹内弘高合作研究，并为此走访了北卡罗来纳州的本田飞机公司。不过那已经是他考取哈佛商学院之后的事了。武田悠作现在是哈佛商学院的在读博士生。

　　离开东京时，武田悠作把协助我们完成研究的担子交给了宇野宏泰（Kota Uno）。宇野主要帮助我们完成了本书第二部分的研究工作。宇野宏泰同样毕业于卫斯理大学，比武田悠作小两届。他同样受聘于野中郁次郎，在一桥大学的国际企业战略学院从事研究工作。竹内弘高是这所商学院的创始院长。感谢宇野宏泰把我们的手稿变成了书稿，完成了卷帙浩繁的细节工作。

说到本书的文本审校和修改工作，我们怎么感谢阿南德·拉曼都不为过。阿南德是一位了不起的作家和编辑，他不仅对本书的文本提出了入木三分的高见，还帮助我们完成了逐章的编辑工作和终稿的编辑工作。谢谢你，阿南德！感谢你理解我们的素材，传播我们的思想。我们的合作从文章《智慧型领导者》开始，当时你还在波士顿的《哈佛商业评论》担任特约编辑。你对我们的理解日益深刻，对我们的宣传愈发精细。从《智慧型领导者》一文到本书，这是一条何其艰辛的长路。然而，我们和阿南德之间多年建立起来的信任帮助我们穿过了这片深渊峻谷，中间没有出现过丝毫差池。

行政事务，千头万绪。我们万分幸运地得到了从前的毕业生日高阳子（Noriko Nogiwa）和川田弓子的帮助。她们默默无闻地帮助我们完成了最烦琐的工作。在成书的整个过程中，她们帮助我们处理了东京的大事小情，包括日程安排、演讲预约和日常工作安排等。日高阳子是竹内弘高在一桥大学商业学院本科研讨班教过的第一位毕业生，她如今在我们于东京建立的野中知识研究所担任行政主任，同时担任竹内弘高的私人助理。川田弓子是野中郁次郎在一桥大学国际企业战略学院研习班教过的第一位研究生，现在兼职担任野中郁次郎的私人助理。

特别感谢本书独家引用过的首席执行官、企业高管和管理者。他们包括：

柳井正（Tadashi Yanai）	迅销集团（Fast Retailing）
本田宗一郎（Soichiro Honda，已故） 藤野道格（Michimasa Fujino） 福井威夫（Takeo Fukui）	本田公司（Honda）
稻盛和夫（Kazuo Inamori） 植木义晴（Yoshiharu Ueki）	日本航空（Japan Airlines）
内藤晴夫（Haruo Naito） 高山千弘（Chihiro Takeyama）	卫材公司（Eisai）
丰田章男（Akio Toyoda） 成濑弘（Hiromu Naruse，已故）	丰田公司（Toyota）
岛野容三（Yozo Shimano）	禧玛诺（Shimano）
铃木敏文（Toshifumi Suzuki）	柒和伊控股集团（Seven & I Holdings）
渡边博美（Hiromi Watanabe）	福岛养乐多（Fukushima Yakult）
伊藤穰一（Joi Ito）	麻省理工学院媒体实验室（MIT Media Lab）（已离任）
吉田忠雄（Tadao Yoshida，已故） 吉田忠裕（Tadahiro Yoshida）	YKK 公司
寺尾玄（Gen Terao）	巴慕达（Balmuda）
公文公（Toru Kumon，已故）	公文式（Kumon）

饭岛彰己（Masami Iijima）   三井物产（Mitsui & Company）
枪田松莹（Shohei Utsuda）

木川真（Makoto Kigawa）   雅玛多（Yamato Transport）

新浪刚史（Takashi Niinami）   罗森便利店（Lawson）

竹川节男（Setsuo Takekawa）   健育会医疗集团（Ken-iku Kai
                                            Medical Group）

奈良桥阳子（Yoko Narahashi）   好莱坞制作人、选角导演

须田善明（Yoshiaki Suda）   女川町町长（Mayor of
                                            Onagawa）

小林阳太郎（Yotaro Kobayashi，已故）   富士施乐（Fuji-Xerox）

史蒂夫·乔布斯（Steve Jobs，已故）   苹果公司（Apple）

山姆·沃尔顿（Sam Walton，已故）   沃尔玛（Wal-Mart）

沃尔特·迪斯尼（Walt Disney，已故）   迪士尼公司（Disney）

杰夫·萨瑟兰（Jeff Sutherland）   Scrum

在学术方面，我们得到了多位导师、同事和学生的无私帮助。下面的名单难免挂一漏万，包括日本的阿久津聪（Satoshi Akutsu）、大园惠美（Emi Osono）、妹尾大（Dai Senoo）、浅川和宏（Kaz Asakawa）、小川进（Susumu Ogawa）、远山亮子（Ryoko Toyama）、平田透（Toru Hirata）、广濑文乃（Ayano Hirose）、一条和生（Kaz Ichijo）、船桥晴雄（Haruo Funabashi）、绀野登（Noboru Konno）、山口一郎（Ichiro Yamaguchi）、

梅本胜博（Katsuhiro Umemoto）、藤田正（Tadashi Fujita）；日本以外的弗朗科·尼科西亚（Franco Nicosia）、皮特·巴克林（Pete Bucklin）、迈克尔·波特（Michael Porter）、大卫·蒂斯（David Teece）、亨利·切萨布鲁夫（Henry Chesbrough）、大卫·沃格尔（David Vogel）、大卫·艾格（David Aaker）、亨利·明茨柏格（Henry Mintzberg）、乔治·旺·科鲁夫（Georg von Krogh）、斯本德（J. C. Spender）、劳伦斯·弗里德曼（Lawrence Freedman）、理查德·塞缪尔斯（Richard Samuels）、诺尔·迪奇（Noel Tichy）、卡尔·维克（Karl Weick）等。感谢诸位推动我们追求更高的卓越。

哈佛商学院为本书提供了研究经费。感谢院长尼廷·诺里亚（Nitin Nohria）和助理院长辛茜娅·蒙哥马利（Cynthia Montgomery）的慷慨支持；感谢哈佛商学院战略系主任詹恩·瑞夫金（Jan Rivkin），他后来荣升为主管科研工作的高级副院长；还有丹尼斯·姚（Dennis Yao），感谢他们的鼓励和支持。特别感谢哈佛商学院的迈克尔·波特教授，他在 2010 年把竹内弘高请回哈佛商学院，共同讲授"竞争力微观经济学"（Microeconomics of Competitiveness）课程。这是极富建设性的一次邀请。野中郁次郎还得到了日本国内的研究经费支持，再次感谢柒和伊控股集团及富士通惠予我们的无私帮助。

感谢牛津大学出版社将近 1/4 个世纪以来的信任。这家出版社在 1995 年出版了我们的《创造知识的企业》一书。光阴荏苒，转眼到了 2019 年，牛津大学出版社又出版了本书。感谢出版社的高级编辑大卫·普文（David Pervin）。感谢你的深刻洞察和坚定投入，是你让这本书达到了可能达到的最高水准。感谢协助大卫的艾米莉·麦肯齐（Emily Mackenzie）和梅茜·费尔柴尔德（Macey Fairchild）。人类必须把如今这个失智的世界转向正确的方向，希望这本书能够尽一点绵薄之力。

最后，也是最重要的一点，我们要感谢野中幸子和竹内伸子。感谢你们多年以来的支持和耐心。婚后一起走过的半个多世纪（幸子和次郎）或者将近半个世纪（伸子和弘高）让我们变得更加睿智。如今，我们终于发现了幸福的真谛——幸福就是有个好老伴儿，既是贤妻亦是良友。还要感谢孩子们，野中美穗（Miho Nonaka）和野中雪穗（Yuki Nonaka）、竹内梦子（Yume Takeuchi）和竹内太郎（Koh Takeuchi）。你们让我们懂得了什么是爱——爱是给予，是不求任何回报的给予。

注　释

序

1. 我们会在第三章中详细解释 SECI 模型。鉴于部分读者第一次接触 SECI 模型，这里略做介绍。我们用 SECI 模型的创新框架表示隐性知识和显性知识理论。它通过社会化、外显化、组合化和内隐化 4 个步骤持续不断地创造新知识。其中，**社会化**（Socialization）过程通过日常社会交互中的经验分享带来新的隐性知识。**外显化**（Externalization）指的是隐性知识转化为显性知识的过程。因为只有显性知识才能分享给他人、成为新知识的基础。**组合化**（Combination）即从组织内部及外部收集显性知识，合并、编辑和处理，使之成为更加复合性、系统化的显性知识的过程。新的显性知识会在组织成员之间传播。**内隐化**（Internalization）指的是组织创造和分享的显性知识转化为个体的隐性知识的过程。这一步骤可以看作对知识的具体运用，也就是新知识在现实场景中的匹配和使用，它会带来新的工作规程。

2. 同时入选的还有克莱顿·克里斯坦森（Clayton C. Christensen）的《创新者的窘境》（*The Innovators' Dilemma*）、阿尔弗雷德·钱德勒（Alfred D. Chandler Jr.）的《战略与结构》（*Structure and Strategy*），以及迈克尔·波特（Michael E. Porter）的《竞争战略》（*Competitive Strategy*）等。

3. 1996 年，《创造知识的企业》被美国出版协会（Association of American Publishers）评为年度图书（经管类）。

4. 由于诺贝尔经济学奖获得者、经济学家赫伯特·西蒙（Herbert Simon）及其同时代许多学者的努力，关于信息加工范式的研究得到了极大的发展，风行一时。因此，当时的焦点问题是"信息"。关于信息加工范式的详细信息，可以参考赫伯特·西蒙的著作《管理行为》（*Administrative Behavior*）（New York: Macmillan, 1947）、赫伯特·西蒙和詹姆斯·马奇（James March）合著的《组织》（*Organizations*）（New York: Wiley, 1958）以及赫伯特·西蒙的论文 *Applying Information Technology to Organization Design*（《信息技术在组织设计中的应用》）（*Public Administration Review* 33, no. 3 (1973) 268-278）。

5. 见 *Handbook of Organizational Learning and Knowledge*（New York: Oxford University Press, 2001），作者：迈诺尔夫·迪尔克斯（Meinolf Dierkes）、阿里安娜·贝图安·安托尔（Ariane Berthoin Antal）、约翰·柴尔德（John Child）和野中郁次郎；*The Rise of Knowledge towards Attention Management*（*Journal of Knowledge Management* 5, no. 3 (2001) 212-222），作者：托马斯·达文波特（Thomas Davenport）、斯文·费尔佩尔（Sven Voelpel）；*Organizational Knowledge Creation Theory: Evolutionary Paths and Future Advances*（*Organization Studies* 27, no. 8 (2006) 1179-1208.），作者：野中郁次郎、乔治·冯·克罗（Georg Von Krogh）和斯文·费尔佩尔（Sven Voelpel）。

6. 两位作者都是东京一桥大学（Hitotsubashi University）的荣休教授。

7. Kurt Lewin, "Problems of Research in Social Psychology," in Dorwin Cartwright (ed.), *Field Theory in Social Science: Selected Theoretical Papers*, 155-169. (New York: Harper & Row, 1951). 169.

8. 为了说明实践智慧在管理和组织生活中的核心地位，作者还引用了现象学、美国实用主义哲学、实践组织理论以及神经科学中的一些新近成果和发现。详见第二章。

9.　我们将在在第二章（从理论角度）和第六章（从实践角度）中更深入地探讨"场"的概念。

第一章　从知识到智慧

1.　Daniel McGinn, "The Best-Performing CEOs in the World, 2016," *Harvard Business Review*, November 2016, pp. 41-51.

2.　当时的汇率约为 360 日元兑换 1 美元，当时的 4.85 美元约折合 1 746 日元。将 1945 年与 2005 年的物价指数做一对比，它在 2005 年的价值为 3 314 065 日元或 27 617 美元（按照 120 日元 / 美元计算）。

3.　"Honda Aircraft Company Begins HondaJet Deliveries," company news released on its website on December 23, 2015.

4.　Masanori Maema, *Honda Jet* (Shinchosha: Tokyo, 2015), 48-49.

5.　E. Tatum Christiansen and Richard T. Pascale, Harvard Business School Case, *Honda (B)* (9-384-050), 1983, p. 3.

6.　同上。

7.　同上，p. 7。

8.　这不仅因为本田是美国汽车市场的后发企业，还因为日本政府要求本田公司不要进入这一市场。当时的日本通商产业省（The Ministry of International Trade and Industry，MITI）权倾一时。它对本田进入美国市场可能加剧美日之间因为日本汽车进口问题引发的"贸易战"深表忧虑。然而，本田忽略了通产省的"命令"。它顶住了巨大的压力，另起炉灶，毅然进军美国汽车市场。本田公司这一拒绝顺从的行为明白无误地说明，本田和所谓的"日本公司"（Japan, Inc.,）完全扯不上任何干系。"日本公司"指当时日本政府在产业政策方面与日本企业有着千丝万缕的联系，形成了一个庞大的"国家公司"。

9.　Maema, *Honda Jet*, 44.

10.　Jeff Mattoon, "The World of HondaJet," *PILOMAG*, May-June 2012, p. 3.

11. Joann Muller, "The Flight of His Life," *Forbes*, Special 2015 Edition, p. 18 (parentheses added by authors).

12. *The Executive Guide to Private Aviation and Business Travel*, October-November 2015; Pia Bergqvist, "Honda Aircraft HA-420," *FLYING*, June 2016, pp. 3-13.

13. Mattoon, "The World of HondaJet," p. 10.

14. 这一部分的直接材料来自 Maema、Honda Jet 及本田公司的企业档案。

15. 根据作者 2016 年 10 月 21 日对藤野道格（Michimasa Fujino）的采访。采访地点为美国北卡罗来纳州格林斯博罗市。

16. Christiansen and Pascale, "Honda (B) Case," p. 1.

17. 来自作者与藤野道格的往来邮件，2016 年 10 月 25 日。

18. 这一部分的资料来源包括：Mattoon, "The World of HondaJet"；Muller, "The Flight of His Life"；Maema, *Honda Jet*; Thomas Haines, "HondaJet: Behind the Curtain," *AOPPILOT*, August 2005; 以及 2016 年 10 月 21 日对藤野道格的采访。

19. Michimasa Fujino, "Design and Development of the HondaJet," *Journal of Aircraft*, May-June 2005, p. 764.

20. Muller, "The Flight of His Life," p. 18.

21. Haines, "HondaJet: Behind the Curtain," p. 4.

22. 对藤野道格的采访，2016 年 10 月 21 日。

23. Maema, *Honda Jet*, 203-204.

24. Mattoon, "The World of HondaJet," p. 10.

25. Christiansen and Pascale, "Honda (B) Case," p. 1.

26. Maema, *Honda Jet*, 261.

27. Peter Drucker, *The New Realities: In Government and Politics, in Economics and Business, in Society and World View*, 1st ed. (New York: Harper & Row, 1989), 223.

28. Nonaka and Takeuchi, "The Wise Leader," *Harvard Business Review*, May 2011.

29. 因此，在院长尼廷·诺里亚的带领下，哈佛商学院在 2010 年提出了新的口号——从"知之"（Knowing）到"行之"（Doing）再到"为之"（Being）。

30. Hirotaka Takeuchi, "Wise Leadership and Wise Capitalism," *Kinkei Business Review*, Vol. 1, 2013.

31. Robert Safian, "Find Your Mission: How to Succeed in Business and Life," *Fast Company*, November 2014, pp. 73-74.

32. Haruo Funabashi, *The Wisdom of Our Ancestors* (Tokyo: The Japan Journal, 2013), 274-275.

33. Haruo Funabashi, *Timeless Ventures* (New Delhi: Tata McGraw-Hill, 2009).

34. Paul Tudor Jones, "Just Business," *The Economist*, March 30, 2016, special edition, p. 46.

35. Richard G. Wilkinson and Kate Pickett, *The Spirit Level: Why Equality Is Better for Everyone* (London: Penguin UK, 2010), 177.

36. 本书的跋会提出"从 0 到 10"的框架，以此区分不同类型的创新。其中，人类将主导"从 0 到 1"以及"从 9 到 10"的阶段，而"从 1 到 9"的阶段将由人工智能（AI）、物联网（IoT）、增强现实（AR）、数据分析、算法和其他数字机制来主导。

37. 在我们再次开启知识国度的征程之前，作者建议读过《创造知识的企业》的读者根据自己所属的类型决定从何处开始本书的阅读。时间紧张的企业管理人员可以从第四章读起；对于偏爱理论，但是对亚里士多德和波兰尼缺乏兴趣的管理者来说，可能第三章是最好的阅读起点。其他的企业管理人员可以从第二章读起。

38. Michael Polanyi, "The Logic of Tacit Inference," *Philosophy* 41 (155) (1966b): 7.

第二章　知识实践的基础

1. J. C. Spender, "Professor Ikujiro Nonaka and KM's Past, Present, and Future," in *Towards Organizational Knowledge: The Pioneering Work of Professor Ikujiro*

Nonaka, eds. Geog Von Krogh, Hirotaka Takeuchi, Kimio Kase, and César González-Cantón, 46 (London: Palgrave-Macmillan, 2013).

2. Samuel Taylor Coleridge "Hacket's Life of Lord Keeper Williams," in *The Literary Remains of Samuel Taylor Coleridge,* Vol. 3. ed. Henry Nelson Coleridge, 186 (London: W. Pickering, 1836).

3. 亚里士多德认为，理论知识是建立在**理论推理**的基础之上的。理论推理的主要着眼点是基于恒定原理的事实真理。理论知识的最佳获取途径是推理。这是它的特点所在。推理是寻求从一组命题中获得结论的推断过程（或者一种理性思维的方式）。推理能够保证来自初始前提的结论的内在一致性；如果这些命题都是真实的，结论必定也是真实的。推理的过程始于一般性原理或前提，随之缩小推理所涉及的范围，直到最后形成结论。推理因此可以被称为一种**自上而下的逻辑**。这种推论形式被称为**逻辑三段论**（logical syllogism）。典型逻辑三段论的表现形式如下。

　　1. 大前提：人终有一死。

　　2. 小前提：苏格拉底是人。

　　3. 结　论：苏格拉底终有一死。

这个例子表明，大前提覆盖的是问题范围的最大水平，它论述的对象是所有人。小前提紧随其后，说明主体所在的分类在大范围之内的所属的小范畴。苏格拉底无疑是人，因此，他是"所有人"中的一个。逻辑三段论声称，一段论述所包含的概念要么是真实的，要么是谬误的。如果所有的前提都是真实的，那么，结论必然也是真实的。理论逻辑三段论立足于已有的理论理性。它能帮助我们揭示和澄清未知的事实，人因此能获得新的科学知识。在这一情况下，科学知识是立足于不变原理的。下面是一则**实践三段论**（practical syllogism）的示例，它说明了实际推理的展开方式与理论推理的不同之处。

　　1. 大前提：我应该保持健康。

2. 小前提：每天一苹果，医生远离我。

3. 结　　论：我应该每天吃一个苹果。

　　这里的大前提和小前提都是对实践三段论所涉及特定环境的描述。与逻辑三段论不同的是，这一推理完全没有揭示任何未知的真实或谬误，也没有为了获得更高的解释效用而澄清任何一项事实或知识。确切地说，实践三段论通过大前提和小前提获得的是可能采取的最佳行动。被纳入思考的各个前提都是对真实环境的描绘或陈述。这些环境过于复杂、不确定或者带有过多的自发性，因此无法成为常数。除此之外，实践三段论还涉及更高级别的主观性。在前一个例子中，是否"我应该保持健康"？"每天一苹果，医生远离我"到底对不对？这都取决于我们自身的主观评价和判断：也许有人把健康看作头等大事，而另一些人则愿意为了成为全世界最快乐的人付出一切。这些前提能否被看作普适的原则？环境本身是不包含任何含义的——因为它们会因人而异、因情况而异。换句话说，实际推理——也就是实践三段论——的展开，意味着为了能够选择恰当的首要前提而理解情境的能力。

4. 亚里士多德提出，技能知识和实践智慧是建立在**实际推理**的基础之上的。实际推理不同于理论推理，它涉及因情境而异的、随着时间的变化而变化的原则。

5. Aristotle. *The Nicomachean Ethics*. V1.5. trans W. D. Ross, J. O. Urmson, and J. L. Ackrill (Oxford: Oxford University Press, 1998), 129-130.

6. Ronald Beiner, *Political Judgment* (Chicago: University of Chicago Press, 1983).

7. Ikujiro Nonaka and Hirotaka Takeuchi, "The Wise Leader," *Harvard Business Review*, (May 2011): 60.

8. I. Nonaka, R. Toyama, and T. Hirata, *Managing Flow: A Process Theory of the Knowledge-Based Firm* (Basingstoke, UK: Palgrave Macmillan, 2008).

9. 同上。

10. 归根结底，胡塞尔所做探究的目标是理解意义如何从人类经验中被创造出来。胡塞尔提出，对人类经验的研究方法一定不同于自然科学的研究方法，因为

自然科学本身无法帮助我们回答生活中有关意义的问题。胡塞尔认为，现象
学作为这种调查的方法之一，它呼唤的是一种哲学上的探究。它探究的对象
是知识，包括科学知识在内，它是从人类意识中创造出来的。如需了解更详
细的信息，可以参阅：Edmund Husserl, *The Crisis of the European Sciences and
Transcendental Phenomenology,* David Carr, Trans. (Evanston, IL: Northwestern
University Press, 1936/1970)；和 M. Natanson, *Edmund Husserl; Philosopher of Infinite
Tasks* (Evanston, IL: Northwestern University Press, 1973)。

11. 见 Husserl, *The Crisis of European Sciences*; Dermot Moran, "The Ego as
Substrate of Habitualities: Edmund Husserl's Phenomenology of the Habitual
Self," *Phenomenology and Mind* 6 (2014): 24-39; Husserl, Edmund, "The Essential
Husserl: Basic Writings in Transcendental Phenomenology," ed. Donn Welton.
(Bloomington, Ind.: Indiana University Press, 1999). Human experiences in the
sense of what some brain scientists call "qualia"; Frank Jackson, "Epiphenomenal
Qualia," *The Philosophical Quarterly* 32(127) (1982): 127-136; Joseph Levine,
"Materialism and Qualia: The Explanation Gap," *Pacific Philosophical Quarterly*
64(4) (1983): 354-361。

12. 意图性的思想与人类认知的被动观点不同，比如詹姆斯·吉布森（James Gibson）
在 *The Ecological Approach to Perception*（Boston: Houghton Mifflin, 1979）中提
出的"可观性"（Affordance）。在"可观性"中，已有对象为我们提供了行动的
机会。反观意图性，因为人是其终极源泉，所以从这个意义上来说，其性质是
主动的。

13. 这些例子似乎是在强调意图性的意识历程，实际上，意图性也可以在全无意识
中被引导到各种对象上去；就是说，人可以在没有自觉努力的情况下确定意图
性的对象。例如，当你无意间走进一间充满音乐的房间时，即便不是为了聆听
音乐，你同样会意识到音乐的存在。在这种情况下，在主动"想要"听音乐之
前，你已经听到了音乐。结果是，你的意向性在无意识的状态下被引导，并且

捕捉到了这一声音。这样一来，音乐自动地与这个房间的其他特征合并在一起，比如气味、温度、亮度和湿度等，共同构成了你对"身处于一个充满音乐声的房间"的完整体验。胡塞尔把这一形成人类经验的无意识的意图性过程称为被动综合（passive synthesis）。与之相对，形成人类经验的自觉的意图性过程被称为主动综合（active synthesis）。在我们的知识创造理论中，被动综合和主动综合分别在隐性知识和显性知识的创造过程中发挥着核心作用。

14. M. Heidegger, *Being and Time*, J. Macquarrie and E. Robinson, Trans. (New York: Harper & Row, 1962) (Original work published 1927).

15. 海氏在《存在与时间》（*Being and Time*）一书中提出，纵观人类历史，哲学和科学始终在研究"存在"（being）的问题，而不是"是"（be）的问题。海德格尔用"此在"（dasein）这个说法取代了"意图性"（intentionalities）。他把"此在"解释为一个关于"牵挂"（care）的问题，组成"牵挂"的结构决定了"此在"的出现方式。海德格尔所说的"牵挂"包括如下内容。

　　1. 实在性
　　　　存在的基本"既定资赋"（givens）是我们几乎无法选择或者改变的，比如我们的人种、族群身份、抚育、性别等。同胡塞尔现象论的基本假定一样，海德格尔也认为人天生是被"抛入"这世间的。
　　2. 沉沦
　　　　用海德格尔的话来说，"沉沦"指的是我们"非本真"的存在。诸多的社会因素，包括惯例、文化习俗、同侪压力等，都会迫使我们按照周围人群的想法和说法行事，使得我们从更深刻的使命和真正的潜能上跌落，向下沉沦。盲目模仿他人的做法也是一种沉沦。
　　3. 存在性
　　　　存在性指的是"此在"作为一种生存的潜在可能，它要实现人的生命所指向的可能性的"本真状态"。

海德格尔认为，"此在"的终极被抛性即死亡，它会终结"此在"的一切虚妄。海德格尔提出，我们应该做的绝对不是对死亡作为"此在"终点的遁逃，而是必须生活在"此时此地"。唯其如此，才能最大限度地实现"此在"的可能性。因为现在是人唯一握在手心里的时间，其他一切时间都是无可确保的。

16. Maurice Merleau-Ponty, *Phenomenology of Perception*, trans. Colin Smith (London: Routledge, 1962), x-xi.

17. Husserl, *The Crisis of the European Sciences*.

18. I. Yamaguchi, *From Being to Becoming: A Study of Husserlian Genetic Phenomenology*（Tokyo: Chisensyokan, 2005）描述了主体间性可以先于自我概念的构建（或情态）而存在，其形式表现为被动主体间性（passive intersubjectivity）与综合（synthesis）。Yamaguchi 提出，无意识的纯粹经验可以配对，正如我们对共享主体经验的感受一样。这就是"感同身受"的共情机制。这与通过感受角度解释共情，**假定**对象像我们一样行事的观点形成了对立。在这一解释中，我们依然处于自我这个概念的束缚之中。在自我的概念之下，我们会试图站在自我的感觉运动经验基础上来理解他人之经验。在被动主体间性的共情中，双方都不存在强有力的自我感觉，每一方仅仅在一种共享的主观感受中相互感受和回应对方。

为了打破自我的牢笼，真正地彼此重视，我们就必须强令自我投入达到失去本我感觉的程度。但是，因为我们早已不再是婴儿了，所以我们对自身感觉运动系统边界的认知是清晰无误的。我们根本做不到对自己与他人身体之间的界限视而不见。

19. 人性是否根本就是社交导向的？关于这个问题，社会学家和政治理论家已经争论了几个世纪。社会契约理论家认为，人天生是利己的，社会应该找到一种最佳的策略，最大限度地满足人们的自我利益。

20. 胡塞尔认为，主体间性的综合"也是一种时态化，即自我极（ego-poles）的同时性……或者个人视野的构成……每一个自我都在这种个人视野中认识自己。

它是一种普遍存在的社会性……"（Edmund Husserl, *The Crisis of the European Sciences and Transcendental Phenomenology,* David Carr, Trans. [Evanston, IL: Northwestern University Press, 1970], 172.）

21. William James, "Remarks on Spencer's Definition of Mind as Correspondence," *The Journal of Speculative Philosophy* 12(1) (1878): 17.

22. Michael Bacon, *Pragmatism: An Introduction* (Cambridge: Polity, 2012); John Dewey, "What Does Pragmatism Mean by Practical?" *The Journal of Philosophy, Psychology and Scientific Methods* 5(4) (1908): 85-99.

23. 皮尔士还因为提出"溯因推理"（abduction）概念而得名。溯因推理与演绎推理（deduction）、归纳推理（induction）并称，被称为第 3 种逻辑推理类型。他把溯因推理解释为"形成解释性假设的过程。它是唯一一种能够产生新知识的逻辑操作；因为归纳只是确定某一种量值，而演绎仅仅涉及一种纯粹假设的必然结果。演绎可以证实某物**必定是怎样的**；归纳说明了某物**实际是怎样的**；只有溯因指出了某物**可能是怎样的**"（CP 5, 172）。皮尔士认为，溯因推理是探索世界的基本途径，它是知识创造和知识实践的中枢机制。

24. Dumas Malone, *Dictionary of American Biography* Vol. 14, (NY: Charles Scribner's Sons, 1934), 403.

25. 见 Michael Bacon, *Pragmatism: An Introduction* (Cambridge: Polity, 2012); and C. J. Misak, *Truth and the End of Inquiry: A Peircean Account of Truth* (Wotton-under-Edge, UK: Clarendon Press, 1991)。

26. Charles Sanders Peirce, "How to Make Our Ideas Clear," Popular Science Monthly 12 (January 1878), 286-302.

27. 同上，第 287 页。按照该格言的说法，"遥远的某处"的含义是，从你当前所处的位置出发抵达该处需要耗费时间和气力。例如，如果我们说京都距离东京很远，它的含义是需要不少的耗费时间和气力。比如，要坐上几小时的火车、汽车或者飞机，才能从东京抵达京都。"遥远"这个概念意味着从一处抵达另一处的奔波。

28. 在前一个关于"遥远"的例子中，皮尔士的格言仅仅涉及东京与京都之间的物理距离。如果从东京到京都需要坐两小时火车，那么即使对于觉得这段距离很远的人来说，他们一样需要坐上两小时的火车。根据詹姆斯的引申，这段距离实际上也是心理性的。对于习惯于长途旅行的人来说，两小时的火车也许很短；而对那些几乎从不坐火车的人来说，坐上两小时可能是一个充满麻烦、令人疲倦不堪的过程。对于后者来说，京都离东京实在是太远了。

29. 引自 Michael Bacon, *Pragmatism: An Introduction* (Oxford: Polity Press, 2012), 33; Hilary Putnam, *Pragmatism: An Open Question* (Oxford: Blackwell, 1995), 17。

30. 亚里士多德和杜威持有相似的"客观主义"（objectivism）观点。这一观点认为，人类及其心智的交互作用属于客观世界的一部分；J. J. Chambliss, *The Influence of Plato and Aristotle on John Dewey's Philosophy* (Lewiston, NY: Edwin Mellen Press, 1990)。

31. John Dewey, "The Logic of Judgments of Practice," *Journal of Philosophy, Psychology and Scientific Methods* 12(19) (1915): 514-515.

32. 虽然波兰尼的看法很大程度上借鉴了格式塔心理学，尤其是整体性决定图形和背景之间的关系这一点，但是，波兰尼还强调了对被认识对象主动投入的重要意义，这与认为被认识对象相对被动的立场大异其趣。

33. M. Polanyi, *Personal Knowledge: Towards a Post-Critical Philosophy* (Chicago: University of Chicago Press: 1958), and *The Tacit Dimension* (Garden City, NY: Doubleday, 1966a).

34. Ikujiro Nonaka, Ayano Hirose, and Yusaku Takeda, "'Meso'-Foundations of Dynamic Capabilities: Team-Level Synthesis and Distributed Leadership as the Source of Dynamic Creativity," *Global Strategy Journal* 6(3) (Aug 2016): 168-182.

35. 形式上，波兰尼（1966a）提出这一框架的目的是说明作为具体经验（波兰尼称为邻近项（proximal terms）与正在出现的完整经验（波兰尼称之为末端项

（Cdistal terms）之间的交互过程。波兰尼提出："引导我们注意力方向的是它的意义"（第 12 页）。想了解夏威夷，我们的有意注意必须被引导到夏威夷这个（作为整体的）概念上来。只有这样，我们的无意注意才能被引向其他知识。这些知识构成了我们关于夏威夷的（具体）知识。它可能是观看草裙舞得来的知识、与市集上的人的打交道得来的知识、闻到夏威夷水果香味得来的知识或者躺在威基基海滩上得来的知识。此时，夏威夷的含义是度假天堂。但是，作为度假天堂的夏威夷可能随着我们对它的体验的变化而变得不同。例如，参观夏威夷卡内奥赫海军基地（US Marine Kaneohe Base）、美国海军亚利桑那号战列舰纪念馆（Arizona Memorial），或者了解夏威夷与美国本土以及日本之间的关系。类似这样的经验会促使我们改变对夏威夷的知识，从度假天堂变成世界军事安全重地。这一新概念也许还包括了从历史视角出发得出的更深刻和广泛的理解。相比之下，原有的夏威夷作为度假天堂的知识就显得非常浅薄了。这个例子可以说明整体意义是如何取决于具体意义的。

36. 从根本上说，波兰尼关于隐性认识的理论论述的是新意义的产生。带有明确目的感的、与环境之间的动态交互可以帮助我们发现一个对象、行动或事件的新意义。当我们把注意力从某个对象或者行动的某些方面，或者也可以称之为"具体"（particulars），转向整体时；或者反过来，从整体转向具体时，我们就会发现新的意义。反之，已有的意义也可以把我们的注意力引向对象或者行动的某些具体方面，甚至是整体方面。就其本质而言，隐性认识是一种意义的生成和发现的过程，与此同时，意义也能指导隐性认识。

37. S. Hurley, "Understanding Simulation 1," *Philosophy and Phenomenological Research* 77(3) (2008): 755-744.

38. A. Clark, "Pressing the Flesh: A Tension in the Study of the Embodied, Embedded Mind?" *Philosophy and Phenomenological Research* 76(1) (2008): 37-59; F. J. Varela, E. Thompson, and E. Rosch, *The Embodied Mind: Cognitive Science and Human Experience* (Boston: MIT Press, 1991).

39. 脑科学领域的新近研究开始发掘这一机制。新皮质的背侧系统（dorsal system）和腹侧系统（ventral system）反映了神经科学对人类的运动和知觉系统在认知中所发挥作用的解释。背侧系统负责处理引导行动的感觉信息。人们发现，大脑会通过感觉输入执行两项不同的计算任务。其一项涉及发生在运动系统中的背侧系统；另一项涉及发生在概念记忆系统中的腹侧系统；见 S. Chaiken and Y. Trope, *Dual-Process Theories in Social Psychology* (New York: Guilford Press, 1999); J. B. T. Evans, "Dual-Processing Accounts of Reasoning, Judgment, and Social Cognition," *Annual Review of Psychology* 59 (2008): 255-278。具体来说，背侧系统负责运动指令和感觉反馈的运行，以此预知肢体内部运动的当前及未来状态。身体运动及其随后（和延迟）的感觉反馈累积成为经验。根据这些经验，大脑认识了具体的运动程式和身体对这些运动的反应之间的关系。"鬼像"（ghost image）这个比喻说法被广泛用来说明这一作用。在驾驶汽车时，"鬼像"指的是后视镜中应该出现的景象。这样，驾驶者只需要确定鬼像（预计将要出现的景象）和现实的景象是连成一线的即可。如果没有鬼像，驾驶者会不得不认知和分析他所看到的一切，确保情况在他的掌控之下。这被称为"借助内部前向模型的预测编码"（predictive coding via internal forward models）。因此，背侧系统负责处理与我们平日常说的"肌肉记忆"有关的感觉和运动系统的无意识层面。这是一种自动的、隐性的感觉运动信息的处理过程。

腹侧系统负责处理与相关对象的先前经验相关的视觉信息。腹侧系统与过去的记忆有关，它可以分类和识别对象，把它们同环境背景和内部状态整合在一起——其功能近似于胡塞尔提出的"过去的影响"。腹侧系统运行的是评估式计算，以此获取被感知现象的含义。腹侧系统帮助实施对环境的评估，并把当前环境同长期记忆中记录的过去的经验关联起来，使之与环境和我们的内在状态关联起来，对未来环境做出预测，以此决定采取怎样的行动。腹侧系统处理感觉信息所带来的这一评估过程构成了人类的高级认知活动。具身认知的观点认为，背侧系统和腹侧系统，也就是运动和知觉系统，实际上塑造了人类的认知。如需了解更具体的信息，可以参阅 D. Milner and M. Goodale, *The Visual Brain in Action,* Oxford Psychology Series (Oxford: Oxford University Press, 2006); G. Hickok and D. Poeppel, "Dorsal and Ventral Streams: A Framework for Understanding Aspects of the Functional Anatomy of Language," *Cognition* 92 (2004): 67-99; M. Goodale, G. Króliczak, and D. Westwood, "Dual Routes to Action: Contributions of the Dorsal and Ventral Streams to Adaptive Behavior," *Progress in Brain Research* 149 (2005): 269-283; B. Buchsbaum, K. Olsen, P. Koch, and K. F. Berman, "Human Dorsal and Ventral Auditory Streams Subserve Rehearsal-Based and Echoic Processes during Verbal Working Memory," *Neuron* 48(4) (2005): 687-697; and J. Kaas and D. Lyon, "Pulvinar Contributions to the Dorsal and Ventral Streams of Visual Processing in Primates," *Brain Research Review* 55(2) (2007): 285-296。

40. M. Wilson, "Six Views of Embodied Cognition," *Psychonomic Bulletin & Review* 9(4) (2002): 625.

41. Varela, Thompson, and Rosch, *The Embodied Mind,* 9.

42. M. Bunge, *Ontology II: A World of Systems* (Dordrecht: D. Reidel, 1979); A. Juarrero, *Dynamics in Action: Intentional Behavior as a Complex System.* (Cambridge, MA: MIT Press, 1999).

43. C. Koch, *Consciousness: Confessions of a Romantic Reductionist* (Cambridge, MA: MIT Press, 2012).

44. 同上，第 129 页，括号内容是后加入的。

45. 同上，第 130 页。

46. 这些研究的主题是运用生物学的概念和方法来解释社会过程与行为的尝试。

47. M. D. Lieberman, *Social: Why Our Brains Are Wired to Connect* (New York: Crown, 2013), 43.

48. Naomi I. Eisenberger and Matthew D. Lieberman, "Why Rejection Hurts: A Common

Neural Alarm System for Physical and Social Pain," *Trends in Cognitive Science* 8(7) (2004): 294-300.

49. T. R. Koscik, N. White, H. A. Chapman, and A. K. Anderson "Sensory Foundations of Socioemotional Perception," in *The Cognitive Neurosciences*, eds. M. S. Gazzaniga and G. R. Mangun (Cambridge, MA: MIT Press, 2014), 751-765.

50. R. Adolphs, "Recognizing Emotion from Facial Expressions: Psychological and Neurological Mechanisms," *Behavioral and Cognitive Neuroscience Reviews* 1(1) (2002): 21-62, and "Cognitive Neuroscience: Cognitive Neuroscience of Human Social Behavior," *Nature Reviews Neuroscience* 4(3) (2003): 165-178; R. Adolphs, S. Baron-Cohen, and D. Tranel, "Impaired Recognition of Social Emotions Following Amygdala Damage," *Journal of Cognitive Neuro-science* 14(8) (2002): 1264-1274.

51. J. P. Mitchell et al., "The Link between Social Cognition and Self-Referential Thought in the Medial Prefrontal Cortex," *Journal of Neuro-Science* 17(8) (2005a): 1306-1315; J. P. Mitchell, M. R. Banaji, and C. N. Macrae, "General and Specific Contributions of the Medial Prefrontal Cortex to Knowledge about Mental States," *Neuroimage* 28(4) (2005b): 757-762.

52. B. Bernhardt and T. Singer, "The Neural Basis of Empathy," *Annual Review of Neuroscience* 35(1) (2012): 1-23.

53. V. Gazzola, L. Aziz-Zadeh, and C. Keysers, "Empathy and the Somatotopic Auditory Mirror System in Humans," *Current Biology* 16(18) (2006): 1824-1829; C. D. Batson and L. L. Shaw, "Evidence for Altruism: Toward a Pluralism of Prosocial Motives," *Psychological Inquiry* 2(2) (1991): 107-122.

54. L. Di Pellegrino et al., "Understanding Motor Events: A Neurophysiological Study," *Experimental Brain Research* 91(1) (1992): 176-180; L. Fadiga et al., "Motor Facilitation during Action Observation: A Magnetic Stimulation Study," *Journal of Neurophysiology* 73(6) (1995): 2608-2611; and G. Rizzolatti et al., "Premotor Cortex

and the Recognition of Motor Actions," *Cognitive Brain Research* 3(2) (1996): 131-141.

55. G. Buccino, F. Binkofski, and L. Riggio, "The Mirror Neuron System and Action Recognition," *Brain and Language* 89(2) (2004): 370-376; W. Catmur, V. Walsh, and C. Heyes, "Sensorimotor Learning Configures the Human Mirror System," *Current Biology* 17(17) (2007): 1527-1531; and G. Rizzolatti and L. Craighero, "The Mirror-Neuron System," *Annual Review of Neuroscience* 27 (2004): 169-192.

56. C. T. Dawes et al., "Neural Basis of Egalitarian Behavior," *Proceedings of the National Academy of Sciences of the United States of America* 109(17) (2012): 6479-6483; M. Hsu, C. Anen, and S. R. Quartz, "The Right and the Good: Distributive Justice and Neural Encoding of Equity and Efficiency," *Science* 5879 (2008): 1092-1095.

57. I. Nonaka and H. Takeuchi, *The Knowledge-Creating Company: How Japanese Companies Create the Dynamics of Innovation* (New York: Oxford University Press, 1995), 49.

58. 下面是近年发表过知识管理相关著作的部分作者：T. H. Davenport and L. Prusak, *Working Knowledge: How organizations Manage What They Know* (Cambridge, MA: Harvard Business School Press, 1998); D. Leonard, W. Swap, and G. Barton, *Critical Knowledge Transfer: Tools for Managing Your Company's Deep Smarts* (Boston, MA: Harvard Business Review Press, 2015); P. M. Senge, *The Fifth Discipline: The Art and Practice of the Learning Organization* (Santa Fe, NM: Doubleday, 2006); C. O. Sharmer, *Theory U: Learning from the Future as It Emerges: The Social Technology of Presenting* (San Francisco, CA: Berrett-Koehler, 2009); J. C. Spender, *Business Strategy: Managing Uncertainty, Opportunity, and Enterprise* (New York: Oxford University Press, 2014a); J. Sutherland, *Scrum: The Art of Doing Twice the Work in Half the Time* (New York: Crown Business, 2014).

59. R. R. Nelson and S. G. Winter, *An Evolutionary Theory of Economic Change* (Cambridge, MA: Belknap Press of Harvard University Press, 1982).（中译本《经济变迁的演化理论》，纳尔逊、温特著，胡世凯译，商务印书馆，1997 年）

60. D. Sahal, *Patterns of Technological Innovation* (Reading, MA: Addison-Wesley, 1981); J. E. Stiglitz, "On the Microeconomics of Technical Progress," in *Technology Generation in Latin American Manufacturing Industries,* ed. J. M. Katz, 56-77 (New York: St. Martin's Press, 1987).

61. Richard Nelson and Sidney G. Winter, *An Evolutionary Theory of Economic Change* (Cambridge, MA: Belknap Press of Harvard University Press), 99.

62. C. Brown, "The 'Practice Turn,' Phronesis and Classical Realism: Towards a Phronetic International Political Theory?" *Millennium: Journal of International Studies* 40(3) (2012): 439-456.

63. Chris Brown, "The 'Practice Turn,' Phronesis and Classical Realism: Towards a Phronetic International Political Theory?" *Millennium: Journal of International Studies* 40(3) (2012): 442.

64. 同上，442。Brown also pointed out a difference between the practice turn and the notion of phronesis. According to Brown, phronesis was founded on an intellectual reasoning ability cultivated through experiences.

65. W. Duggan, *Strategic Intuition: The Creative Spark in Human Achievement* (New York: Columbia University Press, 2007), and *Creative Strategy: A Guide for Innovation* (New York: Columbia University Press, 2012).

66. Duggan, *Strategic Intuition,* 4.

67. D. J. Teece, G. Pisano, and A. Shuen, "Dynamic Capacities and Strategic Management," *Strategic Management Journal* 18(7) (1997): 509-533.

68. 同上，第 516 页。

69. D. J. Teece, *Dynamic Capabilities and Strategic Management: Organizing for*

Innovation and Growth (New York: Oxford University Press, 2009), and "The Foundations of Enterprise Performance: Dynamic and Ordinary Capabilities in an (Economic) Theory of the Firms," *The Academy of Management Perspectives.* 28(4) (2014): 328-352.

70. L. Freedman, *Strategy: A History* (New York: Oxford University Press, 2013).

71. Danchev, *The Guardian,* March 7, 2014; italics added by authors.

72. L. Freedman, *Strategy,* xiv. 该段落译文引用自《战略：一部历史》,（英）劳伦斯·弗里德曼著，王坚、马娟娟译，社会科学文献出版社，2016 年。

73. Henry Chesbrough, Joel West, and Wim Vanhaverbeke, *Open Innovation: Researching a New Paradigm* (New York: Oxford University Press, 2006), xxiv.

74. David Vogel, *The Market for Virtue* (Washington DC.: Brookings Institution Press, 2005), 2.

75. Michael Porter and Mark Kramer, "Creating Shared Value," *Harvard Business Review,* 89 (1-2) (January-February 2011): 66.

76. 为了在商业与社会之间建立这样一种相互依存的关系，波特和克雷默提出了 3 条途径，企业可以通过这 3 条途径创造完备的共享价值：①重新思考产品与服务；②重新定义价值链中的生产力；③促进本地集群开发；Michael Porter and Mark Kramer, "Creating Shared Value," 68-75。

77. 同上，第 64 页。

78. 同上，第 77 页。

第三章　探索知识创造与实践模型

1. 知识的广义概念是"证明个人'真理'观念的动态社会过程"。此处强调的是"确证的观念"（Justified Belief），而不是知识的绝对"真实性"（Truthfulness）。因为我们关注的焦点是人们如何基于观念完成思考、表现和行动。这里提到的"真理"指的是我们已经确信的真理，它与静态的、普适的"真理"根本不

同。是否存在一种知识，比一个人现有的观念"更真实"？这个问题与一个人
如何思考、表现和行动毫无关系，除非此人认为这种"更真实的"知识才是他
需要的**那个真理**。也就是说，一切知识的创造者和实践者永远是个人；他们的
观念和投入，加上他们的价值观和理想，推动着知识的创造。迈克尔·波兰
尼（Michael Polanyi，1966a）引述过圣奥古斯丁（Saint Augustine）的话："汝
欲解之，必先信之"（[u]nless ye believe, ye shall not understand）（Polanyi, *The
Tacit Dimension* [Garden City, NY: Doubleday, 1966a], 61）。因此，我们的知识
创造和知识实践理论认为，那些与任何人宣称自己了解的，或者与任何人宣传
或行动所基于的信念或倾向毫无关联的知识是由纯粹的显性知识组成的。或
者我们可以像卡尔·波普尔（Karl Popper）一样，称之为"没有认知主体的知
识"（knowledge without a knowing subject）（Popper, Objective Knowledge: An
Evolutionary Approach, rev. ed. [Oxford: Clarendon Press, 1979], 109）。

2. 知识指人作为个体如何感知、反应和解释现实的意义，以及如何确定自己在
现实中的定位。也就是说，它关系到我们如何存在于这个世界上的问题——
我们是谁？我们想成为怎样的个体？如需了解更多细节，请参阅 Ikujiro
Nonaka, Ryoko Toyama, and Toru Hirata, *Managing Flow: A Process Theory of the
Knowledge-Based Firm*, (Basingstoke, UK; New York: Palgrave Macmillan, 2008)。

3. 知识并非静态的、独立存在的实体，等待着人们去发现和收集。恰恰相反，知
识产生和存在于人们在某一时间、某一地点/场合与他人交互的过程中。知识
不只存在于人们的头脑中，它还与身体和环境等因素息息相关。这与第二章阐
释过的具身认知和生成主义观念是一致的。如需了解更多知识特性的细节，请
参阅 Nonaka, Toyama, and Hirata, *Managing Flow*。

4. 观念确证的过程是相当散漫的，同时涉及语言和非语言沟通。布尔当斯基和泰
维诺（Boltanski and Thévenot，1991 年）认为，这一散漫的确信过程是由行为
者的行为模式和所采取的具体行动共同塑造而成的。行动者判断和采取行动以
及行为模式的依据是具体的物质及社会情况以及关于"价值"的观念和重要性

的级别。人们通过这个过程确信自己在具体情况下的表现和行为。如需了解更多关于观念确证的社会过程，可以参阅：Luc Boltanski and Laurent Thévenot, *De la Justification.* (Paris: Gallimard, 1991) or *On Justification: Economics of Worth, Princeton Studies in Cultural Sociology* (Princeton, NJ: Princeton University Press, 2006)。

5. 很多领域的很多学者都曾对个体思想做出过探索。以认知科学为例，斯洛曼和费恩巴赫（Sloman and Fernbach，2017 年）解释了人是如何借助他人的知识完成思考和行动的。它甚至经常发生在人们未曾发觉的情况下。如需了解更多细节，请参阅：Steven Sloman and Phillip Fernbach, *The Knowledge Illusion: Why We Never Think Alone* (New York: Riverhead Books, 2017)。

6. 我们把这种类型的关系称为"主体间关系"。更多细节可以参阅第二章。

7. Hirotaka Takeuchi, Harvard Business School case, *The Miracle of Japan Airlines* (N2-713-521), 2014.

8. 同上，第 2 页。

9. Ikujiro Nonaka, "The Essence of Success: Japan Airlines," *Works,* April-May 2013, p. 47.

10. Yasuyuki Ohnishi, "Whose Money Do You Think It Is?" *Nihon Keizai Shimbun,* February 18, 2013a, p. 2.

11. Mami Indo, "JAL Revival (JAL Saisei)," *Nihon Keizai Shimbun*, 2013, p. 75.

12. Ohnishi, "Whose Money."

13. Yasuyuki Ohnishi, "Amoeba Management Power," February 22, 2013b, *Nihon Keizai Shimbun.*

14. Anthony J. Mayo, Masako Egawa, and Mayuka Yamazaki, Harvard Business School case, *Kazuo Inamori: A Japanese Entrepreneur*, (408-0139), 2009, pp. 8-9.

15. Yasuyuki Ohnishi, February 22, 2013b. The estimate of the savings is according to the book, not JAL.

16. Indo, "JAL Revival," pp. 77-78.

17. Kazuo Inamori, *A Compass to Fulfillment* (New York: McGraw Hill, 2009), xvii-xviii.

18. 来自我们对日本航空总裁植木义晴的采访，2012 年 2 月 12 日。

19. Indo, "JAL Revival," pp. 89-93.

20. Yasuyuki Ohnishi, February 22, 2013b.

21. 来自对日本航空总裁植木义晴的采访，2013 年 2 月 12 日。

22. 同上。

23. 数据由一桥大学国际企业战略研究院波特奖组委会（Porter Prize Office）提供。波特奖是用迈克尔·波特（Michael E. Porter）教授的名字命名的，以此纪念他在战略管理领域的卓越成就。禧玛诺的自行车零配件部门获得了 2003 年的波特奖。

24. 禧玛诺在自行车零配件领域中追求一种更加聚焦的产品策略。这家公司既不组装整车，也不生产脚踏板和轮胎；既不单独销售高端产品，也不生产定制化零配件。

25. *The Shimano Story: Harmony and Strictness* (Sakai, Japan: Shimano Inc., 2004), 85.

26. 关于安理申开发过程的大部分信息来自 Hirotaka Takeuchi, Ikujiro Nonaka, and Mayuka Yamazaki, *Knowledge Creation at Eisai Co., Ltd.,* HBS case 9-714-492, Rev, 2011。内藤和卫材公司的信息是野中郁次郎提供的。野中郁次郎曾在 2005—2009 年担任卫材公司的董事会成员。

27. Aricept Development Story, accessed on July 16, 2015.

28. I. Nonaka and V. Peltokorpi, "Objectivity and Subjectivity in Knowledge Management: A Review of 20 Top Articles," *Knowledge and Process Management* 13(2) (2006), 117.

29. 安理申开发故事。

30. Hirotaka Takeuchi, Ikujiro Nonaka, Mayuka Yamasaki, Harvard Business School

case, *Knowledge Creation at Eisai Co., Ltd.* (9-711-493) 2011.

31. 哈佛商学院案例，第 5 页。

32. 哈佛商学院案例，第 6 页。

33. 哈佛商学院案例，第 7 页。

34. 哈佛商学院案例，第 6 页。

35. 哈佛商学院案例，第 10 页。

36. 卫材公司在 2017 年行使了这项选择权，这是卫材拥有选择权的两个渤健项目中的一个。

37. 本段信息来自公司内部文件。借阅时间和地点：2016 年 5 月 4 日，东京。

38. Eisai Integrated Report 2015, p. 14.

39.《东洋经济在线》(*Toyo Keizai Online*)，2015 年 7 月 4 日。

40.《东洋经济在线》(*Toyo Keizai Online*)。

41. 该协议已于 2017 年变更——卫材对 Aducanumab 项目行使了选择权。

42. Weekly Toyo Keizai, "The More Years for Eisai's Naito in His 29th Year as CEO," April 9, 2016, p. 89.

43. 同上。

44.《东洋经济在线》(*Toyo Keizai Online*)。

45. 第一个字母是大写的。W. Durant, *The Story of Philosophy*. (New York: Simon and Schuster, 1953) 205。

第四章　为善之大者

1. Max Webber, *The Protestant Ethic and the Spirit of Capitalism* [M]. New York: Scribner, 1930.

2. 严格地说，柳井正目前经营的零售企业并不是由他创办的。他在 27 岁时继承了父亲创办的男装店小郡商事 (Ogori Shoji)。但迅销集团纯粹是柳井正一手创办的。

3. 截至 2017 年 3 月 13 日，YKK 全部股份的 18.52% 由员工集体持有。这个被称为 "YKK 恒友会"（YKK Koyukai）的组织是 YKK 最大的股东。详情请参阅 YKK 集团 2016—2017 年年报（日文），第 21 页。

4. M. Kawashima, "Key Person: Tadahiro Yoshida, President of YKK Corporation," *Weekly Toyo Keizai*, August 2, 2003, p. 122 (in Japanese).

5. 语录见吉田忠雄纪念馆。该纪念馆建于富山县（Toyama）黑部市（Kurobe）。

6. 同上。

7. Tadashi Yanai, *Notes on Becoming a Business Leader* (Tokyo: PHP, 2015), 142 (in Japanese).

8. 迅销集团每年召开两次 "FR 大会"（FR Convention）。来自全球各地的 4 000 多名迅销员工齐聚日本横滨市的一家会展中心，会期两天。

9. 节选，柳井正在横滨市太平洋会展中心（Pacifico Convention Hall）发表的演讲（日文），2016 年 3 月 9 日。

10. Tadashi Yanai, *Notes on Becoming*, 109.

11. 同上，第 127 页。

12. 本段资料大部分来自我们收集的企业内部文件。

13. 引用自柳井正 2016 年 3 月 9 日在横滨市的太平洋会展中心（Pacifico Convention Hall）"FR 大会"上的演讲。

14. 迅销集团，"推动多样性建设"（Promoting Diversity）。

15. Hirotaka Takeuchi, Harvard Business School case, *Fast Retailing Group* (N2-711-496), 2011, p. 10.

16. 一桥大学是位于日本东京的国立大学。我们在日本一桥大学任教近 30 年。在一桥大学工作期间，对比美国的高等教育体系，我们深感日本高等教育体系的陈腐落后。本书作者之一——竹内弘高教授曾与迈克尔·波特合作论述过这一话题，见 *Can Japan Compete?* (Cambridge, MA: Basic Books, 2000)。

17. See Hirotaka Takeuchi, Harvard Business School cases, *The Great East Japan*

Earthquake (F): Google Japan's Response and Recovery Efforts (9-716-474), 2016, and *The Great East Japan Earthquake (G): Yahoo! Japan's Response and Recovery Efforts* (9-716-475), 2016.

18. 乳酸菌（Lactic acid bacteria），又名"干酪乳杆菌代田株"（*lactobacillus casel strain Shirota*）。它是代田稔（Minoru Shirota）博士在日本京都大学工作期间发现的，距今已有 80 年历史。

19. 本部分引用的讲话全部来自公司内部文件。它们是竹内弘高在 2017 年 1 月采访期间取得的。包括在东京养乐多总部对渡边博美的采访，以及在福岛养乐多对渡边的采访。

20. 渡边后来发现，福岛养乐多共有 23 名员工在"3·11 日本地震"中丧生。

21. 为了取得特别捐赠资质，雅玛多必须同时满足以下四个条件：①捐赠由一家独立机构完成。雅玛多为此成立了专门的慈善组织——Yamato Welfare Fund（雅玛多福利基金会）。②捐赠项目必须扩展到更广阔的范围，让其他人也可以参与其中。这让该笔捐赠的筹款目标上涨到了 300 亿日元。③捐助资金必须被分配到受灾最严重的组织和地方政府。④成立专门的捐助委员会，决议项目具体细节。

22. 本段材料来自 David Collis and Michael Porter, Harvard Business School case, *The Walt Disney Company (A): Corporate Strategy* (1-388-147), 1995。

23. 本段材料来自 Hirotaka Takeuchi, Harvard Business School case, *Sam Walton and Wal-Mart* (N9-123-466), 2017。

24. Sam Walton with John Huey, *Made in American: My Story* (New York: Doubleday, 1992), 320-321.

25. Kazuo Inamori, *A Compass to Fulfillment*, 58.

26. 同上，第 29 页。

27. Takeuchi, *Fast Retailing Group*, p. 10.

28. 同上，第 11 页。

29. 同上，第 28 页。

30. Toyota Motor Corporation, *Team Toyota 5* (Internal Toyota Motor Corporation publication) March-April 2003, 24.

31. 川本信彦（Nobuhiko Kawamoto），《本田哲学》(*Honda Philosophy*)，本田公司企业手册，出版日期：1988 年。川本信彦时任本田社长兼首席执行官。"三个喜悦"的口号来自本田宗一郎，他在 1951 年把"三个喜悦"升级为本田公司信条。1998 年，本田公司把本田宗一郎的"三个喜悦"内容修改为"购买的喜悦、销售的喜悦、创造的喜悦"。

32. *Team Toyota 10*（丰田公司内部刊物），2004 年 1 月 / 2 月号，第 24 页。

33. Emi Osono, Norihiko Shimizu, and Hirotaka Takeuchi, *Extreme Toyota* (Hoboken, NJ: Jon Wiley & Sons, 2008), 67.

34. 同上，第 71 页。

35. 同上，第 128 页。

36. 人文学科通常包括艺术、文史哲和社会科学，此外还包括自然科学。在美国通常见于文科学士（Bachelor of Arts，BA）项目。文科学士项目的范围较广，通常只有部分专业学位不包括在内，比如工程（engineering）和商业（business）等。

37. 如需了解更多人文学科的信息，可以参阅 Michael Roth, *Beyond the University: Why Liberal Education Matters* (New Haven, CT; London: Yale University Press, 2014)。

38. Peter F. Drucker, *The New Realities: In Government and Politics, in Economics and Business, in Society and World View* (New York: Harper & Row, 1989), 223.

39. 阿斯彭研究所（Aspen Institute）是一家国际性非营利组织。它的使命确立于 20 世纪 50 年代："立足不朽的价值观，培育领袖，提出研究关键问题的超党派立场。"

40. 从第二年起，举办地点改到了长野县的轻井泽。富士施乐公司在那里有一间培训中心。

第五章 抓住本质

1. 这里援引巴慕达烤面包机的案例主要是为了说明抓住本质的含义。与此同时，它也可以说明，在抓住最好吐司的本质这一过程中，隐性知识和显性知识是如何交相作用的。一名团队成员通过直觉注意到，烧烤那天下着雨，所以，蒸汽也许是最好吐司的关键要素。在这一刻，隐性知识——譬如直觉和生理感觉——发挥了至关重要的作用。当开发团队坚持不懈地试验了 4 000 多片吐司，试图重现最初那块吐司时，他们实际上是在借助自己的生理感觉烘烤和品尝着每一片面包。与此同时，开发团队也借助了显性知识的力量，比如面包的类型、面包切片的大小和厚度、电压类型、室温、室外的空气湿度、面包在烤箱中的加热时长、上一次使用以来的有效时长等。另外，它还说明了环境因素在产品创意和开发流程中至关重要的作用。原因很简单，假如烧烤的当天没有下雨，寺尾玄可能不会回想起当年的味道，也就不会发现开发最好吐司的可能性。

2. 这个故事是本田公司的 Tatsuo Suzuki 分享的，他参加过我们组织的"知识论坛"（Knowledge Forum）培训。我们在第四章中专门讲过这个培训项目。

3. Saburo Shiroyama, *Honda Soichiro tono 100 Jikan* [100 hours with Soichiro Honda] (Tokyo: PHP, 2010), 77.

4. Takeo Fukui, *Top Talks: Honda's Origin* (Tokyo: company document, 2006), 76-78.

5. 这一段摘自竹内弘高为哈佛商学院撰写的日本航空案例，第 5 页。

6. Tadashi Yanai, *Notes on Becoming a Business Leader* (2016), 62-64. Italics added by authors.

7. Walter Isaacson, *Steve Jobs* (New York: Simon & Schuster, 2011), 343.

8. 同上，第 183 页。

9. 同上，第 133-134 页。

10. 同上，第 397 页。

11. 同上，第 566 页。

12. Walter Isaacson, Steve Jobs (New Simon & Schuster, 2011), 343.

13. 同上，第 48-49 页。

14. 同上，第 48 页。

15. 同上，第 49 页。

16. 在稻盛和夫的《活法》(*A Compass to Fulfillment*)一书中，此处原本写作"教士"(priests)，我们认为"和尚"(monks)较为适宜，故此修改。

17. Kazuo Inamori, *A Compass to Fulfillment*, 77-78.

18. Frederic Hayek, "The Use of Knowledge in Society," The American Economic Review, 1945, p. 519.

19. Bill Saporito, "What Sam Walton Taught America," *Fortune*, May 4, 1992, p. 55.

20. Sam Walton, *Made in America*, 216.

21. John Huey, "America's Most Successful Merchant," *Fortune*, September 23, 1991, p. 46.

22. Sam Walton, *Made in America*, 216.

23. Hirotaka Takeuchi, Ikujiro Nonaka, Dai Senoo, Harvard Business School case, *Seven-Eleven Japan: Knowledge Creation and Sharing* (N2-711-465), 2011. In 2011, Nonaka was an external board member of the holding company Seven & I.
2011 年时，野中郁次郎是柒和伊控股集团(Seven & I Holding Company)的外部董事。

24. 为什么说管理更多地是一门艺术，而不是一门科学？可以参阅以下著作：Henry Mintzberg, *Managers, Not MBAs: A Hard Look at the Soft Practice of Managing and Management Development* (San Francisco: Berrett-Koehler, 2004)。

25. Hirotaka Takeuchi and Yoshinori Fujikawa, Harvard Business School case, *Kumon India in 2007* (N9-711-459), 2012, p. 3.

26. Kumon Group, "Kumon's Aspirations" (accessed February 26, 2019).

27. 每位教员都会收到一本小册子，它总结了教学和辅导的原则及注意事项。如需更详细地了解公文式(Kumon)的运营和管理情况，请参阅：Ikujiro

Nonaka, Ryoko Toyama, and Toru Hirata, *Managing Flow: A Process Theory of the Knowledge-based Firm* (Basingstoke, UK; New York: Palgrave Macmillan, 2008)。

28. Tadashi Yanai, *Notes on Becoming a Business Leader*, 48-49. Italics added by authors.

29. Hirotaka Takeuchi and Carin-Isabel Knoop, Harvard Business School case, *Seven-Eleven Japan: The Tanpin Kanri Retail Practice* (N2-711-501), 2011, p. 3.

30. Tadashi Yanai, *Notes on Becoming a Business Leader*, 25-26.

31. *Weekly Toyo Keizai*, "Akio Toyoda: the Manager," April 9, 2016, p. 44 (in Japanese). 括号中的内容是我们添加的。

32. 来自与 Yoshihito Wakamatsu 的对话，他是 *Toyota ga "genba" de zutto kurikaeshi-tekita kotoba* 一书的作者。*Toyota ga "genba" de zutto kurikaeshitekita kotoba (Words Repeated Ceaselessly at the Frontline of Toyota)* (Tokyo: PHP Business Shinsho, 2013)（日文）。

33. Aleksandar Hemon, "Skiing," *Fortune*, March 15, 2015, p. 30.

第六章　创建"场"

1. 实际上，一个人要学习知识、创造知识，就离不开他人的作用。因为知识从根本上说是一种社会过程。如需了解更多细节，请参阅：Ikujiro Nonaka and Hirotaka Takeuchi, *The Knowledge-Crating Company: How Japanese Companies Crate the Dynamics of Innovation* (New York: Oxford University Press, 1995)；Ikujiro Nonaka, Ryoko Toyama, and Toru Hirata, *Managing Flow: A Process Theory of the Knowledge-Based Firm* (Basingstoke, UK; New York: Palgrave Macmillan, 2008)。

2. 关于"场"的概念，如需更详细的探讨，可以参阅：Ikujiro Nonaka, Ryoko Toyama, and Toru Hirata, *Managing Flow: A Process Theory of the Knowledge-Based Firm* (New York: Palgrave Macmillan, 2008), 33-42, 57-58, 127-128, 146-

149。

3.　Ikujiro Nonaka and Noboru Konno. "The Concept of 'ba': Building a Foundation for Knowledge Creation," *California Management Review* (1998): 40-54.

4.　本章为胡塞尔提出的"主体间性"这一概念提供了实际运用的案例。我们在第二章中提到过胡塞尔的这一概念。因为当时绝大多数的提问者都是女性，因此，我们在文中使用了代词"她"和"她的"。

5.　SECI 过程的每个阶段都有与之匹配的、带有专有名称的"场"。它们是社会化阶段的"组织场"（organizing Ba）、外显化阶段的"互动场"（interacting Ba）、组合化阶段的"网络场"（cyber Ba）和内隐化阶段的"操练场"（exercising Ba）等。如需了解更多细节，请参阅：Ikujiro Nonaka and Noboru Konno, "The Concept of 'ba': Building a Foundation for Knowledge Creation"。

6.　Hirotaka Takeuchi and Carin-Isabel Knoop, Harvard Business School case, *Shimano: The Intel of the Bicycle Business*, p. 8.

7.　Sam Walton, *Made in America*, 204.

8.　John Huey "America's Most Successful Merchant." *Fortune*, (Sep 23, 1991), p. 43.

9.　Sam Walton, *Made in America*, 243.

10.　John Huey "Will Wal-Mart Take Over the World?" Fortune, (January 30, 1989), p. 58.

11.　Pankaj Ghemawat, Ken Mark, and Stephen Bradley, Harvard Business School case, *Wal-Mart Stories in 2003* (9-704-430), 2004, p. 6.

12.　Joi Ito and Jeff Howe, *Whiplash: How to Serve Our Faster Future* (New York; Boston: Grand Central, 2016), 66.

13.　Adrian Storey, Safecast MiniDoc, accessed April 26, 2017.

14.　Hirotaka Takeuchi et al., Harvard Business School case, *The Great East Japan Earthquake (A)*, pp. 1-2.

15.　Ito and Howe, *Whiplash*, 71.

16. Safecast 官方网站视频，访问日期：2017 年 4 月 26 日。

17. Soichiro Honda, *Ore no Kangae [My Thoughts]* (Tokyo: shincho Bunko, 1996), 5-6 (in Japanese).

18. Greg Lindsay, "Engineering Serendipity," *New York Times Sunday Review*, April 7, 2013.

19. 同上。

20. Sankei Biz, March 17, 2017.

21. 来自与本田公司前任高管成员小林三郎（Saburo Kobayashi）的对话，以及我们在 2002 年春天与一位密友在一桥大学国际企业战略研究所（ICS）的谈话。

22. 来自与高山千弘（Chihiro Takayama）的对话。高山千弘在 2018 年 12 月的"知识论坛"期间担任知识创造部门的负责人。

23. Ren Inazumi, "Shadowing Toyoda Akio: 72 Hours in Germany," *President*, August 1, 2016. P. 104（日文）。

24. 同上，第 107-109 页。

25. 同上，第 107 页。

26. 同上，第 105。

第七章　传达本质

1. 这种每个人都能"听懂"的修辞把人们想说的和他人已知的事物联系在一起。在修辞学上，它指的是比喻和其他各种类型的形象化语言或者故事叙述手法。这不仅意味着这些类型的修辞是每个人熟悉和容易理解的，而且，它们还会直接地、立竿见影地吸引听众的感觉和感情。尤其是讲故事，它让人们走进故事叙述者或者故事中人的主观体验世界里。这些修辞帮助来自不同环境、有着各不相同经历的人和团体通过直觉领会林林总总的事物。

　　"框架"（Framing）这个概念对于理解修辞的作用具有很大的帮助。所谓"框架"，就是对现实内容的一种"编辑"。它聚焦于现实的某些方面，为它们加上肯定或否定的意义，再运用人们熟知的概念来描述它们。框架能"过滤"和"渲染"现实。比喻和故事通过框架的方法把人们想要传达的消息放入具体的语境中，让它对听众产生意义和联系，引发听众的行动。关于框架这个课题的研究颇为繁多，如需了解它在文化社会学的影响，比较浅显的参考著作是 Erving Goffman, *Frame Analysis: An Essay on the Organization of Experience* (Boston: Northeaster University Press, 1974)，心理学方面的相关著作有：Amos Tversky and Daniel Kahneman, "The Framing of Decisions and Psychology of Choice," *Science*, New Series (January 1981), Vol. 211, No. 4481, pp. 453-458。

2. 它涉及与他人建立主体间性的能力。

3. 另外，听者的反应在很大程度上受到社会情境、物质环境和历史场景的影响。这主要是因为，无论是否有意，人们总是通过这些要素感知和理解现实，并做出决策。如需进一步了解情境和社会因素对人类沟通的作用，可以参阅：Rebecca Kukla and Mark Lanse, *"Yo!" and "Lo!": Pragmatic Topography of the Space of Reasons* (Cambridge, MA: Harvard University Press, 2009)。

4. 本段及本章其他部分关于沙克尔顿的资料来自哈佛商学院案例：Nancy Koehn, *Leadership in Crisis: Ernest Shackleton and the Epic Voyage of the Endurance* (9-803-127), revised December 2, 2010。

5. Christof Rapp, "Aristotle's Rhetoric," *Stanford Encyclopedia of Philosophy.*

6. Nancy Koehn, *Leadership in Crisis*, p. 8.

7. 同上，第 2 页。

8. 转载自 Takeo Fukui, *Top Talks: Honda's Origin* (Tokyo: company document, 2006)。

9. Richard Pascale and Tatum Christiansen, Harvard Business School case, *Honda (B)* (9-384-050), revised October 26, 1989, p. 3.

10. 从理论上讲，比喻是把一种事物作为另外一种事物（尤其是抽象事物）的代表或者象征。

11. Takeo Fukui, *Top Talks*, 27.

12. 资料来自 2016 年 10 月 21 日对藤野道格的采访以及 Masanori Maema, *HondaJet*, 157。括号的内容是我们添加的。

13. Masanori Maema, *HondaJet*, 109.

14. Osono, Shimizu, and Takeuchi, *Extreme Toyota*, 235.

15. 同上，第 178 页。

16. 同上，第 177 页。

17. 来自《东洋经济周刊》(*Weekly Toyo Keizai*) 采访文章《经营者丰田章男》(*Keieisha Toyoda Akio*)，2016 年 4 月 9 日，第 30~48 页（日文）。

18. 来自与《东洋经济周刊》(*Weekly Toyo Keizai*) 上述采访文章联合作者的谈话，《经营者丰田章男》(*Keieisha Toyoda Akio*)。

19. 我们在这里看到，每种比喻可以带给丰田章男不同的身份，带给他不同的审视世界的"框架"。对比作为丰田社长的丰田章男，"森藏"感知现实、表达思想的方式截然不同。这是因为每种身份具有完全不同的目标和价值观。森藏是一名赛车手，他会把汽车看作机器，而丰田社长更多地把汽车看作商品。这为丰田章男带来了两种泾渭分明的视角，而他对每一种视角都能做到得心应手。

20. 这段话引自丰田章男的一次采访：《经营者丰田章男》(*Keieisha Toyoda Akio*)，《东洋经济周刊》(*Weekly Toyo Keizai*)。

21. Tyler Kepner, "Summer Is Still Endless, Even after All These Years," *New York Times*, April 2, 2017. p. 7.

22. 丰田章男关于棒球的比喻反映了他对日本文化中棒球文化的理解。棒球是日本最受欢迎的运动之一，铃木一郎堪称日本的棒球英雄、国民偶像。因此，棒球和铃木一郎的比喻在日本广为人知。人们很容易就可以把它和自己联系起来加以理解。假如棒球在日本没那么热门，或者日本很少有人知道铃木一郎是何许人也，这些关于棒球的比喻就不会对丰田公司那么有用了。这说明丰田章男对日本的背景知识知之甚深。

23. 这是柳井正常用的比喻，主要用来向员工说明敢于承担风险的重要性。柳井正指出："不要畏惧冒险——如果失败了，就再来一次。"*Notes on Becoming a Business Leader*, 27-30.

24. Hirotaka Takeuchi, Harvard Business School case, *Fast Retailing Group* (9-711-496), revised October 1, 2011.

25. Gary S. Morson and Morton Schapiro, *Cents and Sensibility* (Princeton, NJ: Princeton University Press, 2017), 9-10.

26. Steve Jobs, "Stay Hungry, Stay Foolish," the Commencement address delivered on June 5, 2005 at Stanford University.

27. 同上。

28. 同上。

29. Morson and Schapiro, *Cents and Sensibility*, 13.

30. 改编自哈佛商学院案例：E. Tatum Christiansen and Richard T. Pascale, *Honda (B)* (9-384-050), revised March 16, 2011, p. 1。

31. Ikujiro Nonaka, *Honda Soichiro: An Intellectual Barbarian Who Continued to Pursue a Dream* (Tokyo: PHP Kenkyusho, 2017), 170 (in Japanese).

32. Morson and Schapiro, *Cents and Sensibility*, 11.

33. Peter F. Drucker, *Management: Tasks, Responsibilities, Practices* (New Brunswick, NJ: Transaction, 2007), 431.

34. 引用自 2017 年秋季 FR 大会（FR Convention）上的讲话。

35. 我们走访几年后，该商学院更名为"德鲁克 – 伊藤雅俊管理研究生院"（The Peter F. Drucker and Masatoshi Ito Graduate School of Management）。

36. Morson and Schapiro, *Cents and Sensibility*, 228.

37. 同上，第 227 页。

38. 同上，第 223 页。

39. 同上，第 253 页。

40. 同上，第 230 页。

41. 同上，第 223-224 页。

42. 同上，第 230 页。

43. 这可以回溯到迈克尔·波兰尼（Michael Polanyi）关于隐性认识的概念和机制上，我们曾在第二章中详细论述了这一点：人们总是在总体和个别之间往复，才能明白个体作为整体一部分的意义所在。

44. 这一段的资料来自作者竹内弘高，他是负责帮助柳井正建立 FRMIC 的设计者。

45. Takeuchi, *Fast Retailing Group*, 12.

46. 集团企业现包括：Theory、Comptoir des Cotonniers、Princesse tam-tam、G.U（极优）、SPRZ 和 J-Brand 等。

47. 引用自 2015 年秋季大会（FR Convention）上的讲话。

48. 美国历史学家海登·怀特（Hayden White）提出，因为历史学家大量倚重叙事、讲故事和其他文学写作技法，让自己的写作具有意义，所以历史永远都做不到纯粹的客观或者科学化。然而，怀特也强调了叙述在历史写作中的重要性，这是因为叙述作为一种技法可以为历史带来意义。如需了解更多详情，请参阅：Hayden White, *Metahistory: The Historical Imagination in Nineteenth-Century Europe* (Baltimore, MD: Johns Hopkins University Press, 1974)。

49. Hirotaka Takeuchi and Victor Stone, Harvard Business School case, *The Great East Japan Earthquake (A)* (9-712-480), revised January 4, 2013, p. 1.

50. 灾难发生之后，须田善明放弃了原宫城县议会议员的身份，通过选举成为女川町的町长。女川町的人口数量为 7 000 人。

51. 引用自一位哈佛商学院学生的演讲。这位同学参加了 Japan Immersive Field Course（哈佛商学院实践课程，意为"沉浸式日本探究课程"），并在 2017 年 1 月 7 日拜访过须田善明。

52. 同上。

53. 这一段引用自野中郁次郎与荻野进介合作的日文著作《史上最大の決断》。[*Shijō saidai no ketsudan: norumandī jōriku sakusen o seikō ni michibiita kenryo no*

rīdāshippu] (Tokyo: Diamond-sha, 2014). 该书有中译本：《实践智慧：商学院学不到的诺曼底领导力》，野中郁次郎、荻野进介著，陈涤译，中信出版集团，2019年2月。

54. 艾森豪威尔将军，"万一出师不利"的短札，以备诺曼底登陆作战失利的情况，1944年6月5日；"In case of Failure" Message Drafted by General Dwight Eisenhower in Case the D-Day Invasion Failed, 6/5/1944; Collection DDE-EPRE: Eisenhower, Dwight D: Papers, Pre-Presidential, 1916-1952; Dwight D. Eisenhower Library（艾森豪威尔图书馆）；National Archives and Records Administration（美国国家档案馆）。

55. John, J. Miller, "Like Ike." *National Review*, May 29, 2004.

56. 迅销集团，《迅销集团23条经营理念》（*FR 23 Management Principles*），内部文件。

第八章　善用"政治"的力量

1. Richard J. Samuels, Machiavelli's Children: Leaders and Their Legacies in Italy and Japan (Ithaca, NY: Cornell University Press, 2003), 344.

2. 同上，第6页。

3. Takeo Fukui, *Top Talks: Honda's Origin*, an internal company document, published on November 17, 2006, p. 78.

4. Ikujiro Nonaka, *Honda Soichiro: An Intellectual Barbarian Who Continued to Pursue a Dream* (Tokyo: PHP Kenkyusho, 2017), 172 (in Japanese).

5. Evan Thomas, *Ike's Bluff: President Eisenhower's Secret Battle to Save the World* (New York: Little, Brown, 2012), 416.

6. Jean Edward Smith, *Eisenhower in War and Peace* (New York: Random House, 2012), 88.

7. Michael Korda, *Ike: An American Hero* (New York: Harper and Perennial, 2007).

8. Hirotaka Takeuchi et al., Harvard Business School case series, *The Great East Japan Earthquake (B): Fast Retailing Group's Response* (9-713-439), *(C): Ishinomaki Kouan Hospital's Response* (9-713-440), *(D): Lawson's Response* (9-713-441), and *(E): Yamato Transport's Response* (9-713-442).

9. Nancy F. Koehn, Harvard Business School case, *Leadership in Crisis: Ernest Shackleton and the Epic Voyage of the Endurance* (9-803-127), revised December 2, 2010, p. 1. Major Robert Scott of the Royal Navy was the commander of the National Antarctic Expedition in Antarctica in 1901. Norwegian Roald Amundsen led the first ski and sled expeditions in Antarctica in 1898.

10. 同上，第 1 页。

11. 同上，第 25 页。

12. 同上，第 19 页。

13. Walter Isaacson, *Steve Jobs* (New York: Simon & Schuster, 2011), Chapter 11.

14. 此处所有的引用来自艾萨克森的《史蒂夫·乔布斯传》，第 11 章、第 35 章。

15. 同上，第 454 页。

16. 同上。

17. 同上，第 119 页。

18. 同上，第 472 页。

19. F. Scott Fitzgerald, "The Crack-up." *Esquire*, 1936.

20. Charles Handy, The Age of Paradox (Boston: Harvard Business School Press, 1994), 13.

21. Tadashi Yanai, *Notes on Becoming a Business Leader* (Tokyo: PHP, 2016), 81 (in Japanese).

22. 该研究历时 6 年，包括对丰田公司在几个国家的区域高管人员的 220 次采访，研究成果见：Hirotaka Takeuchi, Emi Osono, and Norihiko Shimizu, "The Contradictions That Drive Toyota's Success," *Harvard Business Review*, June 2008,

and in a book by Emi Osono, Norihiko Shimizu, and Hirotaka Takeuchi, *Extreme Toyota: Radical Contradictions That Drive Success at the World's Best Manufacturer* (Hoboken, NJ: John Wiley & Sons, 2008)。

23. Osono et al., *Extreme Toyota*, 231-232.

24. *President*, August 1, 2016, "Shadowing Toyoda Akio: 72 Hours in Germany," p. 109 (in Japanese). Parenthesis added by authors.

25. 丰田研究所主页，访问时间：2017 年 8 月 30 日。

26. Wendy K. Smith, Marianne W. Lewis, and Michael L. Tushman, "Both/And" Leadership, *Harvard Business Review*, May 2016, pp. 53-70.

27. 斯坦福大学哲学百科全书（*Stanford Encyclopedia of Philosophy*），访问时间：2017 年 9 月 1 日。

28. Tadashi Yanai, *Notes on Becoming a Business Leader* (2016), 97-98.

29. 斯坦福大学哲学百科全书。

30. 因为多重原因，矛盾的本质是动态性的。第一，当人们实施意义构建的行为时，比如用语言表述一个问题或者采取行动时，就会产生张力或者问题。第二，张力中彼此对立的两极之间的力的关系不是静止不变的；当环境变化时，或者当人们改变他们对两极的理解或者对于问题本身的看法时，这两极会同时发生变化。第三，在组织的每个层级中，以及各个层级之间，都交织着各种张力。一组张力能够影响、挑战和产生另一组张力。如需了解更多关于悖论和矛盾的讨论，可以参阅：Wendy Smith and Marianne Lewis, "Toward a Theory of Paradox: A Dynamic Equilibrium Model of Organizing," *Academy of Management Review* 36(2) (2011): 381-403。

　　除此之外，因为张力和矛盾也是一种认知性、认识论性质的问题，所以它们在很大程度上也是一种情绪层面的问题：人们在应对张力或矛盾时，体会到的往往是一种深层次的不适感。创造一种长久的情绪上的安宁和自信的状态有助于减少焦虑。例如，通过鼓励团队成员脱离工作上的常规，实现镇定自若的状态等。既然认知和情绪是相互交织的，练习做到情绪上的镇定可以显著地帮助理性决策者对矛盾思维（动态两重性的概念）以及运用直觉解决问题的态度变得更加开放。如需了解更详细的信息，请参阅：Giulia Calabretta, Gerda Gemser, and Nachoem M. Wijnberg. "The Interplay between Intuition and Rationality in Strategic Decision Making: A Paradox Perspective," *Organization Studies* 38(3-4) (2016): 365-401。

31. 如需了解更多关于组织悖论和矛盾的探讨，可以参阅：Wendy Smith, Marianne Lewis, Paula Jarzabkowski, and Ann Langley, *The Oxford Handbook of Organizational Paradox* (Oxford: Oxford University Press, 2017)。

32. Joi Ito, "p.s. Disobedience with a Conscience," in Joi Ito and Jeff Howe, *Whiplash* (New York; Boston: Grand Central, 2017), 152.

33. 同上。

34. 伊藤穰一在哈佛商学院的演讲，2016 年 5 月 25 日。

35. Ito and Howe, *Whiplash*, 140.

36. 本段的引用来自沃尔特·艾萨克森的《史蒂夫·乔布斯传》，（英文版）第 460 和第 122 页。

37. Takeuchi et al., "The Contradictions That Drive Toyota's Success." 7.

38. Osono et al., *Extreme Toyota*, 236.

39. Ito and Howe, *Whiplash*, 27.

40. 同上，第 19 页。

41. Samuels, *Machiavelli's Children*, 16.

第九章　在他人身上培育实践智慧

1. 根据我们的认识，智慧型领导者可以是运用实践智慧的任何人。它并不意味着实践智慧专属于那些拥有正式领导地位的人。拥有实践智慧与身居领导岗位是完全不同的两码事。运用实践智慧并不是必须把普通员工放到正式的领导岗位。

但是如果真的这样做，通常会帮助这些人为自己的团队和组织做出更大的贡献。除了成为正式领导者，实践智慧还可以在其他场景中发挥作用。

因此，在组织中培养正式领导干部并不是培育实践智慧的唯一目的。任何层级的所有员工都应该培养和发挥实践智慧的能力。这一区别是非常重要的，因为我们认为知识创造是一种以团队为基础的过程，而不是以个人为基础的过程。每个人都应该作为团队的一分子，为知识创造做出积极贡献。基于社群的知识创造方式需要对实践智慧的集体发挥，参与其中的人越多越好，最好是全员参与。

2. 孙悟空是 16 世纪中国古典名著《西游记》的主要角色之一。在这部小说中，孙悟空的形象是一只石猴（他也被称为"美猴王"）。孙悟空是通过道教的修炼方法取得超自然能力的。

3. H. Peukert, "The Missing Chapter in Schumpeter's Theory of Economic Development," in *Joseph Alois Schumpeter*, ed. J. Bachaus (Norwell, MA: Kluwer Academic, 2003), 221-231.

4. 来自 2013 年 2 月 12 日对植木义晴总裁的采访。

5. Amartya K. Sen. "Minimal Liberty," *Economica* 57 (1992): 139-159.

6. 来自与福井威夫（Takeo Fukui）的对话。2005 年 2 月 18 日，福井威夫主持出版了公司内部文件《挑战：本田宗一郎日常谈话录》（*Challenge: The Daily Words of Soichiro Honda*）。

7. Takeo Fukui, *Top Talks: Honda's Origin*, a book published by the company for its employees in 2006 to commemorate the centennial of Soichiro Honda's birth, p. 38.

8. 同上。

9. Takeuchi et al., Harvard Business School Case, "Seven Eleven Japan: Knowledge Creation and Sharing" (N2-711-465), 2011, p. 2.

10. Shukan Toyo Keizai Henshu-bu, "Akio Toyoda: The Manager," *Weekly Toyo Keizai*, April 19, 2016 (in Japanese), p. 36, parenthesis added by authors.

11. 引用自 *The Toyota Way 2001*, an internal document compiled by President Fujio Cho in 2001, p. 13。

12. 引用自艾力克斯·沃伦（Alex Warren），丰田美国汽车制造公司原高级副总裁，见《丰田模式》（*The Toyota Way*），（英文版）第 12 页。

13. Kazuo Inamori, *A Compass to Fulfillment* (New York: McGraw Hill, 2010), 28-29, italics added by authors.

14. 如需了解 Scrum 或者敏捷管理的更多入门信息，可以参阅：Darrell K. Rigby, Jeff Sutherland, and Hirotaka Takeuchi, "Embracing Agile," *Harvard Business Review*, May 2016, pp. 40-50。

15. Jeff Sutherland, *Scrum: The Art of Doing Twice the Work in Half the Time* (New York: Crown Business, 2014), 9.

16. 同上，第 238 页。

17. Mike Rother, *Toyota Kata, Managing People for Improvement, Adaptiveness, and Superior Results* (New York: McGraw Hill, 2010), 16.

18. 同上，第 17 页。

19. A3 纸是可以用于传真机的最大尺寸的纸张。在个人计算机广泛流行之前，A3 纸沟通法是丰田公司内部沟通交流的通行方法。

20. 正如文中提到的，在日本，这一做法已经流传到了其他艺术形式上，比如书法、茶道和能剧等。这种做法同样被广泛使用于美国软件产业的敏捷运动中。

21. This interpretation of *Shu-Ha-Ri* is taken from Ikujiro Nonaka, Ryoko Toyama, and Toru Hirata, *Managing Flow: A Process Theory of the Knowledge-Based Firm* (New York: Palgrave McMillan, 2008), 44. "守 – 破 – 离"（*Shu-Ha-Ri*）的解读来自：Ikujiro Nonaka, Ryoko Toyama, and Toru Hirata, *Managing Flow: A Process Theory of the Knowledge-Based Firm* (New York: Palgrave McMillan, 2008), 44。

22. 本段关于"守 – 破 – 离"（Shu-Ha-Ri）的概念引用自：Arno Koch, *Makigami Info: The Art of Systemic Process Improvement*, 访问日期：2017 年 9 月 16 日。

23. Ikujiro Nonaka, *Honda Soichiro: An Intellectual Barbarian Who Continued to Pursue a Dream* (Tokyo: PHP Kenkyusho, 2017), 176 (in Japanese).

24. 同上，第 161 页。

25. *President*, August 1, 2016, "Shadowing Toyoda Akio: 72 Hours in Germany," 第 109 页（日文。括号中的内容是我们添加的）。

26. 同上。

27. 同上，括号中的内容是我们添加的。

28. 柳井正《什么是全员经营》（*What is Zen-in Keiei?*），来自《迅销集团：精神与行动》（*FR: In Spirit and Action*）。公司内部员工手册，英文版，2013 年出版。第 42-46 页，括号中的内容是我们添加的。

29. 引用自 FRMIC（Fast Retailing Management and Innovation Center 的缩略形式，即"迅销集团管理与创新中心"）2010 年 3 月的一堂培训课，它曾被用在哈佛商学院案例中，作者：竹内弘高（Hirotaka Takeuchi）：*Fast Retailing Group* (9-711-498), revised October 5, 2013, p. 14。

30. Kazuo Inamori, *Kazuo Inamori's Amoeba Management in Practice* (Tokyo: Nihon Keizai Shimbun, 2017), 22.

31. 同上，第 52 页。

32. Kazuo Inamori, *A Compass to Fulfillment* (New York: McGraw-Hill, 2010), 83, italics added by authors.

33. 竹内弘高是这一项目的组织者。该项目的正式名称是"全球学院"（Global Academy），每个月集中授课 1 次，每次 4 小时。奈良桥阳子是竹内弘高的大学同学，他们曾在大学期间一同登台演出。

34. US Marine Corps, *Warfighting* (New York: Cosimo, 1989), 54.

35. 同上，第 80 页。

36. Eric Clemons and Jason Santamaria, "Maneuver Warfare: Can Modern Military Strategy Lead You to Victory?" *Harvard Business Review*, April 2002, p. 56-64.

37. 同上，第 81 页。

38. John R. Kotter, *Accelerate: Building Strategic Agility for a Faster-Moving World*, (Harvard Business Review Press, 2014), 21.

39. 同上，第 168-169 页。

40. 同上，第 6 页。

跋 写在后面的话

1. 陪同野中郁次郎参加颁奖典礼的还有他的夫人和女儿，以及他的朋友和同事，包括竹内弘高、大卫·蒂斯（David J. Teece，加州大学伯克利分校哈斯商学院 Thomas W. Tusher 全球商业讲席教授、特谢尔知识资本管理研究中心学术主任）、亨利·切萨布鲁夫（Henry Chesbrough，哈斯商学院兼职教授、加伍德公司创新中心学术主任）、大卫·艾格（David Aaker，哈斯商学院荣休教授）等。

2. 我们两人的学术生涯都是从加州大学伯克利分校起步的。我们在这里的哈斯商学院取得了 MBA 和博士学位。

3. Michael Blanding, "The Alchemist of Innovation Management," *BerkeleyHaas*, Fall 2017 issue, pp. 12-15.

4. 同上，括号里的内容是我们添加的。

5. Joi Ito and Jeff Howe, *Whiplash: How to Survive Our Faster Future* (New York; Boston: Grand Central, 2016), 27.

6. David Sax, *The Revenge of Analog: Real Things and Why They Matter* (New York: Public Affairs, 2016), xvii.

7. Gary S. Morson and Morton Schapiro, *Cents and Sensibility* (Princeton, NJ: Princeton University Press, 2017), 10.

8. Sax, *The Revenge of Analog*, xiv.

9. 同上，第 153 页。

10. J. C. Spender, "Stop Worrying about Whether Machines Are 'Intelligent,'" posted

on August 4, 2014b, in *Harvard Business Review*.

11. Anthony Brandt and David Eagleman, *The Runaway Species: How Human Creativity Remakes the World* (New York: Catapult, 2017).

12. 同上，第 27 页。斜体是我们添加的。

13. 同上，第 45 页。

14. 同上，第 28 页。

15. 同上，第 27 页。

16. 同上，第 250 页。

17. 大卫·赛克斯在《老派科技的逆袭》中如此定义。他引用了初创公司 Glowforge 创始人丹·夏皮罗（Dan Shapiro）的话，"模拟永远是源头，永远是真理。现实就是模拟的"。

18. 彼得·蒂尔（Peter Thiel）是一位创业家，他是 PayPal 的创始人和 Facebook 的投资者和董事。彼得·蒂尔写过同名畅销书《从 0 到 1》。但是在他的书中，从 0 到 1 更多地偏重于技术的一面。Peter Thiel with Black Masters, *Zero to One: Notes on Startups, or How to Build the Future* (New York: Crown Business, 2014)。

19. Brandt and Eagleman, *The Runaway Species*, 31-32.

20. 同上，第 8 页。

21. Morson and Schapiro, *Cents and Sensibility*, 9-10.

22. IBM 公司的（原）首席执行官罗睿兰（Virginia M. Rometty）认为，数据正在变成最重要的"自然"资源。数据在 21 世纪发挥的作用可能相当于蒸汽动力在 18 世纪的作用，电力在 19 世纪的作用，或者碳氢化合物在 20 世纪的作用（引用自罗睿兰 2015 年 6 月在一场活动上的讲话，作者之一出席了那场活动）。

23. Ito and Howe, *Whiplash*, 244.

24. 来自对重见聪史（Satoshi Shigemi）的采访。重见聪史是株式会社本田技术研究所（Honda Research Institute Japan）的高级主任工程师，采访时间：2018 年 1 月 8 日；采访地点：东京都港区南青山（Minami-Aoyama, Tokyo）。

25. Michael E. Porter and James E. Heppelmann, "How Smart, Connected Products Are Transforming Competition." *Harvard Business Review*, November 2014.

26. Michael E. Porter and James E. Heppelmann, "How Smart, Connected Products Are Transforming Companies." Harvard Business Review, October 2015.

27. 如需了解更多细节，可以参阅：Michael E. Porter ad James E. Heppelmann, "Why Every Organization Needs an Augmented Reality Strategy," *Harvard Business Review*, November-December 2017, pp. 46-57。

28. 该无人咖啡厅名叫"Henna na Café"（含义为"奇怪咖啡馆"），所有者为 HIS 公司。这家公司还运营着相同概念的酒店，名为"Henna na Hotel"（奇怪酒店）。这家咖啡店于 2018 年 1 月 31 日开业，地点在日本东京市涩谷区。

29. 来自我们的采访。采访时间：1984 年 5 月 6 日，采访地点：本田公司总部（东京原宿）。

30. Osono, Shimizu, and Takeuchi, *Extreme Toyota*, 51.

31. 如需进一步了解该主题，可以参阅：William MacAskill, *Doing Good Better: Effective Altruism and a Radical New Way to Make a Difference* (London: Guardian Books, 2016)。